新・民俗学を学ぶ

――現代を知るために

In order to study new folklore

八木　透　編著

昭和堂

はじめに――本書を紐解くすべての人たちへ

筆者はかつて『フィールドから学ぶ民俗学――関西の地域と伝承』という民俗学の入門書を編集した。それは二〇〇〇年四月のことだから、もう一三年も以前のことになる。振り返れば、ついこの間のことのような気もする。しかしこの一三年の間に、民俗学は、当時は予想すらできなかったほど大きな変貌を遂げた。今や一三年前の書物を大学の民俗学のテキストとして使用するには大きな問題がある。二一世紀の新しい民俗学の動向を踏まえ、現代社会のニーズに少なからず応えられるような民俗学の入門書がどうしても必要であるという声が高まる中で、遅ればせながら誕生したのが本書である。

本書の一番の目的は、ひとりでも多くの方々に、民俗学の面白さとその存在意義について知ってもらうことにある。民俗学は、古臭くて小難しい学問のように思っている面々がまだまだ多く見受けられる。しかし本当は決してそうではない。民俗学は、現代社会の中に横たわる諸問題に目を据え、身近な日常生活を題材として、フィールドワークという手法を最大限に生かしながら、私たちの暮らしの表裏に見え隠れするさまざまな事象の持つ意味を読み解いてゆく、いうならば常にドキドキ・ワクワクするような、とても魅力溢れる学問である。

目次を見ていただければ一目瞭然だが、本書は従来のテキストのように、民俗学が対象とする研究領域を一様に取り上げて解説するという構成を取っていない。第一章の総論を除いては、現代において民俗学が関わりを持つべきだと思われる諸課題について、あえて恣意的にテーマを設定した。差別問題、文化財行政、死をめぐる問題、ジェンダー、隣接する異文化との比較、環境論など、そのほとんどが近年になって民俗学の研究対象とされるようになった、どちらかといえば新しい研究テーマである。また一〇編の論考の間に「コラム」として九編の小テーマを挟み込むことにより、読者に飽きが来ぬようにメリハリをつけた。コラムの内容も、また現代社会を考える上で示唆的なテーマを厳選したつもりである。そして全体を熟読していただくことにより、現代社会について考えるための、民俗学のあらましを学んでいただけるものと期待している。

当然のことだが、現代社会について考えるための民俗学が、本書に収録した内容で十分であるとは努々思ってはいない。本書はそのためのほんの一部をならべてみたに過ぎない。いうならば、これからの時代に求められる新たな民俗学のあり方を模索するための、小さな試みであると理解していただければと思う。

ところで、近年の民俗学は研究対象が多様化したことにより、学問としての特質がやや希薄になってきていると言われることがある。この指摘は一面では確かであろう。しかし一方で、以前にはあまり縁がなかったような学問領域、たとえば社会福祉学・臨床心理学・死生学・公共政策学・歴史人口学などの領域から、コラボのお誘いを受ける機会が増えつつあるように思う。あるいは、種々の行政機関や企業・団体等からもさまざまな要請がかかるなど、一昔前よりニーズが広がりつつあることは確かなようだ。このことは、民俗学にとって功罪はあろうけれど、少なくとも、隣接領域からより柔軟な対応が可能な民俗学のあり様が求められていることは間違いないと思う。

本書の執筆は、論考・コラムともに、佛教大学あるいは日本民俗学会・京都民俗学会などで、編者と何らかの縁を結んでくださった、どちらかというと比較的若手の方々にお願いした。これらの執筆陣は、地道なフィールドワークを続けながら学会で活躍中の気鋭の研究者ばかりである。公私共に多忙な中、編者の無理なお願いを快く受け入れ、執筆していただいたすべての方々に、衷心より御礼を申し上げたい。

最後になったが、今回も本書の意義と編者の意向を理解していただき、企画から編集、そして刊行までのすべての労を取っていただいた、昭和堂編集部の松井久見子女史に心より感謝申し上げたい。

本書を手に取り、紐解いてくださった方々、特にこれから本格的に民俗学の道へ分け入らんとする若い世代の人たちが、本書を、民俗学の真の面白さと醍醐味を知るひとつの契機としていただけるなら、編者として望外の喜びである。

二〇一三年正月

編者　八木　透

目次

第一章　民俗学の生い立ちと現在

八木　透

一　民俗学へのいざない

民俗学とは

民俗学という学問は、実におもしろい。民俗学ほど興味尽きない学問はないと思う。多少無責任にいわせてもらうならば、民俗学は何が飛び出すかわからないから、研究する者をワクワクさせるのではないかと思う。

民俗学は、長く見積っても学問として確立してからまだ百年ほどしか経っていない。それだけに民俗学には定番がない。いってしまえば、どのような対象でも、扱い方によってはすべて民俗学の研究テーマとなりうる。特に近年の民俗学の動向を見る限り、その対象とする領域がこれまで以上に多岐に及び、神話や古典文学の世界から、現代社会のうわさ話や世相、さらに海外の事象まで、すべて民俗学の研究対象だとされる傾向が見うけられる。これは民俗学が問題視すべき深刻な事態であることは間違いないが、ある意味では民俗学の強みでもあると考えられはしまいか。つまり、どのような事象をも研究対象としてしまうという特性は、一方では学問の強みとして理解すべきだといえるだろう。

民俗学は、もともと柳田國男によって、文献史料のみを極端に重視する従来の歴史学を批判し、本当の日本人の歴史を明らかにすることを目的として、明治末期に創始された一学問領域である。そこでは、文献史料に替わるものとして、「伝承」、すなわち文字に記されることなく、庶民の間で代々伝えられてきた、暮らしの中の伝統的な慣習・行事・言葉などを広く収集して分析することにより、日本の庶民層の生活文化の歴史を解明しようとしたのである。このように説明すると、読者諸氏の中には、民俗学は古い時代を対象として研究する学問だと思う方がいるかもしれない。しかしそのイメージは間違いである。民俗学の究極の目的は、現在の私たちの暮らしを考えることであり、ひいては、未来の暮らしをも予測することなのである。現代を、未来を知るために、少し過去のことを探るのだと理解していただきたい。民俗学の研究対象となりうる過去とは、具体的にいえば明治から昭和、そして平成の時代である。地域や対象によって近世まで遡ることもあるが、どんなに古くても室町末期頃までと見なすべきだろう。

また民俗学の学問的特質はフィールドワークをもっとも重視するという点である。多くの書物を繙くよりも、自分の足で村を歩き、自分の目で村を見、自分の肌で人々の暮らしを体感することが必要とされる。フィールドワークを伴わない、文献史料のみに依拠したような研究は決して民俗学ではなく、それはあくまでも歴史学である。歴史学と民俗学の相違点は、端的にいうなら、この一点にあるといえるかもしれない。あくまでも民俗学は、現在に視点をすえたフィールドワークという方法を用いた研究であると考えていただきたい。

筆者はこれまで、主として日本を中心としながら、時には韓国や中国、また遠くモンゴルやシベリア、ネパールなどへもフィールドワークに出かけた経験がある。そこには都市に住む者には想像もつかぬようなさまざまな興味深い伝承や慣習、行事や儀礼が存在している。それらは、そこで生活する人々にとって必要だからこそ近年まで残されてきたのである。その意味で「民俗」は、決して過去の遺物ではなく、現代に生きている「文化」だといえるだろう。

二つのミンゾクガク

「ミンゾクガク」という発音だけを聞いてそれを漢字表記するとしたら、「民族学」と表記する人が多いのではないだろうか。「民族学」と「民俗学」、日本ではどちらも同じ読み方のため、非常に混同されやすく、両者はあたかも同じ学問であるかのような印象を与えてしまうことも珍しくない。しかしこれを英訳してみると、民俗学は「Folklore」、民族学は「Ethnology」というまったく異なる表現となる。つまり英語文化圏においては、両者はまったく異なる学問として位置づけられていることがわかる。

この二つの学問は似た性格を有するが、少なくともここ数十年間はまったく異なった道を歩んできた兄弟のようなものである。両者の相違について一言で語ることは困難極まりないが、あえて簡潔にいえば、「民俗学」は「内省の学」ともいわれるように、近代国家の成立期における民族意識の高まりの中で、自文化研究、すなわち日本人が日本を研究することを主たる目的としてスタートした。それに対して「民族学」は、一五世紀以降の大航海時代を経て、異文化・異民族との接触の中で、その知識の学として発達してきたため、どちらかというと異文化研究、すなわち日本人が日本以外の異質な文化を研究することを主たる目的としているといえる。もっとも「民族学」は、アメリカやフランスなどでは「人類学（anthropology）」という名称でよばれることが多く、日本でも最近ではそれにならって「文化人類学」あるいは「社会人類学」とよばれる例の方が圧倒的に多くなった。学会も、かつての「日本民族学会」はついに二〇〇四年には「日本文化人類学会」と名称変更を行った。その結果、それまでは「ニホンミンゾクガッカイ」という同発音の二つの学会が存在したのが、少なくとも学会名における混同はなくなったのである。

二　柳田國男と民俗学の誕生

柳田國男の生い立ち

今日の民俗学の礎を築いたのは柳田國男である。ただし、必ずしも民俗学は柳田ひとりの手によって作り上げられたわけではない。後述する、柳田以外にも何人かの忘れてはならない研究者がいることも確かだ。しかし、民俗学の創始とその展開において、柳田國男という人物の存在が途方もなく大きかったことも事実である。もし柳田國男がいなければ今日の民俗学は存在しなかったであろう。その意味では、柳田國男を語らずして「民俗学」を語ることはできないといえる。

柳田國男は一八七五（明治八）年、兵庫県神東郡辻川村（現在の神崎郡福崎町辻川）で、「柳田國男」ではなく松岡家の六男として生まれた。家はお世辞にも裕福とはいえず、幼少期の國男はさまざまな苦労を経験する。それはやがて明確となる彼の「何故に農民は貧なりや」という命題の解明に向けてのプロローグとなった。農民たちは馬車馬のように働いても満足に米の飯を食べることすらできない。常に飢饉の危機にさらされる不安定な暮らしを、どうしたら改善することができるのか。その想いは國男の切実な苦悩でもあった。

やがて國男は東京帝大に進んで農政学を専攻し、卒業後は農商務省に勤務して農政官僚の道を歩む。そして國男は大審院判事であった柳田直平家の養子となり、娘の孝と結婚して柳田國男と改名する。すなわち柳田國男の学問人生の始まりは、民俗学ならぬ、農政学者であり、有能な農政官僚として活躍した時期である。そのような柳田の関心に変化が現れるのは、およそ一九〇八（明治四一）年から翌一九〇九（明治四二）年頃と考えられる。

漂泊の民への関心

柳田が民俗学の世界へ足を踏み入れるきっかけとなったのは、一九〇八年から翌年にかけての二度の旅であった。

そのひとつが、宮崎県椎葉村での新たな発見である。椎葉村は九州山地の中央部、宮崎県と熊本県の県境に位置する山村である。そこには山の神に守られながら、焼き畑を行い、猪や鹿を捕る山村の暮らしが生きていた。農村で生まれ育った柳田は、当時の日本の中に平地農村では見ることができない遠い過去の暮らしが厳然と息づいている事実に驚嘆した。今ひとつは、岩手県遠野への旅である。もっとも遠野との出会いは、佐々木喜善という人物と知り合ったことが契機となる。佐々木喜善は遠野出身の柳田より一五歳若い文学青年であった。佐々木はたびたび柳田宅を訪問しては、オシラサマ・オクナイサマ・ザシキワラシなどの不思議な神々の話や、山で神隠しにあった話など、これも平地農村では決して聞くことのできないような山里の信仰や昔話を語って聞かせた。柳田は遠野の暮らしを自ら見聞するために、一九〇九年に遠野を訪れている。これら二度の旅とそこでの経験が柳田の興味を大きく転換させることとなった。一九〇九年、柳田は『後狩詞記《のちのかりことばのき》』を自費出版し、ついで翌年には『遠野物語』を世に出す。この二冊の著書は、内容から考えて必ずしも民俗学の書物とはいえない面もあるが、少なくともそれ以前の柳田の農政学関連の著書とはまったく異質な性格の書物であった。特に『遠野物語』の序文の一節である「国内の山村にして遠野よりさらに物深き所には、又無数の山神山人の伝説あるべし。願わくば之を語りて平地人を戦慄せしめよ」という一文は、当時の柳田の熱き思いがよく表れているといえるだろう。

その後の約一〇年間、柳田の興味・関心は、山に住んで山中を移動しながら生活を営む、いわゆる山人、あるいは被差別部落の人々、あるいはイタコやカミサマなどと称する民間呪術者である巫女など、すべて平地に定住する稲作農民とは異質な、漂泊の民に向けられた。この時期の柳田の関心事として特に興味深いのは、稲作を主たる生業とする日本人以外に、「山人」ともいうべき日本列島の先住民の末裔が、大正の時代にも、まだわずかながら存在すると信じていたことである。現日本人の先祖がいつの時期か稲を携えて日本列島へ渡ってきた頃、そこには元日本人（＝先住異族）がいた。彼らはやがて稲作民に追われて山深く奥地へと分け入り、その大部分は平地民である稲作民と同化、融合してゆくが、一部の人たちは山に住み着き、あるいは漂泊を繰り返しながら、狩猟と採集、および焼畑を生業とする暮らしを続け、時には平地稲作民と交渉の機会を持った。柳田は、伝説や昔話の中で語られる山の神・山姥・山男、あるいは種々の山の怪異譚は、平地人と山人とが山中で遭遇したことが契機となって語られた話であると考えていた。そして柳田のいう山人は、アイヌの人々とのつながりへと発展してゆくことになる。

いずれにしても、当時の柳田は日本人に複数の系譜が存在することを想定していた。このことは同時に、日本には少なくとも二つ以上の異質な文化要素が見られることを認めていたのである。しかしこのような先住異族の影は、やがて柳田の視野からは消えてゆき、その結果、最終的には平地に定住して稲作に従事する日本人だけが残ることになる。

民俗学創始への道

一九一四（大正三）年以後、柳田は貴族院書記官長を務めていたが、一九一九（大正八）年に辞職し、翌年朝日新聞社に入社する。権威と金銭面においては申し分のない高級官僚を自ら辞し、民間の新聞社へと身を移した理由は、柳田が「安定」よりも「自由」を選択したことにほかならない。すなわち当時の柳田の願望は、自由な旅をすることであった。それを叶えてくれるという条件で、朝日新聞社を選んだのである。自由な時間を得た柳田は、さっそく一九二〇（大正九）年の末から翌年春にかけて、九州と沖縄への長期の旅を試みている。柳田にとっては、これが生涯最初で最後の沖縄への旅であったが、沖縄が柳田に与えた影響は、彼の最後の著書がかの著名な『海上の道』であることから考えても自明である。また同時に、柳田がこの旅の道中で、沖縄研究の草分け的存在である伊波普猷《いはふゆう》や比嘉春潮《ひがしゅんちょう》と出会い、自由な語らいの機会を持ったことは、その後の民俗学における沖縄研究に大きな刺激を与えた。なおこの旅の成果は、『海南小記《かいなんしょうき》』と題して、一九二一（大正一〇）年春に朝日新聞に三二回にわたって連載され、一九二五（大正一四）年に単行本として刊行されている。

一九二〇年代後半から三〇年代にかけて、多くの旅と人々との出会いの中で、柳田の関心は、以前の漂泊の民から、徐々にではあるが、平地に住んで稲作に従事する、ごくありふれた名もなき日本人、すなわち一般庶民の生活文化とその歴史へと移り変わってゆく。特に一九三〇年代、すなわち昭和五年頃から後の約一〇年間は、柳田がもっとも精力的に学問としての民俗学の確立とその組織作りに力を注いだ時期である。一九三〇（昭和五）年秋、柳田は朝日新聞社を辞職し、以後は民俗学の確立と執筆活動に邁進してゆく。

柳田の民俗学は、歴史学批判からスタートした。すなわち、従来の歴史学が、文献偏重主義によっていかに一般庶民を軽視してきたかを説き、真の日本の歴史を明らかにするための方法として、民俗学を位置づけようとした。このような柳田の志向は、『民間伝承論』『国史と民俗学』『郷土生活の研究法』などの著書の中に、切々と表現されている。

一方で、これらの著書の中で、柳田独自の民俗学方法論を提示したのもこの時期である。特に『民間伝承論』は、一九三三（昭和八）年九月から毎週木曜日に東京成城の自宅に弟子を集めて開かれた研究会において、一年近くにわたって柳田が講義した内容を活字にしたものである。この会は「木曜会」といわれ、後の学会設立の母体となった。そこで柳田は、「重出立証法」と呼ぶ民俗学の資料操作法について論じている。

三　柳田民俗学の研究方法

歴史学批判と重出立証法

「重出立証法」という柳田独自の研究方法について、ここではその概要だけを紹介することにしたい。

柳田はまず、文献史料のみに頼り、めったに起こらないような大事件を頼りに、周囲の世の中のありさまや姿を説かんとする歴史学の一回主義や、文献以外の資料の使用を許さない厳正主義を厳しく批判した。その上で、民俗学においては、文献には残らないような、日々の食事や生業、人生において誰もが経験する儀礼などの、日本人であればあたり前に、皆が、これまで繰り返し行ってきた事象に注目した。それらの資料を日本の広域から採集して重ね合わせ、比較することによって、それぞれの事象が過去からいかに変化してきたか、換言すれば事象の変遷の過程を知ることができると説いた。柳田は、このような研究方法を「重ね撮り写真の方法にも等しい」と述べている。「重出立証法」という名称は、そこから名づけられたという。柳田は、歴史学の文献に替わる対象としての事象こそが「民間伝承」すなわち「民俗」そのものであり、それら諸事象の「変遷」の過程が「歴史」であると認識していた。そしてこの新しい方法による学問を「民俗学」と呼んだ。

文献資料と伝承資料

『民間伝承論』に次のような一文がある。

「此方法の強味をしって居る我々は、書物はもとより重要なる提供者と認めるが、決して是を至上最適の資料とは認めないのである。現地に観察し、採集した資料こそもっとも尊ぶべきであって、書物は之に比べると小さな傍証にしか役立たぬものである。書物による傍証法に力を入れすぎると、歴史と混淆した妙に危なかしい「民俗学」が出来上がるのである。さういう方法を許そうよりは、まだしも消極的な厳正主義の方がよい」（柳田　一九九八：六二）。

ここではフィールドワークの必要性を説くとともに、民俗学における「伝承資料」の重要性を主張し、かつ研究における文献史料の安易な使用を厳しく戒めている。このような柳田の姿勢は、新たな学問を構築してゆく上で当然であっただろうが、柳田の弟子たちの一部には、後にこの指摘をあまりにも忠実に守り、民俗学ではいっさい文献史料を使用しないという極端な方法をとる者も出現する。これは大きな問題であり、柳田の言葉だけを安直に受け入れたがための結果であって、柳田自身の著作が決してそうではないことに気づかなかった一種の愚行である。柳田が真に伝えたかったのは、要は安易に文献を信じてはならないという、いうならば「史料批判」の重要性についてであった。

『蝸牛考』と周圏論

「重出立証法」は「比較研究法」ともいわれ、多くの民間伝承を採集して、比較することに重きをおいた資料操作法である。もっとも「比較」という方法は、民俗学に限らず、いかなる学問においても重要な研究方法であることは自明である。ただ、民俗学における「比較」は、事象の「変遷」の過程を読み解くという視座が不可欠であり、また日本の各地域から採集された、平面的な分布の上にある事象を「比較」することによって縦軸の中に位置づけるという、特異な操作を行うということにおいて、きわめて特殊な「比較」の方法であるといえよう。この横軸を縦軸に置き換えるという操作こそが、柳田民俗学の研究方法の独自性であった。このことを説明するためには「周圏論」について解説する必要があろう。

柳田は、日本列島の東西南北にいたる広がりの中で、どのような民俗事象が、どのような地域に分布しているかに注目した。それはすなわち「地域差」を意味する。そして日本における民俗事象の分布状況を正確に知るための手段としてフィールドワークを位置づけた。さらに柳田は、民俗事象に見られる地域差は、実はある事実を示していると主張した。

一九三〇（昭和五）年の柳田の著書に『蝸牛考《かぎゅうこう》』という書物がある。これは一九二七（昭和二）年に四ヵ月にわたって『人類学雑誌』に連載された論文をもとに、一冊の単行本としてまとめられたものである。この中で柳田は、蝸牛、すなわちカタツムリの方言の分布について論じている。

全国のカタツムリの方言を、まず似たものを集めて五つの大きなグループに分け、それらの分布を日本の地図上に落としてゆくと、関西を中心とする地域から順に、デデムシ・マイマイ・カタツムリ・ツブリ・ナメクジという具合に、同心円状に外へ広がってゆくという結果が得られたのである。柳田によれば、このことはすなわち、京都を中心とする関西地域にもっとも新しい語彙が分布し、周辺に広がるにつれて段階的に古い語彙が残存している様子を示しているという。換言すれば、関西で新しい語彙が生まれ、何年か後にはそれが周囲に伝播してゆき、東北や南九州などの遠い地域にはずっと遅れて到達するというように、あたかも波のない池の中央に小石を落とした時に、その波紋が周囲へ同心円状に広がってゆくように、方言＝民俗語彙も、中央から地方へと同心円状に伝播してゆくという解釈である。これが柳田の「比較研究法」の具体的例示としての「周圏論」という考え方である。

柳田によれば、「地域差」は「時間差」、すなわち歴史的「変遷」を示すという結論である。たとえば、東北地方でも、岩手県と宮城県ではまったく方言が異なったり、逆に東北と九州で似たような方言があったりする事実は現実によく見かけることであるが、このような現象は「近くの不一致」「遠くの一致」といわれるように、まさに関西を中心とした同心円上に同じような方言が分布し、また同心円上から少しでも外れると、距離は近くてもまったく異なった方言の分布が見られるという説明がなされるわけである。

このような方言分布と地域差に関する解釈は、それまで誰もが思いもしなかった思考であり、かつカタツムリの方言の実際の分布状況を示しての実証的な研究であったがゆえに、柳田の弟子たちはもとより、さまざまな分野に対して大きな刺激を与えることとなった。しかし「周圏論」は、カタツムリの方言によってのみ具体的に示されたことから、あくまでも方言に限ったものとして、「方言周圏論」という名でよばれることもあるように、必ずしもすべての民俗事象にあてはまるものとはいえないのである。

なお、柳田の「比較研究法」は、「重出立証法」と「周圏論」という二つの具体的方法によって示されたように思いがちだが、実はこれらは同じことを述べている。すなわち「周圏論」とは「重出立証法」の具体的例示であり、「周圏論」的な民俗事象の解釈と資料操作法を「重出立証法」と呼んだにすぎないのである。

なお近年になって、朝日放送の人気番組である「探偵ナイトスクープ」が、「周圏論」の問題を取り上げ、「アホ」

や「バカ」などの、いわゆる侮蔑語の全国分布を調査し、「全国アホ・バカ分布図」というものを作成したことはよく知られている。これは、柳田によるカタツムリの方言分布調査以来の試みとして注目された。その結果、「アホ」や「バカ」などの侮蔑語においても、関西を中心とする同心円状の分布が示され、みごとに「近くの不一致」「遠くの一致」が証明されたのである。

学会組織の設立

一九三〇年代は民俗学を志す多くの人たちにより学会組織が設立された時期でもある。すなわち先述した柳田邸での研究会であった「木曜会」が母体となって、一九三五（昭和一〇）年に初の全国組織である「民間伝承の会」が設立され、機関誌として『民間伝承』が創刊された。そしてやがて戦後の一九四九（昭和二四）年には「日本民俗学会」と改称され、いうまでもなく柳田はその初代会長の座についた。なお日本民俗学会は二〇一二年で創立六三年目を迎え、会員数も一五〇〇人を超える、日本でも比較的大規模な学会となっている。

四　「比較研究法」の問題点

手品師としての柳田國男

「重出立証法」や「周圏論」は、柳田が生涯の間に示した唯一の民俗学の具体的な研究方法であったがために、当時の弟子たちはもとより、戦後にいたるまで、民俗学を志す者にきわめて大きな影響を与え、多くの者がこの方法を用いて研究を試みようとした。しかし実際にはそれは不可能であった。「周圏論」にはまだ具体性が見られるが、「重出立証法」に関しては、柳田の著作では明らかに説明不足であり、実際に何をどうすれば柳田がいうような結論が導けるのか、誰も知ることはできないだろう。現に柳田自身の著作から、彼の用いている研究方法を探ってみると、決して「重出立証法」のような単純なものではなく、その背景には、古代から近代にいたるまでの膨大な文献資史料の知識や、「進化論」や「伝播論」などの欧米の学問思想などが随所に見え隠れしていることに気づくだろう。実は柳田は、自分の手の中にある学問の「タネ」をほんの一部しか弟子たちに伝えていないのである。

筆者は、柳田は一種の手品師であったと考えている。手品師であるがゆえに、大部分のタネは自分だけが隠し持っていて、弟子にはほんのわずかのタネを証したにすぎないのである。これでは弟子にとってはたまらない。ひとつや二つのタネだけを、しかも大雑把に示されただけで、師匠と同じような手品を披露してみろといわれても、可能なはずはない。このことが、後の民俗学を不幸に陥れる大きな原因となったのである。

さらに「比較研究法」の問題は、単に説明不足だったというだけではない。ほかにも多くの問題を内包していた。ここではその中から、筆者がもっとも重要と考える問題を取り上げることにしよう。

日本民俗文化の理解をめぐって

柳田の方法論は、東北から沖縄にいたるまでの、日本のすべての地域が同質の文化基盤にあるという前提に立って、初めて成り立つ解釈である。カタツムリを例にとると、当時は東北でカタツムリのことをナメクジといい、関西ではデデムシといっているが、ずっと昔においては、関西でもナメクジといっていた時代があり、また未来には、東北でもデデムシという時代がやってくるということになる。しかしそれは本当なのだろうか。疑ってみたところでそれを知る術はないのだが、このように日本の民俗文化の同質論が彼の方法の前提にあることは理解していただけるだろう。

この問題については近年まで多くの議論があったが、中でも坪井洋文の研究は日本民俗文化の同質論に対する決定的なアンチテーゼとなった。坪井は全国に分布する「餅なし正月」という伝承、すなわち正月に餅を搗いたり食べることを忌む習俗について、数多くの事例を収集するとともに、それらに対する精緻な分析を試み、日本には水稲農耕を基礎とした文化要素以外に、焼畑農耕を基礎とした畑作文化ともいうべき異質な文化要素が存在し、両者が混在しながら今日の民俗文化が形成されてきたことを主張した。坪井は、一九七九年の『イモと日本人』や、一九八二年の『稲を選んだ日本人』などの著書において、日本民俗文化の異質論・多元論を示したのである。坪井の一連の研究は、その後の民俗学研究に大きな影響を与える結果となり、現在の日本文化論では、異質論が大勢を占めるにいたっている。

さらに柳田の方法では、常に全国規模の比較を試みることが必要とされ、そのためには各地域に存在する民俗事象から、全国比較に耐えうるような、エッセンスのみを抽出することが求められた。その結果、調査対象となった地域の特質、すなわち地域性をまったく無視して、方言に代表されるような民俗語彙のみを重視する研究に陥ってしまう危険性を秘めていた。戦後のある時期までの民俗調査報告書が単に調査項目の羅列に止まり、かつ民俗語彙中心の記述が目立ったり、調査対象地域の生業基盤や歴史的風土をまったく無視してしまうという結果を招いた。このような反省から、後に詳述するような、いわゆる「地域研究」あるいは「個別分析法」などという考え方が生まれてくるのである。

民俗の担い手としての常民

柳田は、民間伝承を保持している人々、すなわち民俗学の対象となる人々を「常民」という言葉を用いて表現した。以来、「常民」は数少ない民俗学の専門用語として定着するとともに、その概念をめぐっての議論をよんだ。「常民」とはいったいどのような人々を指すのだろうか。少なくとも一九三〇年代、すなわち柳田民俗学の確立期における「常民」は、平地に定住して稲作に携わる一般農民、すなわち漂泊民や武士や貴族その他の知識人を除いた人々、すなわち近世における「本百姓」であるという説明がなされてきた。しかし明治期から戦後にいたるまでの、柳田の著作の中に登場する「常民」という語は、それぞれの時代によって使用法や内容がまちまちであり、決して一貫してはいなかったのである。

これまでの通説では、戦前までの「常民」は人間を区別しうる実体概念として用いられてきたものが、戦後になってその意味は拡散し、「常民性」という語に象徴されるように、人間を区別する概念ではなくなり、「文化」を区別するための抽象概念として使用されるようになったといわれている。しかしこの通説も、ひとつの傾向を示すものでしかなく、柳田自身の使用法を丹念に読み取ってゆけば、必ずしもそうとはいえない事例も多く見られるのである。

詰まるところ、「常民」とは、柳田が追い求めた「日本人」の象徴であり、彼の思想の中で育まれてきた「日本民俗文化」を一手に担う対象として創造された概念であったのだろうと筆者は考えている。ゆえに、現代の民俗学において真正面から「常民」論を語ることはあまり建設的な成果を生み出すとは思えない。むしろ柳田の思想、彼が生きた時代の学問的世相、あるいは歴史学と民俗学の摩擦の有様を知るひとつの術として、「常民」論は語られるべきではないかと思う。

五　戦後の民俗学の動向

民俗学の拡散と柳田國男の死

戦後のめまぐるしい社会情勢の変化は、民俗学にも大きな影響を与えた。柳田は終戦後、民俗学を「現代科学」として発展させることをその目的として掲げ、「日本人」そのものを民俗学の研究対象とすることに重きをおいた。またそのような中で、民俗学は柳田の弟子たちによって戦前とは少し異なった方向への道を歩み始める。その一例は、民俗学の目的観の変化である。すなわち和歌森太郎や石田英一郎などの若手の研究者たちによって、民俗学は日本人の民族性（エートノス）や心性を解明することを目的とすべきであるという主張がなされたのである。一九七二（昭和四七）年に弘文堂から出版された『日本民俗事典』の「民俗学」という項の冒頭に、和歌森太郎は「民間伝承を素材として、民俗社会・民俗文化の歴史的由来を明らかにすることにより、民族の基層文化の性格と本質とを究明する学問」（大塚民俗学会　一九七二：七〇五）と記している。庶民の生活の歴史を明らかにするという目的以外に、いつのまにか日本民族の基層文化の性格と本質を究明するという目的が付け加えられている。このような思考は、和歌森ひとりのものではなく、当時相当数の者たちが民俗学に対して抱いていた認識であったと思われる。

また石田英一郎は「日本民俗学の将来――とくに人類学との関係について」において、民俗学の将来に対して「第一の途として考えられるのは、日本民俗学をもって、広い意味での日本史の一部として、大学でいえば、史学部ないし史学科に属せしめる行き方である」と述べ、続いて「私があえて先生（柳田）の意図にそむいても、なお且つ、ここに第二の途を提唱して……（中略）この第二の途とは、広義の人類学と結合する行き方である」（石田　一九五五）と述べ、民俗学は人類学と結合すべきであることを主張したのである。このような若い研究者の動向に対して、柳田は抵抗を見せつつも、彼自身はぞくぞくと新しい著作を世に送り出してゆく。そしてやがて一九五〇（昭和二五）年、柳田は文化勲章を受章する。その後、最後の著書となった『海上の道』を書き上げた翌年、一九六二（昭和三七）年に、八八歳で柳田はこの世を去るのである。

このように民俗学の目的観自体が揺らぎ始め、その独自性に陰りが見え始めて、学問の将来に向けての方向性に迷いが生じてきた時、追い討ちをかけるように偉大な先達を失った民俗学は、その後しばらくの間、低迷の時期を迎えることになる。しかし、それは単に柳田の弟子たちが無能であったからではなく、柳田の死を境として民俗学が低迷するのは、柳田本人に大きな原因があった。

柳田國男の弟子たち

柳田には真の弟子はいなかったともいわれるように、彼の死後、現実に柳田の志を継いで民俗学の再度の隆盛をすぐに呼び起こすことができる者は存在しなかった。もし柳田に弟子がいたとすれば、それは折口信夫ただひとりだったのかもしれない。折口は柳田よりも一二歳年下であり、柳田と出会って以降は柳田を師として慕いつつ、自らは日本古代の信仰や芸能、あるいは文学の領域において、柳田とは異なった独自の民俗学の領域を築き上げていった。晩年の柳田にとって、折口は、弟子というよりもライバルそのものであったのかもしれない。ただ、折口は柳田よりも九年早く、六六歳で他界してしまったことが悔やまれる。

折口と柳田の関係を知る上で、非常に興味深い逸話を新谷尚紀が最近の著書の中で紹介している（新谷 二〇一一）。それは民間伝承の会を「日本民俗学会」と改称する際の、折口と柳田のやりとりについてである。その当時は、文部省に科学研究費を申請するにせよ、他の学会と共同で何らかの事業を行うにせよ、「学会」という名称への変更は避けられない状況にあったという。しかし柳田は、民俗学を大学などの専門の研究者だけのものにしてしまうことを深く憂慮し、名称変更には反対であった。そんな中、弟子たちの誰が名称変更の必要性を柳田に提言するのか、実は誰もそのような恐ろしいことを引き受ける者はいなかった。しかし、そのチャンスが訪れた。時は、昭和二四年三月一日のことであったという。たまたま柳田宅へ折口をはじめ、大間知篤三などの弟子が数名集まることになり、名称変更の話を柳田に提言するのは、この機会を逃してはほかにないと皆が思い、その大役が折口に託された。折口は頃合いを見計らって、名称変更の旨を柳田に懇願した。すると柳田は烈火のごとく怒りだし、「折口君、ぼくがどんな思いで民間伝承の会を作ってきたか、君なんかにわかってたまるか」と言い放ち、憮然として二階へ上がっていった。他の弟子たちは、その様子を震えながら見ていたそうだが、折口は静かに「はい、これで日本民俗学会が生まれました」と言ったという。弟子のひとりである鎌田久子が恐る恐る二階の柳田の様子を見にいくと、柳田はにこにこしながら、「折口君はもう帰りましたか」と言ったそうである。この時、弟子たちには柳田と折口の間には誰もわからない、深い深い信頼と愛情があることを改めて知ったという。この話は、新谷が鎌田久子の回顧録を引用しながら紹介しているのだが、柳田と折口という民俗学の二大巨匠の結びつきの実態を知る上で、特筆すべき逸話だといえるだろう。

折口以外にも、柳田には有能な後継者が全国に数多く存在したが、それらの中から「第二の柳田國男」が現れることはなかった。そこには、柳田は、弟子たちに民俗学の調査法こそ熱心に伝授したが、研究法を伝えることがなかったという背景がある。先にも述べたように、柳田は自らが研究の基盤とした具体的方法をほとんど弟子たちには伝えなかった。伝えたのは「重出立証法」や「周圏論」という、研究のヒントとなる資料操作法のみであり、それすらも入口を示しただけであった。もっというならば、柳田は弟子たちに、優れた「調査者」であることを求めたのであり、自らの思考や分析を加えた「研究」を行うことを認めなかったのである。つまり、全国に数多く存在した柳田の「優れた弟子」たちは、郷土の民俗調査に精を出し、多くの事例を集収してきては、雑誌や書簡を通じて柳田に発信した。柳田はそれら無数の情報を解析しながら、かの膨大な著作を創造していった。そこには「研究者」としての柳田と、「調査者」としての数多くの地方の弟子たちとの二層構造が築かれていたのである。

調査と研究の乖離

そういえば、一昔前の民俗学の書物や論文には、内容がきわめて断片的で、かつ伝承の羅列に止まっているものが目立った。「論文」とはいいながらも、実質は単なる調査報告であり、それもその地域における民俗的特質やそれが存在する社会背景、あるいは近年における民俗の変容などについて、まったくといってよいほど説明がなく、いうならば過去の民俗の化石を、ほとんど何の検証をすることもなく、ただ羅列しただけとしかいいようのないものも多かった。これが「項目羅列主義」とよばれた民俗調査報告の例である。このような現象は、柳田とその弟子たちとの間に築かれた二層構造の弊害であり、「調査」と「研究」が乖離してしまった結果であることは疑う余地もない。

ただ断っておきたいのは、筆者は何も、過去の伝承を項目別に羅列するような「民俗の記述」が、まったく無意味であるといっているのではない。いわゆる民俗調査で得られる伝承の断片の中には非常に貴重なものも少なくない。ただ民俗学のよって必ずしも従来からいわれる、民俗の「項目羅列主義」的記述がまったく無意味なわけではない。ただ民俗学の研究がそこで止まってしまっていては、学問的低迷を招くことは避けられまい。「研究」という以上は、調査した事例をもとにして、そこから研究者の独自の視点と問題意識に基づいた分析が当然なされねばならないであろう。すなわち、何らかの形で「民俗の記述」を行うからには、その成果は民俗学全体の中に位置づけられねばならない。つまり執筆者たちの研究者としての自覚とポリシーが問われなければならないということである。一定の地域の中で、いかなる目的をもって調査を行い、その成果をどのような形で、またどのような問題意識に基づいて記述するのかというところに、単なる「調査者」ではない、「研究者」としての資質が問われるのは当然のことではないのか。

六　民俗調査とその成果

総合調査のあり方とまとめ方

民俗学にとってフィールドワークが何よりも大切な営みであることは、柳田自身が繰り返し弟子たちに諭したことである。民俗調査の成果は「民俗誌」といわれる、一定地域の民俗事象を総体として記述した、地域の人々の「生活誌」ともいうべき冊子、あるいは「調査報告書」としてまとめ、広く研究者の閲覧に供するとともに、調査をした地元へ持参することが常識とされている。それは、突然の訪問者である調査者に対して、多忙な時間を割いて協力してくれた調査地の人たちに対する唯一の還元でもある。

これまで日本では、無数の民俗誌が書かれ、それらの地道な蓄積が今日の民俗学を築いてきたといっても過言ではない。柳田も初期の段階から何度も大規模な民俗調査を計画した。それは「総合調査」という方式をとっていた。

柳田が企画した最初の大規模な総合調査は、一九三四（昭和九）年から三七（昭和一二）年にかけて行われた、いわゆる「山村調査」である。これは全国五二ヵ村の山村を選び、ひとりの調査者が一地区を担当する方式で、調査項目は、柳田自らが作成した一〇〇項目の質問にしたがって、調査者が聞き書き調査を行い、地元の古老から聞き取った内容を正確に記述するという方法をとった。その際、柳田は調査者に対して、自分独自の解釈を決して加えることなく、あくまでも客観的に古老の語りを記述するように注意を促している。この調査の成果は、一九三七年に『山村生活の研究』として刊行され、その後の民俗学の貴重な資料となった。しかし一方で、山村調査とそのまとめ方には大きな問題があった。

『山村生活の研究』では内容が項目別にまとめられており、たとえば「山の神」や「同族神」などという項目について、全国から集められた事例が羅列されている。その結果、それぞれの調査地がいったいどのくらいの規模で、田畑がどの程度あり、どのくらい町に近い村なのかすらも、まったくわからないという状態である。これではその村の人々の暮らしを頭の中で想像することすらできないのである。

このような柳田が計画・編集した総合調査の成果は、その後一九四九（昭和二四）年の『海村生活の研究』と、一九六六（昭和四二）年の『離島生活の研究』へと続くが、前者は『山村生活の研究』と同じように、項目別の目次構成となっているが、後者にいたっては、ようやく地域別の目次構成となり、やや「民俗誌的記述」に接近したのである。

調査地被害について

民俗学における重要な用語として「調査地被害」という言葉がある。これは宮本常一が一九七二年発表の「調査地被害――される側のさまざまな迷惑」という論考で提唱した概念であり、その後は民俗学においてフィールドワークを志す者たちの大前提たる信条として語り継がれてきた用語である。この論考の中で、宮本ははじめに「自分でいい気になっていると、思わぬことで相手に迷惑をかけていることがある」（宮本 一九七五：二五八）という渋沢敬三の言葉をあげながら、調査者本位で、調査をされる側の人たちの立場を省みないような強引な調査を断行する研究者や、調査者の間違った主観や偏見が被調査者の暮らしに大きな被害を及ぼすような例をあげ、また古文書など村から借りたものを返さない泥棒まがいの調査者の乱行を紹介し、「相手を自分の方に向かせようとすることにのみ懸命にならないで、相手の立場に立って物を見、そして考えるべきではないかと思う」（宮本 一九七二：二六一）と述べながら、調査者自身の姿勢について叱咤している。また研究者のみならず、マスコミによる心ない報道によって、村人たちが自信を失って村を崩壊させんとするところまで追い詰められたケースなどをあげながら、興味本位の取材や、今でいうヤラセ的な報道の態度を厳しく戒めている。借りたものを返さないということになれば、それは「倫理」の範疇をはるかに逸脱して、「犯罪」ともいうべき領域に入るかもしれないが、そこまでいかなくとも、民俗学の研究者が知らず知らずのうちに、被調査者や調査地に対して何らかの被害を及ぼすということは、今日でもあげれば数限りないだろう。

自然科学分野や考古学などの領域では、近年「捏造」という問題が話題を集めた。これらの領域では、ひとつの新たな発見がそれまでの既成事実を塗り替え、未知の世界へ分け入る契機となり、さまざまな価値観をも変えてしまうような重大な意味を有するケースが多い。しかし民俗学においては、そのような発見や発明はまずありえない。もともと人々の日々の暮らしを見つめ、その中にある文化を探ろうとしてきた民俗学において、他領域のような華々しい発明や発見は無縁である。しかし村々の実情を調査し、それを報告する段において、報告者の軽率で身勝手な解釈や偏見から、誤った報告をしたり、さらにその結果、村人たちが実に迷惑する事態に陥るということは往々にしてありうる。近年は多少影を潜めているが、一昔前のマスコミでは、目を覆いたくなるようなヤラセや、明らかに受けだけを狙ったとしか思えないような極端な報道がよく見られた。これらは研究者の立場にある者の仕業ではないにせよ、研究者自身も、ややもすると知らず知らずのうちに同じような過ちを犯しかねないということを改めて認識すべきであるといえよう。

七　新しい民俗学の息吹――二一世紀の民俗学へ

地域民俗学と個別分析法

一九七〇年代後半になると、新しい民俗学構築への動きが見え始める。それは柳田の「比較研究法」に代わる新たな研究方法論構築のための模索でもあった。

柳田の「比較研究法」、すなわち重出立証法は全国規模の比較を前提とするために、それぞれの地域の特質や地域性がほとんど無視されてしまうという問題を内包させていた。しかしこの時期に登場した新たな民俗学の方法とは、個々の民俗事象を地域から切り離すことなく、あくまでも地域そのものを研究対象とする研究手法である。これが「地域研究」あるいは「地域民俗学」とよばれる民俗学の方法である。このような民俗学のあり方に対しての主張は、柳田存命中から、たとえば桜田勝徳などによってなされてはいたが（桜田　一九五八）、このような方法をより具体的に示したのは福田アジオである。福田は「従来の重出立証法にとって代わるべき方法は、民俗事象を伝承しているそれぞれの伝承母体において、諸事象の相互連関を実証的に明らかにして、その伝承母体における相互連関した変化・変遷の過程についての仮説を提出し、各地での検証を蓄積することで、一般理論化することである。すなわち、今まで分離していた調査と研究を統一し、それぞれの調査の過程で分析を加え、研究として提出することである」（福田　一九八四：一〇二）と述べ、その方法を「個別分析法」と呼んだ。このような福田の主張は、特に若手の研究者に大きな影響を及ぼし、その後の民俗学の主流となってゆく。ただし地域研究の課題としては、各地域の個別研究を蓄積するのはよいが、それらをいかにして全体としての日本の民俗文化の中に位置づけてゆくのかという点に求められる。

都市民俗学と比較民俗学

一九八〇年代以降は、地方の都市化が進み、かつてのフィールドであった農山漁村が大きな変貌を遂げてゆく中で、新しい民俗学のフィールドを都市に求める動きが見え始めた。これが「都市民俗学」である。[*1] もっとも都市を民俗学の研究対象とする視点は以前からあり、柳田自身も決して都市を無視していたわけではない。しかし新たに起こってきた都市民俗学は、単にフィールドや研究対象の変換という問題に止まらず、民俗学のあり方や資料論も含めた学問体系の全体的な見直しをはかるという、巨視的な視野に立っての議論の中で煮詰められてきたところにその特質が認められる。

都市民俗学には大きく二つの視座が見られた。そのひとつは、人々の暮らしや民俗の「変化」に焦点を当てた研究である。これは具体的には、地方の〝過疎化〟と都市近郊地域の〝都市化〟という現象を対象とした研究として現れている。またその延長線上には、都市化に伴って、日本全国どこへ行こうとも同じような風景が広がり、いわゆる地方色が見えにくくなってきたという、いわゆる「暮らしの画一化」というべき現代の特性を扱った研究も見られた。もうひとつの視座が、都市の民俗学的な解釈を試みた研究である。それは「現代社会」や「現代の世相」を解明するという視座でもある。たとえば、都市の盛り場を対象とした研究では、都市特有の流動性や匿名性という性格を十分にふまえた立場から、それまでの固定化された農山漁村社会を対象とした民俗学のあり方を越え、新たな民俗理解の可能性を秘めた斬新さが見られた。また、このような視座による具体例として、「都市伝説」を対象とした研究があげられよう。都市伝説の生成過程や伝播の仕方などをめぐっては、従来の民俗学が自明のこととして捉えてきた語りの絶対性に疑問を投じる契機ともなった。

今ひとつの新しい動向は、柳田の主張した「一国民俗学」の殻を破り、近隣諸国の民俗と日本の民俗とを比較・検討するという方法である。これは一般に「比較民俗学」とよばれた。[*2] ここでいう「比較民俗学」とは、基本的には異文化との比較であり、柳田の「比較研究法」とは同じ「比較」でも質的にまったく異なった方法である。比較の対象とされるのは、大半は日本の隣国であり、古くから文化的にも深いつながりを有する韓国である。その他にも台湾や中国、あるいは中国の漢族以外の少数民族やモンゴル、東南アジアに住む諸民族もその対象とされつつある。このような民俗学研究においては、従来の研究と比べて、より複眼的なかつ多角的な視座が求められることは間違いない。ただし、単にフィールドを拡大する目的で日本以外の地域を対象とし、安易な比較論を展開するという向きもないわけではなかった。異文化との比較が目的である以上、フィールドワークにおいても、より緻密性が求められようし、また当然のことながら現地語をマスターした上でのフィールドワークが必要であることはいうまでもない。その意味では、まだまだ課題を多く含んだ研究領域であると理解すべきであろう。

マイノリティーへのまなざし

また近年のもうひとつの動向として、在日韓国・朝鮮人、被差別部落、アイヌに関する研究があげられよう。柳田は、琉球、すなわち沖縄こそ日本民俗文化のルーツであるとし、沖縄研究の重要性を説いたが、アイヌに関しては民俗学の対象からまったく外してしまった。さらに被差別部落に関しては、一九一〇年代に若干の論考があるだけで、以後柳田が部落問題に触れることはなかった。しかし被差別部落の民俗に対する関心は近年になって高まりつつある。たとえば赤松啓介の一連の研究をはじめ、[*3]一九九五年には、乾武俊と西岡陽子らによる『被差別部落の民俗伝承』（部落解放研究所 一九九五）や、宮本袈裟雄と谷口貢による『被差別部落の民俗』（部落解放同盟栃木県連合会 一九九五）が刊行され、高い評価を得ている。近年では二〇〇七年に『日本民俗学』二五二号が「差別と民俗」の特集を組み、九本の刺激的な論文が掲載されたり、さらに二〇一〇年には、急死した宮本袈裟雄の遺稿集でもある『被差別部落の民俗』が刊行されるなど、この方面の研究が活発化してきている。これらの研究は、これまでの民俗学において決して真正面から取り上げられることがなかっただけに、民俗学のあり方や日本の民俗文化を総体的に考えてゆくためにも、今後の大きな課題となろう。

またこの問題と関連して、近年島村恭則が主張する「多文化主義民俗学」にも注目する必要があろう。島村によれば、「多文化主義民俗学とは、人類文化としての伝承（主として非文字知）を、性、階層、地域、民族などあらゆる集団・個人の差異、多様性に着目し、そこにおける差異の政治力学・文化の政治性に十分注意をはらって考察しようとする、新たなパラダイムによる民俗学」（島村　一九九九：七）を指すという。すなわち、冒頭で紹介した、柳田の初期民俗学における「先住異属＝原日本人」の存在論や、坪井の「稲作文化」に対する「畑作文化」の存在を主張する多元論など、これまでの民俗学にも見られた視座ではある。しかし島村の主張は、これら先学の言説をはるかに超えて、在日外国人・被差別部落の人々・漂泊民・日系越境者をはじめとして、概念としてのジェンダーや民俗の地域性をも含めた、日本に存在するきわめて多様な民俗文化を対象として、「ナショナリティーの脱構築をはかり、また方法論的レベルでの総合化をめざすことが肝要」（島村　一九九九：七）であるとしている。まだ概念や方法論において検討すべき課題は残るが、今後の民俗学の行く末を考えた時に、このような視座は有効であることは間違いないといえるだろう。

構造主義と類型論

都市民俗学の隆盛とほぼ期を一にして、当時の若手研究者を中心にもてはやされたのが、人類学の「構造主義」にヒントを得たいわゆる「類型論」であった。類型論とは、対象とされる事象からいくつかの類似点を抽出し、典型的な類型をもって代表させることにより、対象事例を構造的に明らかにし、かつその特質を探るという研究法である。類型論は人類学・生物学・言語学などにおいてよく用いられた方法であるが、民俗学では、特に村落・親族・家族などを対象とした、いわゆる社会伝承領域において主に用いられた。具体的には、福田アジオの「村落類型論」や上野和男の「家族類型論」、あるいは筆者の「婚姻類型論」などがあげられる。

類型論は、確かなサンプリングに基づいて多数の対象事例をモデル化し、類型化を行った上で、当該研究対象の構造の中に還元するという手法をとるために、そこから導き出された結論は論理性を有し、大きな説得力を持つ。しかし二一世紀に入る頃から、それまでの類型論は批判の対象とされるようになってゆく。たとえば岩本通弥は、一九九二年から九六年の日本民俗学の研究動向を論じた中で、民俗学の家族研究史における類型論的研究の限界に関して、これまでこの分野をリードしてきた福田アジオと上野和男の研究は、従来の聞き書きで村人のたてまえを聞くだけに終始した民俗調査を批判し、かつそれまでの民俗学の要素主義的な傾向を排し、民俗事象の個別の地域社会における有機的連関に着目するという、きわめて機能構造主義的な方法の提唱であったとし、民俗学を大きく前進させたと評価する。しかし一方で、両者の方法は、類型設定に基づく地域主義だとし、このような方法は現実社会の諸現象の中から、比較に耐えうる部分のみが選択され、人々の生活全体を捉えようとする姿勢を歪め、またそれぞれの事象が現実の社会過程の中でいかに実際的に作用しているのかを考察させる視角も失わせると批判している。さらに類型論的な方法はひとつの方法であって、自ずと限界があり、批判されるべきは民俗学がそれ以外の方法を開拓してこなかった点に尽きるという。また静的で持続的な民俗社会の描出という方法自体も、再検討が必要であると主張し、「構造」や「民俗社会」そのものの無批判な理解に対して警鐘を鳴らしている（岩本 一九九八ａ）。その後、政岡伸洋は、一九九七年から九九年の研究動向を論じた中で、類型論の意義について、一貫して異質論を前提とした地域的差異の問題を論じる上野和男に代表される研究は、日本の民俗文化を一元的に理解しようとしてきた従来の民俗学に対するアンチテーゼとしての意味が大きかったという。さらに「類型論的理解」は家族・親族のみならず、日本の民俗文化をいかに捉えるべきかという点も視野に入れたものであったとし、日本の民俗文化理解にとって重要な視点を提供してきたと、ある意味では岩本の提唱とは異なった視点からひとまず評価する。しかし「類型論的理解」に対する限界と問題点にも言及し、現代家族と家族の〝変化〟を考慮した時、大きな岐路に立たされていると指摘する。そして政岡は、現代社会と変化を視野に入れた上での家族・親族研究に関して、アイヌ・被差別部落・在日外国人というマイノリティーをも対象とした、本来の意味における「多様性」をふまえた研究を提唱する。総括として従来の研究対象への限定性を取り除き、多様性を前提としながら生活をとりまくさまざまな政治性や歴史的背景、経済的要因、その背景にある環境などにも目を配りつつ、家族・親族をめぐる民俗のあり方をそこに暮らす人々の視線でどこまでリアリティをもたせながら相対的な視点によって描き出すことができるか。またこれらをふまえた上で、現代社会の抱える問題にどれだけ発言していけるかがこれからの大きな課題となると述べている（政岡 二〇〇一）。

一九九〇年代以降に脚光を浴びてきた「類型論」は、これまで見てきたように、その限界が指摘され、今日的にはもはやそのままでは通用しえない研究法として、過去のものになりつつあるといえるだろう。

変わりゆく民俗学

一九九〇年代後半に入ると、かつて一世を風靡した「都市民俗学」や「比較民俗学」の名は消えてゆく。しかしその影響は後々まで残ることになる。たとえば「都市伝説」や「うわさ話」を題材とした研究では、それまでの民俗学には見られなかった「話の生成過程や組み換え、広がり方」を直接の研究対象にするなどの方法がとられるようになった。さらに続いて、現代の大衆文化や消費社会を対象とした研究も現れるようになる。そこではたとえば、少年少女漫画の分析、新聞の人生相談、婦人雑誌の記事、写真資料など、いわばマスメディアを直接資料対象とした新たな研究が生み出されてきた。

二一世紀に入ってからの民俗学は、人類学や社会学などとの接近により、研究の対象や方法がさらに拡散してゆく傾向を示す。そんな中で、近年では「環境と暮らし、環境と民俗」「民俗の保存と活用」「ふるさと資源化」「フォークロリズム」「文化的景観と民俗」など、行政側の動きにも対応した民俗学の新たな研究が行われつつある。[*4] 環境と民俗との関わりに関しては、一九八〇年代の終わり頃から、野本寛一や鳥越皓之らが主導してきた「環境民俗学」とよばれる一連の蓄積があるが、近年はより広い視座から、人々の暮らしと環境との関わりを民俗学的に理解せんとするような動きがうかがえる。山泰幸・川田牧人・古川彰編『環境民俗学――新しいフィールド学へ』などは、最新の環境民俗学の成果といえるだろう。

「民俗の保存と活用」「ふるさとと資源化」「フォークロリズム」は一連の動向としても捉えることができる。たとえばその一例として、民俗芸能をめぐる議論があげられよう。これまで、種々の民俗芸能はいわゆる文化財であるがゆえに、過去から伝えられてきたかたちを変化させずに、次世代へ継承すべきであるとするのが基本的な考え方であった。そのために必要とされたのが「保存」という概念である。しかし「成人の日と体育の日をそれぞれ各月の第二月曜日にする改正祝日法」（通称、ハッピーマンデー法）や、「地域伝統芸能等を活用した行事の実施による観光及び特定地域商工業の振興に関する法律」（通称、お祭り法）の制定、さらに「ふるさと文化再興事業」などの行政側の主導によって、民俗芸能は地域を活性化させることのできる文化資源・観光資源とされ、これまでの「保存」とともに、「活用」されるべきものと位置づけられるようになってきた。そのため、今日では各地において「保存」と「活用」という異質な営みの間でさまざまな葛藤が生じている。このような問題は、今後ますます民俗学が背負うべき重要な課題としての意味が濃厚になってくるものと想像できる。

また右記の民俗芸能をめぐる問題ともつながりうる課題として、「フォークロリズム」をめぐる議論があげられよう。近年、市町村立の資料館などで昭和三〇年代をテーマとした特別展を開催すると来館者数が増えるという現象や、西岸良平作の「三丁目の夕日」が映画化され、大ヒットするなどの現象が見られる。これらは戦後まもなくの時期から昭和三〇年代の暮らしぶりに若者たちを含めた多くの世代層の者が懐かしさを感じ、あたかもその時代には人間的な、温かみを伴った人々の絆が生きていたかの錯覚を覚え、人々に郷愁を呼び起こすとともに、事実とは異なった認識のもとに美化してゆくという、ノスタルジーを伴う表層的な伝統化の現象が、一般に「フォークロリズム」とよばれる現象である。近年この領域の牽引役を担ってきた岩本通弥は、「フォークロリズム」を「人々が民俗文化的要素を〝流用〟し、表面的部分のみを保存する〝書き割り的〟な演出や伝統らしさを自ら振る舞うことで、都会から訪れた観光客などのノスタルジーや欲望を満たすような状況や現象を指すとともに、都市に暮らす現代人が、こうした素朴さになぜ惹かれるのか、その仕組みを問い掛ける分析的枠組」（岩本 二〇〇六：二四）であると定義している。すなわち、世界遺産に登録された飛騨白川郷に観光客が大挙して押し寄せ、合掌造りの民家に暮らす人々に自分自身を重ね合わせて、しばし懐かしさに浸ったり、棚田のある風景を眺めることで、心の安らぎを感じたり、あるいは都道府県が主導して毎年のように「民俗芸能大会」なるものが開催されているが、どこも毎年きわめて盛況であるというような現象を含めて、日本人の心のふるさとのイメージを醸すような場所や対象がもてはやされる、現代の少し奇妙な現象を指すものと理解されたい。このような現象は、現代をその対象とする民俗学が避けては通れぬ、まさしく格好の研究対象だといえるだろう。

このように、近年においては現代社会そのものが民俗学の研究対象とされ、まさに「現在学」としての民俗学という傾向が顕著に見られるのである。このような動向は、まだしばらくは続くものと思われる。さらに近い将来、インターネットや携帯電話という新たなツールも、民俗学の直接の対象となりうる時代が訪れるかもしれない。そうなれば、そこではこれまでの民俗学の基本的な概念や研究方法、学問そのものの枠組みに関しても、再考を迫られることになるだろう。

八　民俗学の未来と可能性

今日、民俗学は大きな岐路に立たされている。限りなくその対象を広げ、拡散してゆくかに見える昨今の民俗学の行く末は、いかなるものなのだろうか。

冒頭でも少し述べたが、学問としてその研究対象が幅広いということ自体は、決して悪いことではない。むしろ、さまざまな可能性を秘めているということから、プラスの要素として理解すべきだと思う。しかし研究対象が拡散してゆくにつれて、学問としての特性や学史的伝統までがすっかり揺らいでしまうようなことになれば、それは学問としての大いなる危機だといわねばならない。ならば、民俗学の特性とは何なのだろうか。また学史的伝統、換言すれば民俗学のポリシーとは、どこに求められるのだろうか。

民俗学の学問としての特性は、これまでずっと、民俗学は人々の日々の暮らしに寄り添い、人々の常の営みを深く見つめてきた学問であるということである。まさに民俗学ならではの、人々の暮らしへの熱いまなざしである。先述したように、一九九〇年代以降、民俗学において「類型論」的な思考が流行した時期があった。「類型論」のもっとも問題だったのは、対象事例を類型化するために抽象化することが必要であったことから、生活実態としての民俗事象、還元すれば人々の息遣いや嘆き、苦しみや喜びなど、人間の生き様としての民俗を描くことがまったくといってよいほど不可能となってしまったことである。さらに「民俗社会」という枠組みを多用することによって、無批判に民俗を静的に捉えていたという点もおおいに問題であった。すなわち、変化をもたらす要因ともなる、さまざまな暮らしの中の諸要素の分析が疎かにされてしまったのである。つまり、まさに「リアリティある民俗事象」を描き出すことができなかったということになる。このような反省に立ち、民俗学は人々の暮らしを常に見つめる学問であるという原点に返り、いかなる対象を扱おうとも、研究成果としての民俗的叙述には、常に人々の顔が映り、生活の匂いが漂うような表現が求められるだろう。そのためには、これも民俗学の方法論的原点としての、人々の暮らしの中に分け入り、人間の営みを肌で感じながら行うような「フィールドワーク」を基礎とした研究スタイルに徹する必要があるといえるのではないだろうか。

さらに、民俗学はその研究における大切な視座として、決して「歴史性」を無視してはならない。民俗学が歴史学とは異質な学問であることは確かである。しかしそれは、その目的や方法が異質であるということであり、民俗学は、いかに現代社会を常に視野に入れた研究を目指すとしても、その背後にある、対象事象の「歴史性」を見据える視座を忘れてはならない。「現代民俗学」という名のもとに、ややもすると、これからの民俗学は「現代」や「現代社会」のみを対象とするための学問であるかに錯覚する向きがないではない。しかし、歴史を知ってこそ「現代」が理解できるのであるということを再度肝に命ずる必要があるのではないだろうか。なお、ここでいう「歴史」とは、方法としての「歴史」や、単に過去を意味する「歴史」ではない。あくまでも時間軸の中で「現代」につながる、実態としての「歴史」であり、対象事象を静的ではなく、動的に、変化するものの総体として理解するための、「歴史性」へのまなざしを指していると理解されたい。

以上のような、民俗学の特性や学史的伝統をふまえながら、目指すは、人々の顔や姿が映るような「リアリティある研究」「現代社会を視野に入れた研究」「変化を常に視野に入れた研究」「実態に根差した総体的研究」「多様性をふまえ、多方向へ開かれた研究」であるといえるのではないだろうか。現代のような、混沌とした、どこか危うさが漂う時代こそ、民俗学が必要とされ、世間から求められるのではないかと思う。そこでは、私たち民俗学徒は、老いも若きも、まずはこの学問の原点を思い起こし、民俗学ならではのまなざしを忘れることなく、人々の暮らしの中に分け入ったフィールドワークを行い、その成果を真摯に描き出してゆくことが求められている。そうすれば、私たちの学問は、まだまだ有用なものとして今後も生き残ってゆくことは間違いないものと確信している。

注

＊1　たとえば、都市民俗学の代表的な論考としては、宮田（一九八二）、小林（一九九〇）、倉石（一九九〇、一九九七）などがある。

＊2　たとえば、比較民俗学の代表的な論考としては、竹田（一九九五、二〇〇〇）などがある。

＊3　赤松（一九九一、一九九五）などがあげられる。

＊4　たとえば、岩本（二〇〇七）などがあげられる。

参考文献

赤坂憲雄　一九九四『柳田國男の読み方』筑摩書房
　同　二〇一〇『内なる他者のフォークロア』岩波書店
赤松啓介　一九九一『非常民の民俗文化』明石書店
　同　一九九五『差別の民俗学』明石書店
石田英一郎　一九五五「日本民俗学の将来――とくに人類学との関係について」（『日本民俗学』二―四）
乾　武俊　一九九五『民俗文化の深層』解放出版社
岩竹美加子編　一九九六『民俗学の政治性』未來社
岩本通弥他編　一九八九『混沌と生成――都市民俗学へのいざないⅠ』雄山閣
　同　一九八九『情念と宇宙――都市民俗学へのいざないⅡ』雄山閣
岩本通弥　二〇〇六「都市情景とフォークロリズム」（新谷尚紀・岩本通弥編『都市の暮らしの民俗学』一）、吉川弘文館
岩本通弥編　二〇〇七『ふるさと資源化と民俗学』吉川弘文館
岩本通弥　一九九八ａ「民俗学における〝家族〟研究の現在」（『日本民俗学』二一三）
　同　一九九八ｂ「〝民俗〟を対象とするから民俗学なのか」（『日本民俗学』二一五）
岩本通弥・菅豊・中村淳　二〇一二『民俗学の可能性を拓く』青弓社
上野和男　一九八四「家族の構造」（『日本民俗文化大系八　村と村人』）、小学館
大塚民俗学会編　一九七二『日本民俗事典』弘文堂
倉石忠彦　一九九〇『都市民俗論序説』雄山閣
　同　一九九七『民俗都市の人々』吉川弘文館
小林忠雄　一九九〇『都市民俗学――都市のフォークソサエティー』名著出版
桜田勝徳　一九五八「総説――村と町」および「村とはなにか」（『日本民俗学大系三　社会と民俗Ⅰ』）、平凡社
佐野賢治他編　一九九六『現代民俗学入門』吉川弘文館
篠原　徹　一九九一『海と山の民俗自然誌』吉川弘文館
島村恭則　一九九九「多文化主義民俗学とは何か」（『京都民俗』一七）

新谷尚紀　二〇〇五『柳田民俗学の継承と発展』吉川弘文館
　同　二〇〇六『なるほど民俗学』ＰＨＰ研究所
　同　二〇一一『民俗学とは何か』吉川弘文館
真野俊和　二〇〇九『日本民俗学原論』吉川弘文館
竹田　旦　一九九五『祖先崇拝の比較民俗学』吉川弘文館
　同　二〇〇〇『日韓祖先崇拝の比較研究』第一書房
坪井洋文　一九七九『イモと日本人』未來社
　同　一九八二『稲を選んだ日本人』未來社
鳥越晧之編　一九九四『試みとしての環境民俗学──琵琶湖のフィールドから』雄山閣
日本民俗学会編　一九六六『離島生活の研究』（国書刊行会より復刻、一九七五年）
　同　二〇〇七『日本民俗学』二五二
野本寛一　一九八七『生態民俗学序説』白水社
福田アジオ　一九八二『日本村落の民俗的構造』弘文堂
　同　一九八四『日本民俗学方法序説』弘文堂
　同　一九九二『柳田國男の民俗学』吉川弘文館
　同　一九九七『番と衆──日本社会の東と西』吉川弘文館
　同　二〇〇九『日本の民俗学──野の学問の二〇〇年』吉川弘文館
福田アジオ他編　二〇〇九『図説日本民俗学』吉川弘文館
部落解放研究所編　一九九五『被差別部落の民俗伝承［大阪］』解放出版社
部落解放同盟栃木県連合会・同女性部編　一九九五『被差別部落の民俗』
政岡伸洋　二〇〇一「家族・親族研究の新たな展開と民俗学」（『日本民俗学』二二七）
松本　修　一九九三『全国アホ・バカ分布考』太田出版
宮田　登　一九八二『都市民俗論の課題』未來社
　同　一九九六『ケガレの民俗誌──差別の文化的要因』人文書院

宮本袈裟雄　二〇一〇『被差別部落の民俗』岩田書院
宮本常一　一九六〇『忘れられた日本人』未來社
　同　一九七五「調査地被害──される側のさまざまな迷惑」（野口武徳他編『現代日本民俗学』Ⅱ）、三一書房
村井　紀　二〇〇四『南島イデオロギーの発生』岩波書店
柳田國男　一九〇九『後狩詞記』（『柳田國男全集』一）、筑摩書房、一九九九年
　同　一九一〇『遠野物語』（『柳田國男全集』二）、筑摩書房、一九九七年
　同　一九一三『山人外伝資料』（『柳田國男全集』二四）、筑摩書房、一九九九年
　同　一九二五『海南小記』（『柳田國男全集』三）、筑摩書房、一九九七年
　同　一九三〇『蝸牛考』（『柳田國男全集』五）、筑摩書房、一九九八年
　同　一九三四『民間伝承論』（『柳田國男全集』八）、筑摩書房、一九九八年
　同　一九三五ａ『郷土生活の研究法』（『柳田國男全集』八）、筑摩書房、一九九八年
　同　一九三五ｂ『国史と民俗学』（『柳田國男全集』一四）、筑摩書房、一九九八年
柳田國男編　一九三七『山村生活の研究』（国書刊行会より復刻、一九七五年）
　同　一九四九『海村生活の研究』（国書刊行会より復刻、一九七五年）
柳田國男　一九六一『海上の道』（『柳田國男全集』二一）、筑摩書房、一九九七年
八木透編　二〇〇〇『フィールドから学ぶ民俗学──関西の地域と伝承』昭和堂
八木　透　二〇〇一『婚姻と家族の民俗的構造』吉川弘文館
　同　二〇〇四「民俗学における家族研究の課題」（『近代国家と民衆統合の研究──祭祀・儀礼・文化』）、佛教大学総合研究所
八木透・政岡伸洋編　二〇〇四『図解雑学こんなに面白い民俗学』ナツメ社
山泰幸・川田牧人・古川彰編　二〇〇八『環境民俗学──新しいフィールド学へ』昭和堂

コラム【二】「家の名」としての屋号

柿本雅美

屋号とはどのようなものか

屋号には大きく分けて三つの意味がある。まず、ひとつめは歌舞伎役者などの家の称号。たとえば、市川團十郎の成田屋、松本幸四郎の高麗屋などがあげられる。ふたつめは、商店などの商売上の名前で、百貨店の髙島屋、本屋の紀伊國屋など。そして、三つめが、本コラムで取り上げる、地域社会において家々を区別するための名前である。ハンベエ、ゲンダユウ、カジヤ、オケヤ、サカノウエ、ミナミ、インキョ、オモヤなどがあり、個人ではなく、家を指す時に用いられ、集落内の家々のみを区別する。使い方は苗字に似ており、たとえば「ハンベエの奥さん」「ゲンダユウの女の子」「カジヤの○○ちゃん」というふうに用いられることが多い。

屋号と同様の働きを持つのが、苗字である。苗字は家を指すと同時に個人を指す働きも持ち合わせ、さらに集落外でも有効であることから、両者はまったく同じ働きを持つわけではない。屋号と苗字は、地域社会の中で共通の認識をもって家々を区別し、家の系譜を示すことのできる名前、つまり「家の名」として考えられる。これまで、民俗学では屋号が研究対象として取り上げられることは少なく、また苗字との関係から論じられることはなかった。本コラムでは苗字と屋号を「家の名」として捉え、両者の共通性、相違なども折り混ぜながら、屋号について述べていきたい。

屋号を見る

屋号とは具体的にどのようなものがあるのか、滋賀県高島市マキノ町知内（以下、知内）の事例から見ていこう。

知内は琵琶湖の北西にあり、知内川・百瀬川の河口に位置する集落である。多くは稲作を主とした兼業農家であるが、エリ漁や簗漁などの漁業も行われている。集落内には日吉神社と唐崎神社が氏神として鎮座し、寺院は真言宗智山派安養寺、真宗大谷派光傳寺、曹洞宗海蔵院の三ヵ寺がある。人口は二〇一一年九月現在、四二七人、一三九世帯となっている。自治会に加入している家は一一二戸であり、旧村の戸数自体は近世からあまり変動していない。

　自治会に加入している一一二戸のうち、屋号を有する家は九四戸である。これら九四戸の屋号と転出してしまった家や絶えてしまった家の屋号を合わせて、一一一の屋号を確認している。屋号は家に付くもので、村外へ転出すると屋号は失われることになり、村内での移動の場合は屋号を伴って移動する。そして、屋号は新たに分家した家や転入してきた家にはなく、数世代にわたって知内に暮らす家にはあるという。つまり、分家した家でも、長く知内に居住している家には屋号がある。屋号は永久的なものであり、変更されることはほとんどない。

図１　知内の位置

　現在でも知内において屋号は日常的に使用されており、生活のいたるところで垣間見ることができる。同じ苗字の家が多いため、苗字では家を区別できないことから、屋号を使用して家を特定している。また屋号は、主に会話の中で使用され、文字として書き記すものではない。

　さらに屋号は、家々を特定するだけではなく、さまざまなものの名称に転用されている。集落内の場所を指し示す時に、小字の中でもさらに特定した場所を指す地名として、ゲンヨヤシキ、タザエモンヤシキというように、屋号を用いた通称地名が使用される。また、集落内の主要な道に架けられた橋には、ゲンスケ橋やキュウサク橋と、その橋があるすぐ近くの家の屋号が使用されている。通称地名、橋名には地形的特徴や象徴的な建造物などではなく、屋号が用いられる。これらも屋号と同じく書き記されるものではなく、口承でのみ継承される名称である。

　では、知内の屋号を見ていこう。知内の屋号は大きく六つに分類することができる。まず、先祖の名前を使用したと考えられる祖名屋号。これはハンベエ（半兵衛）、イッチョ（市右衛門）などがある。この祖名屋号が知内の主たる屋号であり、全体の八割を占める。次に、従事していた、もしくは従事している職業に依拠した職業屋号。カジヤ（鍛冶屋）やカワラヤ（瓦屋）など。続いて、商売をしていた時の店名や商号が屋号となった商売屋号で、オウミヤ（近江屋）やナカセン（中仙）などがある。系譜屋号は、家の本家・分家関係を示す。地名屋号は小字名などの地名を使用した屋号で、タンバ（丹波）、カタタ（堅田）などがあげられる。最後に苗字が屋号となった苗字屋号がある。また、知内では見ることはできないが、家のある場所や地形などの場所を指す場所屋号（たとえば、サカノウエ、ミナミなど）というものもある。

屋号の成立

屋号の成立について、一般的には、集落内に同苗字の家が多いため、これを区別するために成立したというのが定説である。[*1] この説からいえば、苗字を名乗ることが許されなかった江戸時代には、屋号がなかったことになってしまう。しかし、滋賀県においては、祖名屋号に当たる名前が幾世代にもわたって古文書に記されており、江戸時代において、代々襲名しながら使用されていたことがわかっている。苗字の使用が禁止されていた江戸時代に、日常において苗字の代わりを果たしていた名称は、通名と呼ばれる名前であった。

通名とは、代々襲名する名前で家督相続の際に受け継がれていく。たとえば、「市右衛門」という名前を代々襲名していく場合もあれば、「市」の字だけを襲名していく場合もある。通名は家を表すシンボルといえる。そして、苗字の使用が許されなかった人々にとって、通名は苗字の役割を果たしていた。通名は現在でいうところの屋号であり、また苗字でもあったといえよう。江戸時代において、通名は屋号と苗字、両者の機能を併せ持った「家の名」であったと考えられる。古文書に記されたこの通名こそが、知内において主たる屋号である祖名屋号の起源といえるだろう。

明治時代になると、明治政府は一八七〇（明治三）年、一八七五（明治八）年と苗字に関する法令を出し、苗字の使用を義務づけた。苗字を名乗るとともに苗字を持つということが地域社会において認められたため、通名は苗字としての役割を事実上失うことになったと考えられる。しかし、「家の名」としての役割や意味を持ち続け、通名は屋号へとその形を変化させた。そして苗字は家を特定する役目を得たのである。一方で、同苗字の多い知内のような集落においては、明治時代になっても苗字が「家の名」として使用されたわけではなかった。苗字は「家の名」として定着せず、それまで使用していた屋号が用いられ続けたのである。そのため、屋号を持たない家には、新たに屋号が生み出された。滋賀県では、祖名屋号以外の屋号、つまり職業屋号や商売屋号などが近代になって生み出された屋号である。畳屋や鍛冶屋という職業や商店名などがもっとも屋号になりやすい名称であったと考えられる。屋号になりやすい名称は、その家の特徴を端的に表す名称であった。

現在では、新たに屋号が生み出されることはなく、屋号を持たない家も存在する。これは苗字が「家の名」として定着したことを表すのだろう。現在、滋賀県において、家々を区別するための名前として使用されている屋号は、その大部分が江戸時代の通名に起源を持つ。そして、職業屋号や商売屋号といった屋号が生み出され、通名も祖名屋号として現在のような形で使用されるようになったのは、明治時代になってからであったといえるだろう。

注

＊1 『日本民俗事典』や『日本社会民俗辞典』にもこの説が取り上げられている（大塚民俗学会 一九七二、日本民族学協会 一九五二）。

参考文献

井戸田博史　一九八六『「家」に探る苗字と名前』雄山閣出版
大塚民俗学会編　一九七二『日本民俗事典』弘文堂
岡野信子　二〇〇五『屋号語彙の開く世界』和泉書院
梶田純子　一九九五「屋号について」（『関西外国語大学研究論集』六一）
同　二〇〇三「日本とバスクの家名比較――屋号と「家の名」について」（『比較日本文化研』七）
坂田　聡　二〇〇六『苗字と名前の歴史』吉川弘文館
桜田勝徳　一九三六「屋号の事」（『民間伝承』二―一）
杉村孝夫　一九七七『日本語ことばと文化』三省堂
玉野井麻利子　一九八五「日本農村地帯における『屋号』研究の可能性」（『民族学研究』四九―四）
日本民族学協会編　一九五二『日本社会民俗辞典』第一巻、誠文堂新光社
早川孝太郎　一九三一「家名のこと」（『民俗学』三―一二）
「村の日記」研究会編　二〇一〇『暮らしと歴史のまなび方――知内「村の日記」からの出発』関西学院大学古川彰研究室
最上孝敬　一九三七「家号と木印」（柳田國男編『山村生活の研究』）、民間伝承の会

第二章

差別問題・被差別民と民俗学
——その学問的意義と課題

政岡伸洋

はじめに

民俗学といえば、どのようなイメージを抱いておられるだろうか。祭りや民俗芸能、古き良き一昔前の暮らしの文化を考えるノスタルジックなもの、あるいは妖怪や都市伝説など、不可解なものを対象とする学問。その中で、本章で取り上げる差別や被差別民の問題を考えることに違和感を持たれる方も多いのではないだろうか。

しかし、民俗学という学問は、その出発点において「経世済民」の学ともいわれるように、近代化が進んでいく中で生起する、目の前にある身近でさまざまな問題を、過去の暮らしとの対比において検討し、その解決方法を考える学問として誕生した。特に、その傾向は最近になって再評価されるとともにより顕著となり、「実践性」という表現で、さまざまな模索が行われている。民俗学は、過去や不可解なものに目を向けつつも、あくまで現代を考える学問なのである。そこで、本章では、民俗学における部落差別の問題に関わる研究成果を検討することで、その意義はもちろんのこと、この学問自体が抱える問題点および今後の課題についても考えてみたい。[*1]

一　民俗学の展開と差別問題・被差別民

柳田國男と「特殊部落」に対する問題への提言

民俗学の立場から被差別民を対象とし、その解決方法も含めた本格的な差別問題をめぐる議論を最初に行ったのは、柳田國男である。特に、「所謂特殊部落ノ種類」（柳田　一九一三）は、被差別民を真正面から取り上げたモノグラフであるとともに、この問題を解決するための主張が明確に論じられており注目される。なお、この論考には差別用語が数多く含まれているが、全国水平社創立大会が開催される一〇年前にまとめられたことなどを考慮すれば、この点からの批判はあまり生産的ではなく、社会問題に積極的にアプローチしようとする姿勢を、積極的に評価すべきである。[*2]

ところで、柳田はなぜこの時期に「特殊部落」の問題を取り上げようとしたのであろうか。その背景を見ると、当時は明治末からの地方改良運動・感化救済事業の一環として内務省地方局によって部落改善政策が着手され、これが全国にわたって進められていた。そして、「特殊部落」の中からも生活改善を求める運動が起こり、一九一二（大正元）年には内務省によって細民部落改善協会が開催されるなど、「特殊部落」の問題が社会的にも注目され始めた時期であった（新谷・中林　二〇〇三）。その中で、柳田は当時の政策における「特殊部落」とその問題解決のあり方に対して、非常に違和感を持っていた。それは、差別の原因を「職業ノ不愉快」から「生活ガ粗野」になり、その結果「貧窮」となっているという理解に対し、柳田は「特殊部落」と一括りにされるが実際には多様であること、一般でいわれるような異民族起源説や、エタの語源は「餌取」というのは間違いであること、差別の原因のひとつとして漂泊性の問題が考えられることを指摘する。被差別民に対し漂泊性を持つ非農業民として理解し、そこに問題の背景があるのではないかと考えていたのである。さらに、彼は自らの理解をふまえた上で、

「余ガ見ル所ヲ以テスレバ、特殊部落ノ問題中最モ解決シ難キハ此等ノ未定住者ナリ。穢多ハ数ニ於テハ甚大ナリト雖モ、其ノ改良ハ唯一歩ニシテ、或イハ中古伝説ノ忘却又ハ其ノ成立ニ関スル理解ヲ以テ簡単ニ之ヲ常人階級ニ迎エ入ルル望ミアリ。其上ハ尋常ノ救貧政策ヲ以テ一様ニ之ヲ善導シ得ベシ」（柳田 一九九九：二六四）。

と差別解消に向けた提言を行うのである。

さて、ここで注目されるのが、「之ヲ常人階級ニ迎エ入ルル」という形式でなされる点と、「一様ニ之ヲ善導シ得ベシ」という方法である。一見すると少数派としての「特殊部落」の人々が、多数派を占める「常人」に組み込まれていくという、マジョリティによるマイノリティの同化政策と共通するものを感じさせる。つまり、柳田の主張の大きな特徴として、「特殊部落」側ではなく、「常人」主体の文脈に合わせた解決方法となっているのである。

しかし、この論考以降、差別問題に対する発言を控えるようになる。その背景として、激しくなっていった運動の問題を指摘する研究が見られるが（新谷・中林 二〇〇三、門馬 一九八七）、筆者はそれとともに一九二二（大正一一）年の全国水平社創立大会の綱領と宣言の内容が大きな影響を与えたのではないかと考えている（政岡 二〇〇一）。そこで、綱領の内容を見てみると、

「一、吾々特殊部落民は部落民自身の行動によって絶対の解放を期す。
一、吾々特殊部落民は絶対に経済の自由と職業の自由を社会に要求し以て獲得を期す。
一、吾々は人間性の原理に覚醒し、人類最高の完成に向かって突進す」（渡部・秋定 一九七三：一二六）。

とあり、宣言では「吾々がエタであることを誇り得る時が来たのだ」とも主張している。つまり、全国水平社創立大会において、「特殊部落民」による、あたかも自決権の主張、自律運動が前面に出され、かつ国家・国民の枠組みを

超えた人類レベルの議論も見られるなど、柳田の「之ヲ常人階級ニ迎エ入ルル」という解決方法とはまったく逆の展開へと進むことになる。その結果、自らの考えを反映できる状況ではないと判断し、あえて発言を控えるようになったのではなかろうか。

では、これによって、柳田は差別問題や被差別民に対する関心をなくしてしまったのかというと、必ずしもそうとはいえない。確かに、一九三〇年代に入ると差別問題や被差別民を直接扱った研究は見られなくなる。また、この当時は民俗学の方法論が確立される時期にあたり、従来の研究では、稲作民を軸に研究が進められていくことが指摘されている。一見すると、この時期を境に、差別問題や被差別民はその研究対象から切り捨てられていったかのようにも見えるが、本当なのか。

民俗学の概説書ともいうべき『郷土生活の研究法』を見ると、「民俗資料の分類」の「七村」に興味深い記述がある。ここは、「常民」概念に関する議論でよく用いられる「常民即ち極く普通の百姓」という表現が見られることで有名であるが、その内容を見てみると、村落の構成員を三つの階層に分けて論じ、そのうちもっともくわしく記述されているのが「下の階級」に関するものになっていて、ここには「水平運動をしている連中も入る」とある（柳田 一九三五：三〇一―三〇二）。

また、実際の執筆は関敬吾であったようだが、著者として名を連ねる『日本民俗学入門』においても、「民俗学では単に農民に限らず、彼等と有機的な関係にある山村や漁村の住民、狩人や行商人乃至工人などの諸職に従事する、所謂自然的な住民層の生活様式や慣習をも問題となる」とあり（柳田・関 一九四二：一五）、農民との関わりという条件つきであるにしても、常民以外の多様な人々を研究対象にすべきという点では一貫している。坪井洋文も指摘するように、確かに柳田は稲作農民を軸に研究を進めていくことになるが、だからといって被差別民の存在を決して排除してはいなかったのである（坪井 一九七九）。

以上、「所謂特殊部落ノ種類」を中心に、柳田國男が差別問題・被差別民にどう向き合ってきたのかについて見てきた。柳田の研究視角には被差別民および差別問題に対するまなざしが存在し、山人やイタカ、サンカと並んで「特殊部落」の問題も取り上げられている。そして、これらを論じる際の特徴として、非農業民である点とその漂泊性に注目するように、その後彼の研究の軸となっていく稲作農民との違いを念頭におきつつ対比され、それとの関係の中で論じられている点が指摘できよう。

一方、差別問題についても明確な解決方法まで考えていた。歴史的な展開に注目しつつ、差別という近代における社会問題について発言するという、まさに「経世済民」の学たる民俗学の典型的な成果として評価すべきものであった。差別問題・被差別民を対象とした研究は、特定の関心に基づく一分野の研究として位置づけるべきではなく、その出発点から実践性を伴った学問的にも主流となる可能性を持つものであった。にもかかわらず、発言できなくなっていく。その要因としてあげられるのが、同化政策的な国民化によって対応しようとした点があげられよう。[*3]

しかし、それよりも問題なのは、柳田の論考には国民に組み込まれようとしている当時の、まさに目の前にある「特殊部落」側の声が見えない点であり、そこが反映されないまま解決策を検討してみたところで非常に偏ったものとならざるをえない。民俗学は、そこに暮らす人々の目線でものを考える学問とされるが、まさにその目線に近づける作業こそが、当事者を対象とした聞き書き、つまり民俗調査にほかならない。外からのまなざしと根拠なきイメージをもとにしても、そこには必ずズレが生じ、自ずと限界が見えてくる。運動の激しくなった当時の状況を考えれば、「特殊部落」を調査するということは難しかったものと推測されるが、現地の声を少しでも反映させていれば、その主張や結果は大きく変わっていたかもしれず、民俗学にとっての民俗調査というものの意味と重要性を物語っているように思えてならない。

戦後の民俗学と差別問題・被差別民

さて、戦後になると、民俗学はその性格を大きく変えていくことになるが、それに伴い、差別問題や被差別民を直接的に前面に出してこれを論じる研究は見られなくなっていく。その背景にはいったい何があるのか、また問題点とは何か、民俗学の方法論をめぐる議論から探ってみよう。

民俗学の目的に関する議論

まず、民俗学における戦後の変化の中で特に注目すべきは、その目的に関する議論である。戦前、柳田は『青年と学問』で「目的に於ては多くの歴史家と同じい。只方法だけが少し新しいのである」（柳田 一九九八a：二四）と述べ、『日本民俗学入門』でも「過去の民間伝承を通じての我が国民の歴史的生活様式の認識にある」とともに「現実に横はる処の疑問を民間伝承を通して、過去の歴史的知識によって、認識せんとする科学であり、原始文化の残存としての民間伝承の単なる解釈にあるのではない」（柳田・関 一九四二：三〇）と論じるなど、過去を知ることで目の前のさまざまな社会問題を考えていく学問として民俗学を位置づけようとしていた。つまり、歴史や文化を明らかにすることは、さまざまな社会問題の把握と解決に向けての提言を行うための中間的な作業であったことがわかる。その点で、先に紹介した「所謂特殊部落ノ種類」は、まさにこのような彼の目的に沿った代表的かつ典型的な研究であったと評価できよう。

しかし、戦後になると、和歌森太郎の「日本民俗学は、今日見聞し得る諸々の民間伝承の比較研究を通じて、日本人の心性、生活文化の特色を把握しようとする学問」に始まり（和歌森 一九五三：一）、石田英一郎による日本民俗学は広義の人類学の一部となるべきという提言（石田 一九五五）を経て、桜井徳太郎で「日本民俗学は、日本民族が送ってきた伝承生活、また現に送りつつある伝承生活を通じて、日本民族のエトノスないしフォルクストゥムを追求するところに、その学問的目標をおく」（桜井 一九八九：九）という主張にいたり、民俗学がエトノス（民族性）を明らかにする学問という考えが定着し、これが今日にまで影響を与えている。

誤解を恐れず、あえて簡潔にまとめるとするならば、この変化は民俗学が身近な社会問題にアプローチすることよりも、日本・日本人というものをいかに理解すべきかという文化論的な関心を軸に再編成されたといえる。ちょうどこの時期は、終戦を経て、大日本帝国とは異なる近代国民国家としての日本国が成立したが、その点からすれば従来とは異なる新たな国民像を構築する必要があった。戦後の民俗学にも大きな影響を与えた岡正雄の有名な種族文化複合の主張は戦前の皇国史観を打破する目的もあったことが指摘されているが（住谷他 一九八七）、民俗学もこのような新たな日本文化論構築の流れと無関係ではなかった可能性が高く、その点で社会的な必要性に応えようとしていたといえなくもない。これについては歴史的背景も含め、もう少し詳細に検討する必要があるが、一方その後の展開を見る限り、民俗学は社会問題への関心よりも、日本を対象とした文化研究へとシフトしていくことになる。その中で、差別問題や被差別民を対象とすることの意義や関心は失われていったのではなかろうか。

民俗の担い手をめぐる議論と被差別民

さて、このように戦後の民俗学において差別問題や被差別民がその対象から消えていった背景を考える時、「常民」をめぐる議論に注目する必要がある。「常民」とは、民俗の担い手を指す用語であるが、その議論は学問の対象となる人々を考える場ともなっていた。

この「常民」という用語を初めて使用したのは柳田國男とされている。福田アジオによれば、当初はこのほかに「平民」や先にも紹介した「常人」なども混同して用いられていたが、「常民」という用語に統一されてくる背景には、フィールドワークという手法を使って、資料を収集するという民俗学の方法の確立があったという（福田 一九八四）。ただ、具体的にどのような人を指すのかという点について、柳田も揺れ動いていたようで、先の『郷土生活の研究法』の「常民即ち極く普通の百姓」という発言が示すように、近世村落における本百姓層を想定し、そこには貴族や士族などの支配者層、僧侶や漂泊民などは含まれていなかった。また、「模倣的保守的な生活態度を持つところの無識層である」というように、教養ある知識人と対比させたりもしたが、その対象はあくまで農民であって、その他の発言はその性格を表すものであった。なお、柳田が被差別民への関心も持ち続けていたことは先にも述べたとおりであるが、「常民」に関してはあくまで農民を対象に考えていたことは押さえておく必要がある。

ところが、戦後になると、この「常民」の対象が大きく変わることになる。柳田國男監修の『民俗学辞典』では「民間伝承を保持している階層」とあるが（民俗学研究所 一九五一：二八二）、一九五七年の座談会「日本文化の伝統について」という講演の中で、柳田は天皇も「常民」に含まれるという発言をしており（柳田 一九五七）、福田アジオはこの段階で「常民」は天皇を含む日本人全体を指すようになるが、その背景には民俗学の目的がエトノスの追及へと変化したことと密接に関連しているのではないかとしている（福田 一九八四）。しかし、日本人全体といいつつ、被差別民に関しては、そこに含まれることはなかったのである。

しかし、高度経済成長に伴う変化により、これまで「常民」として捉えられてきた人々が少なくなっていく中で、新たな概念規定が出てくることになる。それが竹田聴洲による文化概念としての「常民」の提唱である。竹田は、「国民のなかに常民とそうでない人間とがあるのではなく、生活文化のなかに常民的な面とそうでない面とが区分されるのであることは明らかである。『常の民』よりむしろ『民の常』の意であり、人間の種類ではなくして文化の種類である」と主張した。ここでいう「文化の種類」は「常民性」という語で表現され、都市民であろうが田舎に居住する者であろうが、日本人であれば誰もが共通して持つ文化的要素として再定義された（竹田 一九六七）。[*4] そして、この「常民性」は、民俗学の目的におけるエトノスとも微妙に重なり合う点で、竹田の理解は注目を集めることとなる。この竹田の概念規定は、実際に都市民を取り込むためのものであったが、それだけでなく、農民以外の多様な人々を民俗学の対象にできる可能性も有していた。にもかかわらず、被差別民を対象化するか否かといった議論は、行われないままであった。

それどころが、大月隆寛も指摘したように（大月 一九八六）、この竹田の見解には大きな問題点があった。それは、民俗学における民俗と常民の関係は、前者は文化に後者は人に対応するものであったが、ここでいう文化概念としての「常民（常民性）」はまさにこれまでいわれてきた民俗に該当するものであって、常民と民俗の「相互補完的」な関係性を崩壊させることになった。これにより、民俗学における「常民」の議論はその後あまり取り上げられなくなり、被差別民をどうするかもはっきりしないまま、民俗学の対象となる人々に関する議論の場も失わせる結果となったのである。

一方、このような状況の中で、被差別民を取り上げようとする研究もわずかながらあった。その特徴として指摘できるのが、これを「非常民」という形で取り上げる点である。戦後の民俗学において、これまであまり注目されてこなかった被差別民などを対象化しようと努力した点では評価できる。ただし、この「非常民」について、民俗学としての意義も含め十分に議論されてきておらず、「常民」以外というあいまいな状況を脱しきれていないこと、また本来多様である被差別民を「常民」と対峙する形で一括りにしている点、さらに「常民」に関する議論は民俗学の対象となる人々を考える場ともなっていた点を考慮すれば、「非常民」という新たな枠組みで議論することは逆に民俗学の対象から排除してしまう危険性もあり、必ずしも有効であるかどうか疑わしい。その点で、その使用に関しては慎重になるべきではないかというのが筆者の意見である。

新たな方法論の提唱と差別問題・被差別民

戦後の民俗学において、福田アジオの方法論に関する議論は注目される。特に、それまで民俗学の主たる方法とされてきた重出立証法は、資料や類型の間の序列の付け方の指標や基準があいまいで、地域性を時間性におきかえることの根拠も示されていないなどの問題を指摘し、重出立証法では民俗の変遷は明らかにできないとする。そして、新たに「個々の民俗事象に接し調査する人が、調査の過程においてその民俗事象がその地点によって担われている条件・理由・意味を歴史的に明らかにする」個別分析法を主張するのである（福田 一九八三：五）。さらに、「民俗の存在する意味とその歴史的性格を、伝承母体および伝承地域において明らかにすることが民俗学の主要な方法とされなければならない」（福田 一九八四：一七五）とも述べている。[*5]

また、このような状況の中で、地域民俗学も注目されるようになった。宮田登によれば、民俗の相互連関に注意した上で民俗誌を作成することにより、その類型化を図ろうとするもので、その際に伝承母体と民俗の関わりに注意した上で検討するという点では個別分析法と共通している。ただし、個別分析法は民俗の歴史性に注目するのに対し、地域民俗学は構造面に重点をおく点に違いが見られる（宮田 一九六七）。

さて、この新たに提唱された個別分析法・地域民俗学ともに、これまで民俗研究に用いられる資料は地域での展開を無視してそのまま利用される傾向が一般的であったのに対し、いずれも地域性を非常に意識したものであり、民俗の地域性、換言すれば地域の民俗的特徴を明らかにできる可能性を持つものと理解された。

その点からすれば、被差別部落など、地区内で抱えているさまざまな問題を民俗学の立場から検討することを期待させるものでもあったが、この主張によってすぐに差別問題・被差別民を対象とした研究につながったのかというと、そうではない。これらの議論と関連して、福田は「民俗学再生の道は一九三〇年代前半における常民の位置付けと民俗学の方法に一度戻ることによってなされねばならない」（福田 一九八四：二三〇）として、本百姓としての「常民」を主張するとともに、先の『郷土生活の研究法』の記述をひいて、被差別民はそこには含まれていないと主張するのである。この指摘は、福田個人の問題というより、当時の民俗学が差別問題や被差別民を中心的な議論の対象として積極的に取り上げる必要性をまったく感じていなかった、いいかえればそこにアプローチする枠組みを持っていなかったことを示すものとして理解すべきであるといえよう。

このように、戦後の民俗学は、以前から受け継がれてきた暮らしの文化を対象に、日本とは、日本人とは何かを考える文化論的色彩の強い学問へと大きく変化した結果、身近な社会問題への関心は薄められていった。また、担い手の議論を見ると、その限定性はなくなったにもかかわらず、同じ日本社会を構成する被差別民を対象化するような議論もなく、その場も失われてしまった。これに対し、個別分析法・地域民俗学の出現は、このような状況を打破する可能性を感じさせるものであったが、そこでも被差別民は参加する機会を与えられなかったのであり、ここに戦後の民俗学の限界が垣間見える。つまり、明確な根拠なく、最初から対象を農民を軸とした稲作文化に関わるものに限定していたのであり、調査されることなく異質とされた被差別民は切り捨てられたのではないか。そして、そこで導かれた結論は自ずと偏ったものにならざるをえなかったのである。

二　差別問題・被差別民と民俗学の課題

差別の論理をめぐる民俗研究

近代を相対化するような研究がさかんとなった一九九〇年代に入ると、民俗学においても新たな可能性を模索する動きが起こり、この流れの中で差別の問題を積極的に取り上げる研究が見られるようになる。特に目立つのは、差別に関わる民俗の問題を検討しようとするもので、当時、差別問題に関わる民俗学からのアプローチといえば、この立場をとるものが多い。特筆すべきは、これらの論考が掲載されたのが、これまでの民俗学の成果を総括し、新たな方向性を見出そうとする講座本や概説書であり、そこに差別の問題が取り上げられるようになった事実である。さらに、一般向けの民俗学の紹介書にもこれまで差別問題および被差別部落の民俗に向き合ってきた乾武俊の研究（乾 一九九七、一九九八a）が掲載されるなど、この問題が民俗学にとって重要な研究課題であるという認識が一般化しつつあることを示していよう。そこで、これら差別の論理をめぐる民俗研究が、どのような視点からどのように取り組まれていったのか、その特徴と問題点について、議論の中心的存在であった森栗茂一や宮田登、伊東久之の研究を中心に見てゆきたい。

差別をめぐる民俗研究の意義

まず、これらの研究がどのような目的のもとに行われているのかについてであるが、伊東久之は差別の前提として、「日常生活において、人は何を〝異〟と感じて自己と区別し、他を差別するのか」という点から出発し、差別の問題は政治性・経済性を超えて、「人が「異」とか「同」とかを認識する原因は心性の深い部分にかかわって」おり、「多くの場合、不合理で因習的な部分をともなっている」ことから、「民俗学がこうした問題に寄与できる部分は非常に大きい」とする。さらに、このような差別問題を取り上げるような視点が欠落すれば、学問そのものがいびつなものとなってしまうと警告し、民俗学にとって差別の問題を扱うことの重要性を主張している（伊東　一九九六：一四一―一四二）。

この伊東の見解を簡潔にまとめると、問題解決に向けての差別の理解に民俗学は大きな武器となりうるということである。また、この中の「心性」とは戦後民俗学の目的についての議論と対応しており、このような理解は従来の民俗学の資料論や学問論に沿ったものであって、これまでの民俗学的理解の方法を用いて差別解消に向けての提言を行っていこうとするものであることが指摘できる。

これに対し、森栗茂一は、現代科学としての民俗学というのは近代市民社会を内省する学問であると位置づけた上で、「差別論」というのは自分たちの社会の限界と問題を自ら点検する作業であるとし、この点から「差別論」は民俗学の重要なテーマであるとする。そして、具体的には「差別は、差別が制度化されているときには意識されず、差別の制度がゆらぐときに心性として意識化する」とし、山下恒男（一九八四）の指摘をふまえつつ「今ある部落差別も含めた、さまざまな差別とは、前近代を背景にしながら「明治以降の近代化の過程で現出したもの」であった」とする。そして、「民俗学こそ、近代によって顕在化した今日の差別を解析する技術のひとつたりえるのではないか。部落差別だけではない。われわれの民俗社会が近代に入ってつくってきた、または顕在化してきた、さまざまな差別のシステムを解剖していき、なぜ差別が生まれ、維持されてきたのかを世相解説する必要がある」とし、赤松啓介のいう差別否定の近代市民意識を育てる運動の一端を担わなければならないと主張するのである（森栗 一九九八：六七―六八）。

以上のように、伊東が従来の民俗学というものをふまえた上での問題提起をしたのに対し、森栗の主張は一歩踏み込んで、現代の問題としての差別という点をより強調したものとなっている。また、近年、部落史研究では前近代の遺制とは捉えず、近代国民国家との関連で差別の問題を考えようとする研究も見られるが（畑中 一九九五、二〇〇四、今西 一九九八、全国部落史研究交流会 一九九九）、差別の問題を近代の文脈で考えようとする森栗の視点は、部落解放に関わる研究とともに、民俗研究としても非常に注目されるものである。さらに、これら研究の意義について見てみると、学問内部の意義もさることながら、いずれも差別解消に向けての実践的な民俗学の役割というものを強調している点に気づく。社会が大きく変化し、学問の新たな社会的意義が求められる今日、このような問題関心はきわめて評価されるべきものといえよう。

差別とケガレ・境界論

ところで、差別解消に向けて民俗学の立場から検討する時、差別というものをいかに捉えるかが重要な課題となるが、これを読み解く手段として、ケガレ論や境界論が利用されてきた。たとえば宮田登は、「被差別のテーマに絡めていうなら、民俗学は、民間伝承を通して、民俗学的な世界のなかから、被差別というものの文化的要因は何であるのかということを探り出すところに大きな目標をおいているといえよう」とし、「差別というのは文化事象としてとらえるべき」であり、「差別を生ぜしめる文化的要因には、（中略）ケガレが存在するということは大方承知されている」と述べ、当時の視点の一般的傾向をいいあてている（宮田 一九九六：九）。また、森栗茂一は、ハレ・ケガレ・キヨメ・ケの連関構造の中でキヨメというものに注目して差別の問題を読み解こうとし（森栗 一九九二）、新谷尚紀も部落差別との関連でその議論を整理しているが（新谷・中林 二〇〇三）[*6]、このようなケガレ・境界論を基軸とする研究の関心を考える上で、伊東久之の発言が参考になるので引用したい。

「差別の原因は差別されている側にあるのではなく、主として差別している側にある。だから発想を転換して、むしろ周囲の村々にも調査に入るべきである。(中略)一般的な、その地域に共通する伝統的な観念を確かめる中で、何を異なるものと理解し、何を「ケガレ」と認識しているかを確かめていけばよいはずだ。差別意識が最初にあるのではなくて、他との接触の中から生じてくるものだからである」(伊東 一九九六：一四二)。

要するに、このような研究は、差別問題が差別する側に原因があるという基本認識があって行われてきたということである。そして、ここで差別する側というのは、具体的には部落外のいわゆる「常民」とよばれた人々であり、この点からすればこれまでの民俗学の成果からもっとも取り組みやすい方法でもあった。それゆえ、民俗学からのアプローチの方法として市民権を得るようになったのであろう。

ただし、これが何の批判も受けず完全に支持されたのかというと、そうではない。たとえば、森栗茂一が自らの著書に対する批判として紹介した、差別の解消をめざして差別の論理を解明するという作業が逆に差別肯定論として誤解されてしまうという事実は(森栗 一九九二)、この立場をとる大きな悩みでもある。しかし、このケガレ・境界論というのは、あくまで差別する側の論理以外の何ものでもないのであって、いくらこれだけを突き詰めたところで、同じような批判を受ける可能性も否定できないのではなかろうか。

このように、差別の論理をめぐる民俗研究はこれまでの民俗学の対象とほとんど変わりのないものであり、被差別部落における民俗の実態とは無関係なところでも十分議論できるものである。この点からすれば、従来の民俗学では取り上げてこなかった差別という事象を新たに対象化したかもしれないが、これはあくまで従来の民俗学における枠組みの中の問題であり、学問そのものを問い直すような問題提起を起こすまでにはいたらなかったという点は押さえておく必要があろう。

被差別部落の民俗誌的研究の積み重ね

これに対し、被差別部落での調査に基づく研究も始められている。これには二つの傾向が見られ、特に生業に注目するものなど被差別部落特有の民俗に関する関心と、そういう限定性はなく被差別部落における民俗を広く調査し、まとめようとする民俗誌的研究である。一見すれば、両者は同じような視点からのものと思われがちであるが、その背景には大きな違いが存在している。そこで、この視点の違いにも注意しながら順に紹介してゆきたい。

被差別部落特有の民俗に注目する研究

一般的に、被差別部落の民俗研究といえば、竹をめぐる民俗を対象とした沖浦和光（沖浦 一九九一）や甲冑を軸とした皮革産業を取り上げる永瀬康博（永瀬 一九九二）などの研究に見られるような、どちらかといえば「部落産業」とも称される被差別部落に特徴的な、換言すれば部落外から賤視されるような生業を中心とした民俗に注目するものが想定される。そして、これらを取り上げる際の論理の特徴として、これまで賤視されてきた民俗に対し、その認識を改めさせようとする傾向が顕著である点が指摘できる。

ただし、ここで問題となるのが、このような視点からの研究が被差別部落の民俗の特徴をそのまま明らかにしてきたと考えるのは大きな間違いであるという点である。それは、このように研究対象を限定して論じる際の基準の問題であり、被差別部落に対するケガレ・境界という視点は差別する側のまなざしであって、差別される側の論理かどうかは別問題だからである。もし、被差別部落の立場に立って考えるならば、まずこのような民俗が被差別部落の人々の生活にとってどのように位置づけられ、本当に象徴化されるべきものなのか検討しなければならない。それをせずしてこれらをいくら取り上げ論じてみたところで、被差別部落の民俗の特徴は決して明らかにできないばかりか、偏った理解を植えつけることにもなりかねないからである。

これらの点からすると、被差別部落特有の民俗のみに注目する研究は、先の差別をめぐる民俗研究の一分野として位置づけられるものであるといえる。宮田登は、東日本の被差別部落になぜ白山神社が多いかという点について、ケガレをキヨメるという視点から分析しており（宮田 一九九六）、被差別部落の民俗を考える上で非常に興味深い指摘を行っている。しかし、このような視点と方法だけで被差別部落の民俗のすべてが理解できるかどうかについて、長年被差別部落の民俗を調査研究してきた乾武俊が疑問視していることは（乾 一九九八b）、以上の問題点を端的に示している例として注目されよう。

被差別部落の民俗誌的研究

では、被差別部落の民俗研究はこのようなケガレ論・境界論に基づく研究ばかりであるのかというと、そうではない。近年では、特にレベルの高い民俗誌的研究がいくつも見られるようになってきている。たとえば、亀山慶一・宮本袈裟雄の指導の下で編集された『荒堀地区の民俗と生活』（長野県同和教育推進協議会 一九八二）や、乾武俊・西岡陽子・室田卓雄・中村水名子を中心に部落解放研究所伝承文化部会によってまとめられた『被差別部落の民俗伝承［大阪］古老からの聞きとり』（部落解放研究所 一九九五）、宮本袈裟雄・谷口貢による『被差別部落の民俗——北関東一農村大平町榎本の事例』（部落解放同盟栃木県連合会・同女性部 一九九五）などが刊行され、そのような中で大阪府下の被差別部落の民俗調査の経験をもとにまとめた西岡陽子の論考（西岡 一九九八）が、現代社会のさまざまな問題に民俗学的な立場からアプローチしようとする『現代民俗学の視点』で取り上げられたことも注目すべきであろう。そして、これまでの成果もふまえ、二〇一〇年には宮本袈裟雄によって『被差別部落の民俗』がまとめられたこと（宮本 二〇一〇）も付記しておきたい。

また、さまざまな地域で地元の部落史をまとめようとする動きも見られ、その中には聞き書きによる民俗誌的な記述も必ず取り入れられるようになってきた。さらに、自治体史においても、被差別部落の民俗を含めた上で編集したものも徐々にではあるが出てきたことは、この分野での関心が広まってきた証拠であろう。

つぎに、その内容についてであるが、先の『荒堀地区の民俗と生活』で、宮本袈裟雄は「荒堀地区の民俗は、従来民俗学が主要な分析対象としてきた農・山・漁村の民俗文化と対比しても本質的には相違することがないと思われる」が、あえて特色をあげるとすれば、多様な職種が見られ、同時に同一の人が幾種もの職業に従事している点と、「創意工夫」の中での生活があらゆる面で認められること、社会組織や年中行事・通過儀礼における開放性が顕著であることなどを指摘するとともに、そこに貧しさの影響を見ようとしている。そして、「農村型の民俗と都市型の民俗とをあわせもったところに大きな特色がある」とする（長野県同和教育推進協議会　一九八二：三―六）。

これに対し、大阪府下四十数ヵ村の被差別部落を対象とした先の『被差別部落の民俗伝承［大阪］古老からの聞きとり』ではどうであろうか。本書の「総論」では、「今回の調査で明らかになったことの一つは、被差別部落に伝承されてきた民俗の、そのほとんどは「部落外」でも普遍的に存在するものであって、民俗の基盤としては、そこに「差別」の壁はない」とし、特に稲作文化を背景とする民俗が顕著である点を指摘するのである（部落解放研究所　一九九五：七）。確かに、本書ではムラの中心的存在としての真宗寺院や若者集団とその活動が非常に顕著であること、また仕事が重層的に存在し、大部分のムラ人は農業だけではなく複数の生業にも携わっていることなど、部落内に際立って見られる民俗も紹介されている。しかし、これまで被差別部落の中心と思われていた屠畜業・皮革産業・雪駄づくり・膠製造または芸能など、いわゆる「部落産業」に専業で従事し、農業にはほとんど関わりを持たないように思われがちであるが、実はそうではなかったことが明らかにされる。これらは複数ある生業の一部でしかないばかりか、出作や小作・日雇という形が多かったという条件つきながらも、農業に携わってきた人が多かったのである。つまり、これまで農民および稲作文化を軸とする日本人とその文化を対象に研究が進められてきた民俗学から異質とされ、さらに戦後は忘れ去られた被差別部落の民俗は、実は部落外とほとんど変わりがなかったという、学問そのものの根幹に関わる大きな問題提起をすることになったのである。

この点について、具体的事例をふまえて、もう少しくわしく見てみよう。西岡陽子が先の論考（西岡 一九九八）で紹介する、一九一八（大正七）年に大阪府救済課が作成した『部落台帳』の生業の一覧表を見てみると、大規模な屠畜場のあることで有名な大阪河内の被差別部落の場合、五六・八％が農業に従事し、つづいて雪駄表づくりが一四％、日稼ぎ五・九％となっており、食肉行商従事者も含めた屠畜業に関わっている人はわずか四・二％にしか過ぎない。

また、大阪摂津の中でもあえて農業に従事する割合の低い被差別部落を見ると、それでも三五・六％の人が農業で生活を営んでおり、以下植木商二一・三％、土方一六％、鉄道工夫一四％、下駄直し三・五％、同じ摂津の被差別部落では七一・二％となっており、順に日稼ぎ一二・六％、草履づくり五・七％、牛車ひき三・四％である。ここでは取り上げなかったが、一〇〇％が農業という被差別部落も、いくつも見られるのである。

これらの研究に対する評価

ところで、このような被差別部落の民俗を調査し、まとめていくという作業は、地道で非常に大変な作業であるが、これらがこれまでの研究で積極的に評価されてきたかといえば、そうではない。たとえば、伊東久之は次のように述べている。

「ただ、被差別部落の調査そのものが、どれほどの情報を与えてくれるかはいささか疑問である。多くの報告書が指摘するように、被差別部落に周辺の村々と特別に異なる民俗はあまりない。ほとんど変わりませんでしたという報告は事実であり必要ではあるが、それをつみかさねたところで、差別の根源に迫ろうとする資料にはなりえないのである」（伊東 一九九六：一四二）。

また森栗茂一も、

「近年では、被差別部落の文化や歴史を記述しようという、意欲的取り組みが少なくないが、柳田民俗学的な調査項目の羅列で被差別部落を調査してみたところで、被差別部落の貧しさと被差別の悔しさ以外に何が記録できようか。それを学問と称して啓発したところで、何ゆえの差別なのか、誰も理解しないのではないか。そうではなくて、柳田民俗学の常民のムラに対する調査項目から漏れていくようなものを、民俗学者がなぜ、考えようとしなかったのか、問題である」（森栗 一九九二：二七）。

とし、否定的な見解が主流であった。確かに、これまでの研究の中には、差別された話だけを集めてそのまま活字化してタイトルに「民俗」という言葉をつけただけのものや、何でも差別で説明しようとしたものもあり、さらに聞き書きという手段を用いただけで「民俗」としたものまであって、森栗の批判には一理ある。しかし、これらの偏った視点やそれによって書かれたものの評価と、被差別部落の民俗の資料的価値はまったく別問題であり、今後このような被差別部落の民俗をどのような形で学問として取り入れていき、何を議論していくかを考えるべきではないか（政岡 一九九七、一九九八、二〇〇二）。いずれにしても、差別問題・被差別民をめぐる民俗研究は差別の解消のみならず、これを対象化できなかった民俗学そのものを問い直すことのできる重要な研究課題ともなっているのである。

三　今後の課題と可能性

以上、これまでの民俗学の流れをふまえつつ、差別問題や被差別民を軸に、これまでの研究成果とその問題点について見てきたわけであるが、最後に今後の課題をいくつかあげておきたい。

まず、これらを対象とした場合、実践性が求められてくる点は押さえておく必要がある。目の前に起こる社会問題を対象にするわけであるから、当然、その解決方法までを視野に入れた調査研究が求められるからである。さらに問題が起こるのは現在であるという点からすれば、近代・現代をも視野に入れないと何も対応できないことになる。同時代的に物事を考える姿勢も求められるのである。これまで紹介した差別の問題に積極的に発言した研究者を見ると、確かにうなずけよう。また、社会が大きく変わろうとしている今日、学問の存在意義も問われ始めているが、実践的なあり方を考えていくことは、差別問題・被差別民に関わる研究はもちろんのこと、新たな民俗学のあり方にも大きな影響を与えることになるものと考えられる。

つぎに、差別という問題は、する側とされる側の関係の中で生じるが、この点からすれば差別の論理の研究と被差別部落の民俗誌的研究を、どちらか一方に偏ることなく、バランスよく行っていかなければならない。まず、差別の論理についてであるが、必ずしも対象となる被差別部落の実態を反映させていないその論理が、なぜ部落外の人々に受け容れられてしまうのかを考える必要がある。特に、インターネット等において未だにはびこる今日の差別言説を対象とした分析は重要な研究課題になってくるものと考えられるが、そこで注目されるのが、都市民俗学の研究成果である。被差別部落に対する偏見があたかも真実であるかのように部落外の人々が錯覚してしまうのは、そこにもっともらしさを生み出す語りの問題があるものと推測されるが、これは都市伝説の生成の問題ときわめて類似しており、被差別部落の民俗誌的研究をふまえつつ、その成果を活用することで、民俗学は被差別部落に対する偏見の解消に向けて大きく貢献できる可能性を持っていることが指摘できる。

一方、被差別部落の民俗誌的研究でも、従来のように民俗を過去に押し込めることなく、変わっていくという視点の下で、現在の状況を近代や現代の文脈にも注意しながら記述していかなければならない。これについては、今回紙数の関係で論じることができなかったが、被差別部落の現在と民俗の関係を見ると、部落解放運動との関わりの中で、被差別部落の人々が自らの経験に基づき、身近な暮らしの文化を取捨選択するとともに、これらを再定義し、自分たちらしさとして活用する動きが出てきており、しかもグローバルな活動へと展開している例が見られる（政岡 二〇〇〇、二〇〇七ａ）。民俗学として非常に興味深いのは、これらの動きが地域おこしや観光で活用される民俗のあり様ときわめて類似していることであり、文化資源の活用という視点からも注目される。そこには、差別問題や被差別民という枠を超え、まさに現代社会における民俗の問題がわかりやすく表れており、これらは重要な研究課題となってくるであろう。

今回は部落差別をめぐる問題を中心に取り上げたが、その成果をふまえ、研究対象をそれ以外のマイノリティ（被差別少数者）にも広げていく必要がある。これに関して、在日朝鮮系住民を対象とする注目すべき研究成果が発表された。島村恭則による『〈生きる方法の〉民俗誌――朝鮮系住民集住地域の民俗学的研究』がそれである（島村 二〇一〇）。これは、民俗学の立場から初めてまとめられたモノグラフといってもよく、「生きる方法」というものを軸に、エスニシティ論の強い影響を受けた理解を相対化するかのような民俗調査に基づいた詳細な記述と分析は、一般的なイメージとは異なる彼らの生きる姿をみごとに描き出すだけでなく、それをもとに従来の民俗学の問題点を明確化させ、新たな課題の提示に成功している。マイノリティを対象とした民俗学の優れた成果であると同時に、学問論としても高く評価できる内容となっており、その議論は被差別部落の事例を対象とした場合と重なり合う部分も多く、これからの研究の方向性を考える上でもきわめて参考になる。

これまで論じてきたように、また島村の研究成果も考慮すれば、暮らしのあり様を詳細な現地調査により総合的に把握し、これまでの研究の枠組みや世間一般でいわれるイメージを相対化するような民俗誌的研究は、マイノリティを対象とした研究のみならず、これからの民俗学のあり方、および社会学や人類学など同じフィールドワークを主たる方法として採用する学問全体の中での独自性を考える上でもきわめて重要になってくるのではなかろうか。民俗学はフィールドの学問とよくいわれるが、それがどういう意味を持っているのか、その特徴とは何か、この学問の独自性を、まさに自己内省するためにも、もう一度深く掘り下げて検討してみる時期を迎えている。特に、従来の学問的枠組みが崩れ始め、新たな方向性を模索する必要に迫られる今日、このような命題はきわめて重要である。差別問題・被差別民を対象とした民俗学は、学問の成立時のみならず今日においても、これまでの問題点と今後の可能性を考える上で、さまざまなことを気づかせてくれる重要な研究分野であり続けているのである。

注

＊1　本章は、政岡（二〇〇七b）での議論を軸に加筆修正したものとなっている。

＊2　このような理解は、多くの研究者が支持している（岩津　一九八六、門馬　一九八七、一九九七、政岡　二〇〇一、新谷・中林　二〇〇三）。

＊3　注意すべき点として、当時の状況を考慮すれば、日清・日露戦争の勝利から大正デモクラシーへとつながる国民化の流れがあり、これはある意味で近世の身分制社会から近代の国民国家への移行の最終段階の時期にあたる。この中で、近世の身分を根拠にするような国民間の差別に対しては、国民として同じ権利をいかに保障できるかが大きな課題となってくる。もちろん国民化を前提としている点でナショナリズムの影響は多分に存在するが、近代の持つさまざまな問題が明らかにされ、マイノリティによるグローバルな連帯が顕著になり、また国内においても多文化共生などの議論がさかんに行われる今日的価値観で、安易なナショナリズムの部分のみからの批判だけではあまり生産的ではなく、人権問題の解決に向けて、国民化することに期待を抱かせた要因はいったい何であったのか、その当時の社会的背景を押さえた上で、より具体的に踏み込んだ議論を行っていく必要があるように思われる。

＊4　福田（一九八四）によれば、この文化概念としての「常民」という捉え方は、すでに平山（一九五一）の中でも見られたが、このような理解を前面に出して概念上の問題として初めて論じたのは竹田聴洲であった。

＊5　ここで福田が批判した重出立証法は、柳田の考えていた厳正主義のそれではなく、和歌森太郎以後のものであることが岩本（二〇〇六）によって指摘されている。

＊6　本論の中で、新谷はこのような視点からの研究は差別の解消に向けて必ずしも有効ではなかった点も指摘している（新谷・中林　二〇〇三）。

参考文献
石田英一郎　一九五五「日本民俗学の将来――特に人類学との関係について」(『日本民俗学』二-四)
伊東久之　一九九六「『内』なるものと『外』なるもの」(佐野賢治・谷口貢・中込睦子・古家信平編『現代民俗学入門』)、吉川弘文館
乾　武俊　一九九七「差別の民俗学」(『AERA　MOOK　民俗学がわかる』)、朝日新聞社
　同　一九九八a「差別の民俗学　古老の語りに学ぶ――『路地』と『街道』の文化」(『日中文化研究』一二)
　同　一九九八b「被差別部落伝承文化論(五)――被差別の側からみた『ケガレ』と『ハレ』」(『部落解放研究』一二一)
今西　一　一九九八『近代日本の差別と性文化――文明開化と民衆世界』雄山閣
岩津洋二　一九八六「柳田國男の被差別部落観について」(『部落解放』二四九)
岩本通弥　二〇〇六「戦後民俗学の認識論的変質と基層文化論――柳田葬制論の解釈を事例にして」(『国立歴史民俗博物館研究報告』一三二)
大月隆寛　一九八六『民俗学という不幸』青弓社
沖浦和光　一九九一『竹の民俗誌――日本文化の深層を探る』岩波新書
桜井徳太郎　一九五七「日本史研究との関連」(『日本民俗学』四-二、桜井(一九八九)所収)
　同　一九八九『櫻井徳太郎著作集　八　歴史民俗学の構想』吉川弘文館
島村恭則　二〇一〇『〈生きる方法の〉民俗誌――朝鮮系住民集住地域の民俗学的研究』関西学院大学出版会
新谷尚紀・中林弘次　二〇〇三「部落の古老女性に聞く」(『国立歴史民俗博物館研究報告』九九)
住谷一彦・坪井洋文・山口昌男・村武精一　一九八七『異人・河童・日本人』新曜社
全国部落史研究交流会　一九九九『部落史研究三　部落民衆・国民国家論と水平運動』解放出版社
竹田聴洲　一九六七「常民という概念について――民俗学批判の批判によせて」(『日本民俗学会報』四九)
坪井洋文　一九七九『イモと日本人』未來社
永瀬康博　一九九二『皮革産業史の研究――甲冑武具よりみた加工技術とその変遷』名著出版
長野県同和教育推進協議会　一九八二『荒堀地区の民俗と生活』長野県同和教育推進協議会
西岡陽子　一九九八「被差別部落の民俗研究に向けて――大阪府を事例として」(宮田登編『現代民俗学の視点三　民俗の思想』)、朝倉書店

畑中敏之　一九九五『「部落史」の終わり』かもがわ出版
　同　二〇〇四『身分・差別・アイデンティティ』かもがわ出版
平山敏治郎　一九五一「史料としての伝承」（『民間伝承』一五―三）
福田アジオ　一九八二『日本村落の民俗的構造』弘文堂
　同　一九八四『日本民俗学方法序説』弘文堂
部落解放研究所　一九九五『被差別部落の民俗伝承［大阪］古老からの聞きとり』解放出版社
部落解放同盟栃木県連合会・同女性部　一九九五『被差別部落の民俗――北関東一農村大平町榎本の事例』部落解放同盟栃木県連合会・同女性部
政岡伸洋　一九九七「部落解放研究と民俗学の課題」（『部落解放研究』一一七）
　同　一九九八「差別の論理と被差別部落の実態――民俗伝承研究の現状と課題」（『部落解放研究』一二三）
　同　二〇〇〇「民俗芸能を伝承するということ――和歌山県有田郡湯浅町北栄地区の春駒を事例として」（『部落解放研究』一三六）
　同　二〇〇一「被差別部落の民俗が語るもの」（『国立歴史民俗博物館研究報告』九一）
　同　二〇〇七a「被差別部落における文化資源の活用と『民俗』」（岩本通弥編『ふるさと資源化と民俗学』）、吉川弘文館
　同　二〇〇七b「差別と人権の民俗学」（『日本民俗学』二五二）
宮田　登　一九六七「地方史研究と民俗学」（『史潮』一〇〇）
　同　一九九六『ケガレの民俗誌――差別の文化的要因』人文書院
宮本袈裟雄　二〇一〇『被差別部落の民俗』名著出版
民俗学研究所　一九五一『民俗学辞典』東京堂出版
森栗茂一　一九九二「『部落史のになわなかったもの』と『民俗学が凝視しなかったもの』」（『部落解放研究』八七）
　同　一九九八「民俗社会と差別」（赤田光男・香月洋一郎・小松和彦・野本寛一・福田アジオ編『講座日本の民俗学』二）、雄山閣
門馬幸夫　一九八七「柳田國男と被差別部落の問題」（『民俗宗教』一、門馬（一九九七）所収）
　同　一九九七『差別と穢れの宗教研究』岩田書院

柳田國男　一九一三「所謂特殊部落ノ種類」（『国家学会雑誌』二七-五）（柳田（一九九九）所収）
同　一九二八『青年と学問』日本青年館（柳田（一九九八a）所収）
同　一九三五『郷土生活の研究法』刀江書院（柳田（一九九八b）所収）
同　一九五七「座談会　日本文化の伝統について」（『近代文学』一九五七年一・二）
同　一九九八a『柳田國男全集』四、筑摩書房
同　一九九八b『柳田國男全集』八、筑摩書房
同　一九九九『柳田國男全集』二四、筑摩書房
柳田國男・関敬吾　一九四二『日本民俗学入門』改造社
山下恒男　一九八四『差別の心的世界』現代書館
和歌森太郎　一九五三『日本民俗学』弘文堂
渡部徹・秋定嘉和　一九七三『部落問題・水平運動資料集成』一、三一書房

コラム【二】流行神と現代社会

村田典生

京都の流行神

京都は世界を代表する観光地である。その中でも世界文化遺産の二条城や国宝の本堂を有する清水寺や祇園祭の八坂神社などを参拝したことのある人は多いだろう。その二条城にほど近い町中に御金《みかね》神社という神社があるのをご存知だろうか。御金神社について、二〇〇六（平成一八）年の正月に当時の京都市観光案内所に問い合わせの電話が殺到した。御金神社によると、ここは「日本で唯一のお金の神社」ということで、その象徴として金色に輝く鳥居があり、実はこの神社に参拝した人が三億円の宝くじに当たったとして御礼の絵馬があったところから、広く喧伝されたのである。

また、清水寺と八坂神社の真ん中あたりから急な坂道を登りきったところに正法寺という寺院がある。急な坂道を登ったところにあるだけに京都市内を一望に見渡せる絶景の寺院である。その正法寺には三面大黒天立像がある。大黒天の顔の両側に弁天と毘沙門天の二つの顔があり、三人分の六本の手を持つ姿である。この三面大黒天は二〇〇八（平成二〇）年正月におよそ二八〇年ぶりに公開され、わずか五日間の公開で二千人近い参拝者がその姿を目にしているのである。

この二つの社寺はともにそれまでは参拝者数が僅少であり、観光的としても近隣においても決して著名ではなかった。こうした社寺において参拝者が突然激増し、注目を集めたのである。このような事象は民俗学では「流行神《はやりがみ》」と呼ばれ、共同体で信仰されてきた神仏ではない、外来の神仏である。本コラムではこの「流行神」に焦点を当てて、人々の信仰の様子を考察してみたい。

流行神の諸相

この御金神社と正法寺三面大黒天の利生つまりご利益は、ともに「金運の向上」である。そして「金色に輝く鳥居」や「三面六臂の大黒さん」といった世間的にも目新しく映る参拝対象が耳目を集め、ささやかな金運向上にとどまらず、借金完済や宝くじの高額当選を願掛け

（絵馬の文言より）するような参拝者までもが群参したのである。

流行神とは、このように文字通り流行った神仏であり、人々の願いに応じてさまざまな形態で示現したとされる。宮田登によると「俗信めいた神仏がやたらに生まれて、盛んに信心されるという状況」（宮田 一九九七：五四）で、「突発的に流行りだして、一時期に熱狂的な信仰を集め、その後急速に、信仰を消滅させてしまう」（宮田 一九九七：八九）というもので、民衆によって「祀り上げ」られ、「祀り棄て」（宮田 二〇〇六：一四八）られてゆく神仏という民間信仰である。

こうした流行神の信仰形態は、御金神社や正法寺三面大黒天のように信仰対象の斬新性を持ち出す例を含めて考えられるようにきわめて雑多であり、人口に膾炙するにしたがってその信仰圏を急速に拡大させていくことになる。近代以前ではその拡大は民間宗教者の活動によって顕現することも多かったのだが、そうした動きが落着すると急速に沈静化していくのも流行神の特徴である。

今回の示現に見られる御金神社や正法寺三面大黒天の事例においては民間宗教者の存在は確認されておらず、この部分において現代と近代以前の同現象間にギャップが存在している。本事例には雑誌、テレビ・ラジオ、インターネットといった現代特有のマスメディアという情報の存在があげられる。このような速報性のあるメディアでの喧伝により、瞬時に情報が日本中を駆け巡り、流行神の存在を広範囲に知らしめている。信仰圏の拡大におおいに寄与しているといえよう。

祀り上げられた後は祀り棄てられるのが流行神の特性と述べたが、中には祀り棄てられずに定着し、その地域で習俗化・土着化してゆくこともある。神奈川県鎌倉市の銭洗弁天がその代表例といえる。この銭洗弁天も「金運向上」が主な利生であり、明治中期以降に主に巳年を中心に流行を繰り返し、現在では鎌倉の代表的な観光地となって通年賑わいを見せている。御金神社や正法寺三面大黒天は、その集客動向をみると、京都市内からだけでなく、近畿はもとより全国からの参拝者を集めており、信仰圏が拡大しているといえる。こうした空間的な信仰圏の拡大が一定の評判を得ることにより、次第に世代を超えて定着することで習俗化あるいは土着化という現象に帰結するのであろう。ただし、それは拡大一辺倒で定着することはなく、拡大と収縮、すなわち流行と衰退が繰り返され、やがて定着し習俗化していくのである。正法寺の場合、あれだけ賑わった境内は閉帳後には元通り閑散としてしまった。いったんその流行は衰退し、祀り棄てられた状態にあるといえる。

つまり流行神習俗化の過程とは信仰圏の空間的拡大だけでなく、時間的拡大をも含む多次元的な拡大の様相であると解釈できよう。こうした流行神の信仰圏は空間的時間的に拡大収縮を繰り返す波動形と考えることもできる。しかしながら、このような波動形を描くことなく収束していったものがほとんどであり、現代にその形跡すらとどめていないものも数多く存在したと考えられる。ただ、江戸時代の流行神については『江戸神仏願懸重宝記』や『月堂見聞集』などといった当時の随筆・日記類によって当時の様子を知ることも可能である。これらの文章、記事からは、さまざまなものが信仰対象としてあげられ流行神化している様子が看取できる。たとえば、一七二四（享保九）年に京で疫痢が大流行し、死者が多数出た時には京の町々で「疫神《えきじん》送り」が行われた。疫病の流行が疫神の祟りとされ、疫病の神格化がなされたのである。この場合、疫痢の流行が収まるとともにその疫神は役目を終える。また、一七二六（享保一一）年には、山科の妙見堂において眼病を患った人が参籠すると「忽ち癒ゆ」ということになり、多くの人々が参詣し京の町で評判になったが、その後は沈静化して現代にいたっている。

流行神の構造

では、こうした現代にいたるまで連綿と勃興する流行神にすがる人々は、自らが従前より信仰している神仏とどのように折り合っているのだろうか。どのような環境に置かれた時に流行神になびくものなのであろうか。「不安」という言葉を軸に考察してみよう。

ここでは流行神とは人心の克服不可能な事象に対して顕現する心象不安解消の神格化と考えてみたい。氏神、産土、あるいは江戸時代以来の寺請制度による本寺の仏菩薩、あるいは祖霊といった民衆の「いつもの信仰」ではまかないきれない不安を、それらに代わって解消する役割を果たすものといいかえてもよかろう。流行神の側からいえば、それらを補完、復旧させる目的をもって示現する神仏であるといえる。したがって人心が不安を克服したあかつきには抹消されていく神仏ではある。

その過程において祈願した人々の集合体である祈願構成体は不安克服を目的とした原初の人々だけでなく、その不安解消の道程を認識して期待する人々や遊山者を取り込み急激に膨張していくことになる。

ただし、その不安・期待の断続的な継続に対しては、時代を超越して何十年というスパンでの示現もありえるのであり、さらに示現消滅を繰り返すうちにやがて定着化するというプロセスをたどることもある。その代表的な例が先に述べた鎌倉の銭洗弁天である。

さらに、こうした流行神を喧伝する宗教者の下に「結束して思想の統制や教義の理論化を行い、集団として他の権威や秩序を低下ないしは破壊せしめ、自らを救済者として志向」（村田 二〇〇九：七九）した場合は、宗教教団と変節してゆくこともある。その場合も巨大教団にまで成長した例もあれば、失敗して歴史に埋没してしまう場合もある。しかし、それすら将来的には形を変え再度示現する可能性が否定できないところもまた流行神の構造のひとつといえよう。

このような構造を持つ流行神は時代を問わず示現していることから、その発生には通時性があるといえるのではないだろうか。それは時代と利生が違えども山科妙見、銭洗弁天、御金神社や正法寺三面大黒天のように次々と生み出されていることからも首肯されよう。その展開過程は技術、文化、社会の進歩発展とともに消滅するはずの人心の不安がなお消滅せずに生成し続けることと軌を一にするとしてもよかろう。人心の不安は克服されるとさらに別の不安を刻々と発生させる。これこそが流行神が通時的に示現する淵源であると考えることができるのである。そしてそれは人々の願いがありとあらゆる方法をもって信仰対象を生成し、日々の暮らしが少しでも好転することを願ったものといえよう。

これまではあまり研究対象とはなってこなかった流行神ではあるが、一瞬にして情報が世界中を駆け巡る現代においては民間に伝承する信仰が流行神として祀り上げられる可能性がある。流行神の研究はこれからの民間信仰を考察していく上で、重要な役割を果たすのではないだろうか。

参考文献
伊藤唯真　一九九五『仏教民俗の研究』法藏館
桜井徳太郎　一九六六『民間信仰』塙書房
同　一九七〇『日本民間信仰論』弘文堂
宮田　登　一九七〇『ミロク信仰の研究』未來社
同　一九七二『近世の流行神』評論社
同　一九九七『江戸の小さな神々』青土社
同　二〇〇六『はやり神と民衆宗教』吉川弘文館
村田典生　二〇〇七「京都市における神社伝承の変遷——中京区御金神社を中心に」（『京都民俗』二四）
同　二〇〇九「流行りだす神仏——その構造と思想」（『京都民俗』二七）

第三章

文化財保護と民俗
――これまでの歩みと今後の課題

村上忠喜

はじめに

ここ二〇年あまり、民俗学関係の論文や学会報告、あるいはシンポジウムなどに、文化財保護行政に関わるテーマが取り上げられるようになってきた。内容的には、民俗文化財保護に対する総論的なものから、民俗芸能の公開や記録映像制作の方法論といった各論までの多岐にわたり、報告者・執筆者も、大学などの研究機関に所属する研究者や、文化財保護行政やその関連施設で執務する立場の実務者にまで広がっており、日本民俗学におけるひとつのテーマ群に成長してきたといえる。[*1]

とはいうものの、これまで文化財保護行政に関する話題が、民俗学の中で取り上げられなかったということではない。それどころか、民俗文化財（一九七五（昭和五〇）年の保護法改正以前は「民俗資料」）が文化財保護法の中に位置づけられて以降、国や地方自治体の事業として、数多くの民俗学者を動員した調査が進められ、その成果が辞書や民俗地図、また報告書として結実した。民俗学と民俗文化財保護行政とは、方法や目的を一にしていた時代が長く続いてきたのである。

しかしながら、九〇年代に入って両者の関係は大きく転換した。それは、民俗学からの民俗文化財保護行政批判という形をとった。

民俗文化財というのはある意味、民俗の本質論的考察を重ねてきたこれまでの民俗学の成果を、行政施策として具現化した存在であり、民俗文化財を生み出した制度自体は、これまでの民俗学の学的営為を公的に価値づけるものであったといえる。民俗学内部からの民俗学的方法論の転換を目指す動きは何度か起こるが、近年の文化財保護行政批判は、旧民俗学批判のためのツールのひとつとして使われた側面がある。

本章では、これまでの民俗文化財保護行政批判の成果をふまえつつ、アジア太平洋戦争後の日本の民俗文化財保護行政についての歴史的推移、現在抱える課題、さらにユネスコ無形文化遺産をめぐる課題などについて概観し、民俗学が積極的に関わってきた数少ない行政施策のひとつである民俗文化財保護の将来を考える糧にしたい。

一　文化財保護の中の「民俗」——一九五〇（昭和二五）年

周知のように、アジア太平洋戦争後の文化財保護は、一九五〇（昭和二五）年に制定された文化財保護法以降、その法に則ってさまざまな事業が進められてきた。同法の中で、保護の対象となる文化財は、「有形文化財」「無形文化財」そして「史跡名勝天然記念物」の三つに分類された。現在いうところの民俗文化財のうち、有形のそれは「有形文化財」の中に、無形のそれは「無形文化財」の中に分かれて組み込まれた。[*2]

有形文化財は、「建造物、絵画、彫刻、工芸品、書跡、筆跡、典籍、古文書、民俗資料その他の有形の文化的所産でわが国にとって歴史上又は芸術上価値の高いもの及び考古資料」と定義され、いわゆる有形の民俗は「民俗資料」という名称で有形文化財の中に位置づけられた。

一方、無形の民俗は、どうであったか。一九五一～五三（昭和二六～二八）年にかけて、無形文化財のうち特に価値の高いもので国が保護しなければ衰亡するおそれのあるものを「助成の措置を講ずべき無形文化財」として選定して、資材の斡旋などの助成の措置を講ずることとした。この選定基準には、芸能関係として「音楽、舞踊、演劇その他のうち、たとえば雅楽、舞楽、声明、能楽、狂言、人形芝居、歌舞伎、琵琶、尺八、浄瑠璃、地唄、三曲、長唄、端唄、民謡、神楽、郷土芸能、民間伝承・行事等」があげられている。郷土芸能や民間伝承・行事といった、現在いうところの無形民俗は、当初は無形文化財の中に含まれたのである。

しかしながら現実には、こうした郷土芸能や行事に対して助成の措置が講じられることはなかった。同様に、有形文化財の中の民俗資料の方も、制度はできたものの実態は放置されたままであった。当時の文化庁である文化財保護委員会の担当であった田原久氏の記録によれば、民俗資料に関する施策は、その後二年間ほど放置されたままだったという（大島 一九九六）。すなわち、文化財保護法ができたものの、有形・無形を問わず、民俗分野の施策は棚上げ状態であったわけである。それではいけないというので、一九五二（昭和二七）年八月に民俗資料係りの主任として祝宮静が就任し、当時立教大学文学部教授であった宮本馨太郎が調査員となって、民俗資料の保存へ本格的に動き出す。さらに一九五三（昭和二八）年には、文化財保護委員会の中に文化財専門審議会民俗資料部会が設置され、澁澤敬三・柳田國男・折口信夫などを委員として、指定基準の意見聴収が始まるのである。この間に定められた方針は、翌一九五四（昭和二九）年の文化財保護法の一部改正に反映されることになる。

二 「民俗」の保護の始まり――保護法一部改正（一九五四（昭和二九）年）

この法改正により、民俗分野に関わる文化財保護行政の指針がかたまるわけであるが、特筆すべき点は次の三点である。

まず一点目は、民俗資料に法律的な定義が付与されたことである。それまでは有形文化財の中に含まれていた民俗資料が、有形文化財、無形文化財、史跡名勝天然記念物と並列され、法理上、独立したジャンルとなったのである。

二点目は、民俗資料が有形と無形に区別され、それぞれまったく異なった保護手法が採用されたことである。すなわち、有形の民俗資料には、「重要民俗資料」としての指定制度を、無形の民俗資料は指定制度ではなく、「記録作成などの措置を講ずべき無形の民俗文化財」（以後「記録選択」という）として記録作成することで保護の措置を図るというものであった。

「記録選択」は指定と違い、対象とした文化財（民俗資料）を保持する組織を必ずしも特定する必要がない。無形文化財と違い、保持者や保持団体の特定が難しい民俗資料にとっては格好の方式であった。「記録選択」の文化財の中には、選択されたものの、自ら伝承してきた民俗が国の選択になっていることすら知らないケースもままある。たとえば、京都府他、山形県、鹿児島県以下、全一二の府県にまたがる「盆行事」は、一九五八（昭和三三）年に国の記録選択となっているが、地蔵盆を伝承している京都市中の人々は、ほぼ全員そのことを知らないのではあるまいか。この記録選択には、二〇一〇（平成二二）年三月現在で、五九〇件が選択されており、その中から後に無形民俗文化財に指定されたものも多いことから、一般には文化財指定へのステップと捉えられている向きもあるが、それは法整備の過程から見ても誤りであり、両者はまったく別の考え方に沿った制度である点を言い添えておきたい。

この法改正直後、文化財保護委員会事務局長から各都道府県教育委員会教育長あての通達に次のような文言がある。[*3]

無形文化財には、重要無形文化財に指定してそのままの形で保存する措置を講ずる必要のあるものも多いのではあるが、無形の民俗資料については、そのものをそのままの形で保存するということは、自然的に発生し、消滅していく民俗資料の性質に反し、意味のないことである。例えば、「小正月行事」をそのままの形で残存させようとしてもそれは不可能であり、意味のないことであって、これらは、記録保存の措置をもって足りるわけである。

それに続いて、有形の民俗資料に指定制度を設けたことに関して触れ、「無形の民俗資料についてはその性質上当然指定ということは考えられない」と断じている。文化財保護委員会は文化庁の前身であり、今風にいえば文化庁長官から各府県教育長あてに、無形の民俗資料の保護は記録保存で足りるという通達を出して確認しているわけである。

一方、有形の民俗資料には指定制度が導入された。その背景には、民俗資料収蔵施設への国費投入という政策的意図があったようである。当時、祝宮静とともに国の文化財保護行政の第一線にいた宮本馨太郎は、後に河岡武春との対談の中で次のように述べている。

美術工芸品なんてのはね、みな大事に保存されているわけです。民具のほうは、大事に保存されないで、どんどん捨て去られていくものなので、これを早急に集めるということが必要だったわけです。(中略) ところが、民俗資料というのは、(中略) しまっとく場所がないわけです。ですからなによりもまず、国の補助で民俗資料の収集保存する施設をつくる、収蔵庫をつくる、この仕事を推進しなくちゃならない。ところがこれが、文化財保護委員会の中でなかなか通らない。ようやく通っても、今度は大蔵省の予算査定のカベにぶつかるわけです。(中略) 大蔵省の役人からすると、国が貴重な文化財だと指定したものを入れる収蔵庫をつくるのならわかるけれども、指定にもならないガラクタ道具を入れる、そういう収蔵庫のお金は、国の予算で出せない。(中略) 指定しとかないと入れものの予算がつかないというので、(中略) 昭和二九年に法律改正して、やはり指定していこうというので、いま文部省の史料館に入っている、当時、民族学協会附属博物館のおしらさまだとか、運搬具（昭和三〇）だとか、あるいは広島県芸北町の山村生活用具（昭和三四）だとか、そういうものの指定を始めたんです。(宮本・河岡 一九七四：三)

つまりは、民具などの収蔵施設確保のための博物館担当施設の建設を目的とし、その実現のステップとして、有形の民俗資料の指定制度導入が実行されたわけである。事実、一九六八（昭和四三）年より地方歴史民俗資料館建設補助が制度化され、一九九三（平成五）年までの二五年間続き、その間に計四六四館（県立一二館、市町村立四五二館）が設立された。現在から見れば、特に展示の面でいろいろと問題があるのは事実であろうが、民俗資料の収蔵、また地域における民俗研究の核としての役割を果たした点が評価されるだろう。

三点目として指摘しておきたいのは、指定と記録選択という保護手法の違いはあるものの、有形の民俗資料と無形のそれが表裏一体の関係として位置づけられていることである。このことは、民俗資料の定義上に明らかで、「衣食住、生業、信仰、年中行事等に関する風俗習慣及びこれに用いられる衣服、器具、家屋その他の物件でわが国民の生活の推移の理解のため欠くことのできないもの」とされ、「風俗慣習」という無形のコトと、それに用いられる有形のモノを民俗資料と定義づけているのである。

この点については、少々紙幅を費やして、民俗資料の指定と選択の基準も比較して確認しておきたい。

まず重要有形民俗資料の指定基準であるが、

（一）　衣食住に用いられるもの　たとえば、衣服、装身具、飲食用具、光熱用具、家具調度、住居など
（二）　生産、生業に用いられるもの　たとえば、農具、漁猟具、工匠用具、紡織用具、作業場など
（三）　交通、運輸、通信に用いられるもの　たとえば、運搬具、舟車、飛脚用具、関所など
（四）　交易に用いられるもの　たとえば、計算具、計量具・看板、鑑札、店舗など
（五）　社会生活に用いられるもの　たとえば、贈答用具、警防用具、刑罰用具、若者宿など
（六）　信仰に用いられるもの　たとえば、祭祀具、法会具、奉納物、偶像類、呪術用具、社祠など
（七）　民俗知識に関して用いられるもの　たとえば、暦類、卜占用具、医療具、教育施設など
（八）　民俗芸能、娯楽、遊戯に用いられるもの　たとえば、衣装、道具、楽器、面、人形、玩具、舞台など
（九）　人の一生に関して用いられるもの　たとえば、産育用具、冠婚葬祭用具、産屋など

（一〇）年中行事に用いられるもの　たとえば、正月用具、節供用具、盆用具など

の一〇項目を設けている。

一方、無形の民俗資料の記録選択基準は、

（一）衣食住に関するもの　たとえば服飾習俗、飲食習俗、居住習俗など

（二）生産・生業に関するもの　たとえば農耕、漁猟、工作、紡織などに関する習俗

（三）交通・運輸・通信に関するもの　たとえば旅行に関する習俗など

（四）交易に関するもの　たとえば市、行商、座商、両替、質などの習俗

（五）社会生活に関するもの　たとえば社交儀礼、若者組、隠居、共同作業などの習俗

（六）口頭伝承に関するもの　たとえば伝説、昔ばなしなど

（七）信仰に関するもの　たとえば祭祀、法会、祖霊信仰、田の神信仰、巫俗、つきものなど

（八）民俗知識に関するもの　たとえば暦数、禁忌、卜占、医療、教育など

（九）民俗芸能・娯楽・遊戯・嗜好に関するもの　たとえば祭礼行事、競技、童戯など

（一〇）人の一生に関するもの　たとえば誕生、育児、年祝い、婚姻、葬送、墓制など

（一一）年中行事に関するもの　たとえば正月、節分、節句、盆など

の一一項目である。（六）の口頭伝承には、想定できる有形の民俗資料が見当たらないために無形の民俗資料の基準が一項目多くなっているものの、きれいな相似をなしている。

この法改正の後、文化財保護委員会は、全国的な実態調査を計画する。まず一九五七（昭和三二）年度と一九五八（昭和三三）年度の二ヵ年で、一部の府県を選んで「民俗資料実態予備調査」を実施した。続いて、一九六二（昭和三七）年度から一九六四（昭和三九）年度の三ヵ年にわたって「民俗資料緊急調査」を実施し、その成果が文化庁編の『日本民俗地図』の基礎資料となっていくことはよく知られている。さらに一九六五（昭和四〇）年以降は、同調査

はその主体を各都道府県教育委員会に移し、国が補助金を拠出する補助事業として継続されていった。

このような全国規模での民俗調査の進展に従い、実務上の調査手引の必要性が高まり、一九六五（昭和四〇）年には『民俗資料調査収集の手引』が編纂され、民俗資料を分類項目列挙・例示した「民俗資料の分類」が示された。さらに、分類項目ごとに、より具体的な解説を記した文化庁文化財保護部編の『日本民俗資料事典』が刊行される（文化庁　一九六九）。同書の大項目は、（一）衣・食・住／（二）生産・生業／（三）交通・運輸・通信／（四）交易／（五）社会生活／（六）信仰／（七）民俗知識／（八）民俗芸能・競技・遊戯／（九）人生儀礼／（一〇）年中行事／（一一）口頭伝承であり、有形の民俗資料にはない「口頭伝承」が最後の項目になっているものの、先記の分類項目と同一であり、同書の序にあるように「文化財としての民俗資料の保護に資することを目標とした」ものであることを如実に示している。

以上が、一九五四（昭和二九）年の保護法改正にかかる民俗分野の主たる変更点であるが、次期保護法改正の要点と深く関わることから、民俗芸能の位置づけについて補足しておきたい。先述のように、民俗資料は「風俗慣習」という無形のコトと、それに用いられる有形のモノと定義されたわけだが、記録選択基準の（九）には民俗芸能があげられており、改正以前には無形文化財の中に位置づけられていた民俗芸能は、改正後は風俗慣習の中に包含されたのである。民俗芸能はこのように、法理上の保護の網がかからなかったわけではないが、現実に記録選択されるのは一九七〇（昭和四五）年以降である。制度導入一五年後にようやく選択されるようになるのは疑問であり、このあたりの事情については、さらに考察が必要である。いずれにしても、一九五四（昭和二九）年の保護法改正により、民俗芸能は、無形文化財と民俗資料の間で宙吊り状態になってしまったといえるのではなかろうか。

三 「指定」の導入——一九七五（昭和五〇）年の改正

多くの研究者が指摘するように、一九七五（昭和五〇）年の文化財保護法改正（第四次改正、一九七五（昭和五〇）年七月一日法律第四九号）は、無形の民俗資料に対する保護施策のターニングポイントとなった。[*4] それは無形の民俗資料に指定制度が導入され、無形民俗文化財が誕生したということに集約されるものであるが、まずは民俗文化財全体の中で改正の要点を整理しておこう。

まず一点目は、これまでの民俗資料という表現を「民俗文化財」と改めたことである。改正文化財保護法の総則において、民俗文化財の定義がなされている。すなわち、「衣食住、生業、信仰、年中行事等に関する風俗習慣、民俗芸能及びこれに用いられる衣服、器具、家屋その他の物件でわが国民の生活の推移の理解のため欠くことのできないもの（以下「民俗文化財」という）」（文化財保護法第二条）とされた。二点目としては、その定義上、民俗芸能は風俗慣習と並置して明文化され、無形の民俗文化財として有形のそれとともに統一的に位置づけられることとなったことである。法改正直後に文化庁次長より各都道府県教育委員会に出された通達（以下、「次長通達一九一」と表記する）の「注」には次のように記されている。

旧法上は民俗芸能がその文化財の種別に属するかについては明文の規定がなく、運用上は無形文化財と民俗資料のいずれにも属するものとして取り扱われてきたが、これを改め民俗文化財に属するものとして明記したものである。[*5]

指定制度導入とともに、堰を切ったように、これまで宙吊り状態であった民俗芸能の指定が進んだということを付記しておく。

そして最大の変更が、無形の民俗文化財についても指定制度が導入され、重要無形民俗文化財が生まれたという点である。すなわち、「文部大臣は、有形の民俗文化財のうち特に重要なものを重要有形民俗文化財に、無形の民俗文化財のうち特に重要なものを重要無形民俗文化財に指定することができる」(文化財保護法第五六条の一〇)とされたのである。国指定の無形民俗文化財のことを重要無形民俗文化財というが、国に指定制度が導入されたことで、都道府県および市町村においても、これ以後各自治体での無形民俗文化財の指定が進むことになった。

四 「民俗技術」の登場——二〇〇四(平成一六)年の改正

同法改正の目玉は、新たに「文化的景観」というジャンルを創設したことにあるが、それとともに、民俗分野では、これまで風俗慣習と民俗芸能で構成されていた無形の民俗文化財に、「民俗技術」というジャンルが加わった。あわせて、有形文化財のうちの美術工芸品、記念物、そして民俗文化財の分野に登録制度を導入することとなった。以上の三点が改正の骨子である。登録制度については、民俗文化財の場合、有形の民俗文化財に限定されたものとなっている。

これに伴い、文化財保護法上の民俗文化財の定義は、「衣食住、生業、信仰、年中行事等に関する風俗習慣、民俗芸能、民俗技術及びこれに用いられる衣服、器具、家屋その他の物件でわが国民の生活の推移の理解のため欠くことのできないもの(以下「民俗文化財」という)」(傍線筆者)と改正されたわけである。民俗技術の追加によって、無形の民俗文化財は、民俗芸能に対して芸能、民俗技術に対して工芸というように、無形文化財と対の構成が実現した。

法改正の半年後に、以下のような文化庁次長通知が出されている。

生活や生産のための用具、用品等の製作技術など、地域において伝承されてきた民俗技術は、国民の生活に密接に関係した文化的所産であり、我が国民の生活の推移を理解する上で不可欠なものである。また、近年の先端的な製作技術の原型をなすものとして、新たな技術革新のために常に翻って参照し得ることが重要であるが、これらはいったん失われてしまうと復元することが著しく困難なものである。

このような地域に根ざした民俗技術を保護するため、今回の法改正において、民俗技術を民俗文化財の一形態として位置づけ、現行の民俗文化財と同様の保護措置を講ずることとした。[*6]

これは、民俗技術導入の趣旨について述べたところであるが、同じ通知文の総則に記された民俗文化財の定義の拡充（民俗技術の導入）に関する説明（「注」）には、「民俗技術とは、例えば、鍛冶や船大工等の生活や生産に関する用具、用品等の製作技術など、地域において伝承されてきた技術をいう」としている。双方の文意を汲み取れば、民俗技術というのは、地域性が看取できる技術であるとともに、そうした技術は、より高度に洗練された技術（ここでは「近年の先端的な製作技術」という）の母体となったものが望ましいという認識が見て取れる。

しかしながら、技術というものは容易に移転するものであることを考えれば、ここでも「民俗」の解釈が不可欠となる。「民俗」に対して「ある小地域に根生いの文化事象」というような一般的な解釈を援用すれば、民俗技術はその小地域で独自に開発されたと見なされるものに限定されるであろう。そうではなく、受容した文化が地域へいかに定着していったかを含めた地域文化の総体を「民俗」とすると解釈されれば、技術移転を受けて（して）、それぞれの地域で独自にアレンジされて定着した技術も民俗技術であるといえるであろう。

実のところ、その答えはすでに自明のものであるのかもしれない。というのも、技術それ自体は、他の文化事象とは異なり、容易に移転、それも技術を保持する職人の移住などによって一気に数百キロ離れた地点に移動することが近代以前から可能であったわけである。かつ一小地域内で独自に発生し発達した技術というのが、実際に存在するのか、はなはだ疑問であることも事実であり、先の答えとしては、後者の民俗の考え方に沿って「民俗技術」を規定していくということになろう。[*7]

五　指定制度導入による民俗文化財の価値づけ

以上、国の民俗文化財保護行政の制度的な流れを簡略に跡づけた。民俗文化財保護制度について、現在まで続くもっとも大きな転換点は、先学の指摘通り、一九七五（昭和五〇）年の文化財保護法改正に伴い、無形の民俗文化財に指定制度が導入され、重要無形民俗文化財が誕生したところにある。[*8]

近年、無形の民俗文化財保護行政に対して批判的に検討を加えている岩本通弥は、この法改正の問題点を次のように整理している。

［無形の民俗資料に指定制度が導入されたことの問題点は］一言でいえば、有形とは性質の異なる重要無形民俗文化財の指定にあたって、価値の観点を導入せざるを得なくなった点である。またモノとは違い行為である無形の場合、指定は、ある型に固定するが、指定された段階での形式・形態が規範化し、それは変化を阻止し継続を強要する性格を帯びざるを得ず、変化の前提とその理念は崩された。同年一一月二〇日文部省告示第一五六号の重要無形民俗文化財指定基準では、それまでの「典型」という規程を踏み出し、たとえば「年中行事、祭礼、法会等の中で行われる行事で芸能の基盤を示すもの」とか、民俗芸能のうち「芸能の発生又は成立を示すもの」といった新基準が追加されたが、「芸能の基盤」とか「発生又は成立」という、より古く原型を重視する芸能史的価値と判断が導入された結果、本来、等価値である文化（＝民俗）に対し、指定制度はそれを格付けし、高いランクのものを選別・優遇する仕組みとなって、逆にランキングの低いものは切り捨てていくなど、柳田の「俗につまらぬといふことでも馬鹿にせず」という民俗学的態度や理念とは大きくくずれたも

のへと変質していく。（［　］内は筆者の書き足し。岩本 一九九八：二一二）

岩本の指摘は、①指定にはより古い様式を示すものを重視する芸能史的価値と判断が用いられた。そしてそれにより、②民俗の格付け保護を進める路線が決定され、③民俗の変化を前提とした理念が崩れた、という三点に要約できよう。

岩本自身は、民俗芸能の研究者ではないので、どちらかというと民俗学側にたった見解である点は否めないものの、文化財保護法という法制度と民俗学という学問の理念との間に横たわった問題として、その指摘は頗る当を得たものであると思う。しかしながら、文化財指定の実際の現場はまた違った様相を呈している。よって、上記の批判を基点として、理念上の問題から一歩踏み出て、まず理念と実際の齟齬を明らかにし、その上でなぜそうなったかについて論じてみたい。

まず、指定制度導入に芸能史的価値と判断が用いられたという点に関しては、法整備に先立ち、文化財保護に関する現状と問題点についての小委員会に、参考人として招聘された民俗芸能の大家である本田安次の言にもよく示されている。本田の発言の主旨は、祭礼行事や法会などは習俗であって純粋な宗教とはいえず、これを指定したところで政教分離の原則には抵触しないという考えを説くことにあったが、それに付随する説明として、次のような発言をしている。

この習俗［信仰に関する習俗］は、むしろ古風なままに行われるところに価値がありますもので、また行う人々の誇りでもあると思いますので、重要な部分は、衣食住が時代とともに変化するようには変化いたしませんし、少なくとも変化させない方が望ましいと思います。全国にたくさん祭りがありますが、ことごとくというのじゃない、そうした価値の高い祭りを指すのですけれども、そういう祭りは指定して、保存の措置を講ずべきだと思います[*9]（［　］内、傍線は筆者）。

補足しておくが、本田はこの発言の前に飛騨白川の話を持ち出し、いくら山村の生活様式を示すといっても衣食住は時代とともに変化するものであるので、その保存については凍結保存的な指定ではなく、それを詳細に記録するという措置で足りるということを確認した上で、上記の発言にいたっているのである。本田の考えをよく示していると思われる部分に下線を引いたが、本田は、無形の民俗資料（現在いうところの風俗慣習）を、二つに分けて考えていたようである。それは、信仰に関することと、それ以外のものである。民俗芸能を専門とする本田にとって、民俗芸能を包含する母体ともいえる祭礼行事や法会については、その価値を問い、その中の優品については指定という手法で保護すべきであり、少なくともある部分は変化させない方が望ましいと考えていたわけである。同委員会の発言内容だけでは明確にならないものの、この本田の考えはきわめて重要である。文化財保護法の規定上、無形民俗文化財が民俗芸能と風俗慣習に分かれていたので、どうしてもこの両者に分けて考えがちであるが、本田はそうではなく、指定して保護すべきものと記録保存による保護に適したものに分けているのである。ここからは小生の推測を交えるが、本田は民俗芸能と同様に、信仰に関する習俗についても、一連の儀礼のどの部分が大事であるかを見極め、そこに文化財指定という価値づけをして、その部分はなるべく変化させないように務めるべきだということを主張しているのだと思う。これは、風俗慣習で考えるとわかりにくいが、民俗芸能を例にすれば比較的理解しやすい。すなわち、ある民俗芸能の全体ではなく、一連の所作の中のこの部分というように、指定に値する、換言すればそれがあるからこそ指定するのだというところを明確にし、その部分は凍結的に保存しようとすべきだと主張しているのであろう。

この法改正直後、先述のように、民俗芸能については堰を切ったように指定されるわけだが、風俗慣習の方は、どちらかというと目立った波がなく、平均して毎年数件ずつ指定されてきた。ただし内容的には、これまでの指定件数一〇四件のうち、年中行事二九件、祭礼行事五四件、あわせて八三件にのぼり、全体の八割近くを民俗宗教関係の民俗が占めていることは顕著な傾向として指摘できる。それに対して、重要有形民俗文化財の指定の種別を年次的に見れば、衣食住・生産生業・交通運輸・交易に関する指定で、全体の六割五分を占めるというように、無形と有形では指定する文化財の内容に差があることが指摘できよう。つまり、理念は理念として、実際の指定という行政行為においては、無形の民俗については、指定に不向きな対象（たとえば衣食住に関わる習俗）は回避してきたといえるのである。岩本の批判に対応した文言に変換していうなら、より古い様式を示すものを重視する芸能史的価値と判断に対応した民俗を選んで指定してきたといえるだろう。

次に三点目の批判、すなわち指定制度の導入により民俗の変化を前提とした理念が崩れたという意見を検証してみよう。この批判についても理念上はまさにその通りである。もちろんこの批判自体が理念のことであるので、これ以上、ここで指定制度の理念的な問題を繰り返すつもりはない。ただ、現実とはまったく相違しているという点のみを確認しておきたい。

繰り返しになるが、本田の意図、文化財指定とするに足りうる民俗のある部分（それを仮に本田の文脈に沿って「その民俗の本質的な部分」としておこう）を守るべきだということは、「言うは易し、行うは難し」である。いったい、自治体の文化財担当官が、数ある芸能の中から、どの芸能のどの所作が芸能史的にどういう意味を持ち、どのように受容されて民俗となっていったかを判断できるのであろうか。文化財担当官だけではない。こうしたことは大学などの研究機関に籍を持つ芸能史や民俗学の研究者の中でも、相当な見識を持つ一部の研究者でしか判断できないのが現実ではないだろうか。仮に努力の末、所管する範囲の芸能などについて学術的な認識を深め、その中の「価値ある」民俗を認識した上で指定したとしよう（有能な専門職の担当官を抱え、実際にそのようにしている自治体があることも事実である）。しかしそこからが問題である。「それを守る」、すなわち保存すべきとされる形態をどのように指導して保護していくのか。これは、ほとんど不可能に近いといってよい仕業である。現実的にはそれはほぼ不可能であることから、法理上は民俗の変化の前提は崩れたものの、現実の民俗は、指定・未指定関係なく、時代とともに変化している存在であることにかわりはない。

六　民俗の格付け保護の内容

岩本の批判のうち、もっとも重要なのは、指定制度が民俗の格付け（保護）を生み出したという指摘である。民俗の格付け保護とは何か。それはひとつには国指定、府県指定、市町村指定というランクづけの議論であるが、それだけではない。

先の「次長通達一九二」の注には、「それら（無形の民俗文化財）は国民の生活そのものに密着したものであり、無形文化財の保持者のような体現者を認定することは実情に合わないことが多いと考えられるので、重要無形民俗文化財の保持者又は保持団体の認定制度は採らないこととした」（（　）内は筆者が補足）とあり、無形民俗文化財の指定にあたっては、無形文化財のような保持団体の認定制度は採用しなかった。

しかし一方で、「国は、重要無形民俗文化財の保存に要する経費の一部について、地方公共団体その他その保存に当たることを適当と認める者に対し、補助することができるとした」（法第五六条の一八第一項、傍線筆者）。この「保存に当たることを適当と認める者」とは、「通常当該重要無形民俗文化財の保存に主として携わっている民間の団体、例えば特定地域の民俗芸能保存会等が考えられる」（「次長通達一九二」、傍線筆者）としている。

しかしながら、指定対象の文化財の伝承組織（保持団体）の確定なしに、何の行政措置をとることもできない。よって、結局のところ、○○地区に伝承されてきた□□行事は、指定にあたっては、○○□□行事保存会というような任意団体を組織してもらうということになっているのが通常である。

無形民俗文化財保護のための行政措置の手法は、今のところ大きくは、①映像や文書による記録保存、②伝承者の意欲を活性化させるという目的を兼ねた舞台公開事業、そして③用具の修理や活動に関しての執行補助金の交付、の三点にまとめられるだろう。①と②については紙面の都合上割愛して、三点目の補助金（ここでは助成金を含んだ用語として使用する）の交付に絞って論じる。

補助金の交付先は、多くの場合、指定の際に作られた任意団体である、○○□□行事保存会である。無形の民俗文化財に指定制度が導入された頃は、確かに日本社会は大きく変化していたものの、過去の生活を実体験として共有している○○地区の人々が核となって、□□行事が執り行われていた。それが、文化財指定にあたって、その伝承組織として、○○地区としてもよかったものの、すでに地縁社会自体は、場所にもよるが、外部からの転入者も多く、さまざまな考え方をする人々が集う社会となっていたわけである。そうした地縁社会の総体を伝承組織とすることへの問題、特に補助金を交付する際の手続き上に問題があり、担当者は、○○地区を○○□□行事保存会と読みかえて指定をしてきた。無形民俗文化財として指定する限りにおいては、他の方法はないといえるだろう。しかし、その結果、□□行事は、○○地区を離れても存続できる可能性を持ったのである。これは、風俗慣習よりも民俗芸能の分野で顕著に見られる。

例として、重要無形民俗文化財である「京都祇園祭の山鉾行事」をあげよう。あまりにも有名な同行事は、京都の都心部において毎年七月の一ヵ月間にわたって繰り広げられる祭礼行事である祇園祭のうち、山鉾に関する行事だけを取り出して指定されている。同行事の保存団体は、山鉾行事を取りまとめと調整を行う、公益財団法人祇園祭山鉾連合会である。よって、京都市や京都府の執行費の助成などは同連合会に対して行われる。しかしながら、同行事は大きくは祇園祭礼の一部である。

すなわち、指定制度導入による格付け保護とは、市町村指定―都道府県指定―国指定という異なる民俗文化財の序列化だけではなく、同一地域内での、また場合によっては同じ祭礼行事の中での差別化をも生み出してきたのである。こうしたことは批判されるべきことかもしれないが、一方で、現段階では、格付けを抜きにして、公費を投じる、すなわち行政施策として保護することは難しいのが現実である。そういう意味では、五〇年以上前に宮本馨太郎や祝宮静らが苦慮したことと同様の悩みを、日本の文化行政はいまだ抱えているといってよいだろう。

七　民俗文化財保護における有形と無形

以上、日本の文化材保護行政における民俗文化財の保護の、文化財保護法上の変遷を軸に、その意味の変化や問題点や課題を概観した。概観すること自体が目的であるので、まとめる必要はないが、民俗文化財保護行政における対象把握の変化について、筆者の感想を追記しておきたい。

一九五〇（昭和二五）年の文化財保護法制定より、民俗文化財については、有形と無形のセット関係で考えられてきた。しかしながら近年、特に無形の文化にスポットがあたってきており、民俗文化財においてもそうした有形と無形のセット関係はあまり問われなくなってきている状況にあるように思う。それは、二〇〇四（平成一六）年の法改正時において、無形文化財と対の関係を意識したであろう、「民俗技術」という種別を誕生させたことでも明らかである。さらには、ユネスコの無形文化遺産の登録が本格化したことで、無形文化というまとまりの中に無形民俗文化財が位置づけられる傾向はよりいっそう強まってきているということを付け加えておく。

補遺　ユネスコ無形文化遺産の登場と民俗文化財保護行政

先述した無形の民俗の格付け保護は、今後どのような影響を与えるのであろうか。この問題については、ユネスコの無形文化遺産抜きには考えることはできない局面を迎えている。

ユネスコ無形文化遺産は、ユネスコが世界遺産の無形文化バージョンとして準備し、二〇〇三年のユネスコ総会において批准された「無形文化遺産保護条約」に基づくものである。同条約に関する情報はすでに書籍や、何よりもWEBサイト上で確認できるので説明は割愛するが、日本の文化財保護との関わりの中で考えると、現在非常に重要な局面にさしかかってきているといえる。

二〇一二年九月現在で、日本国内の無形文化遺産の代表リストには二〇の国指定の無形文化財・無形民俗文化財が登録されている。無形文化財保護条約の発効前後、ユネスコは同条約を促進するための手立てとして、二〇〇一年、〇三年、〇五年の三回にわたって、「人類の口承及び無形遺産の傑作の宣言」(傑作宣言)を各国からの推薦により、各年三〇件、計九〇件を登録した。これは二〇〇八年に無形文化遺産の代表一覧表に書き加えられたのであるが、実質の各国推薦は二〇〇九年より始まる。「京都祇園祭の山鉾行事」は、その折に無形文化遺産の代表一覧になったわけだが、これまでの文化庁の推薦方針は、以下の通りである。すなわち、文化財保護法による、無形文化財、無形民俗文化財、そして選定保存技術の三分野が、ユネスコの無形文化遺産に該当するとし、それぞれの分野ごとに、指定(選定)年の古い順から、また地域的な隔たりをも考慮して、ユネスコに申請するというものである。二〇〇九年に登録された分は、前年の二〇〇八年に申請されたが、文化の多様性を認め合うという理念を反映して、日本からの推薦一三件はすべて代表一覧入りした(一件は事前取下げ)。翌二〇一〇年は、日本からは一三件が推薦されたが、登録は二件のみであり、あとは審査されずに次年度送りとなった。二〇一一年は一二件が推薦され、うち二件が登録、六件は事前審査されず、残りの四件には情報照会がかかった。情報照会がかかったのは、「本美濃紙」「秩父祭の屋台行事と神楽」「高山祭の屋台行事」「男鹿のナマハゲ」である。というのも、二〇〇九年に記載された「石州半紙」「京都祇園祭の山鉾行事」「甑島のトシドン」との違いが、明確に伝わらなかったことによる。「事前審査されず」というのはユネスコの事務処理の問題であるにしても、今後は、記載数の絞り込みの方向にあることは必至である。

そうした中、二〇一二年二月、「和食」を推薦することが決定された。「和食」の定義づけは大きな問題ではあるが、ここではそのことは棚上げして、「和食」は文化財保護法の対象とはなっていないことに焦点を絞りたい。

「和食」の登録に向けての動きは、京料理界の要請を受けた京都府が国へ働きかけたことが発端となり、二〇一一年に農林水産省主導で進められた。都合四回の「日本食文化の世界無形遺産登録に向けた検討会」[*10]が開かれ、その成果を受けて、ユネスコへの申請という最終局面に、文化庁の文化審議会文化財分科会無形文化遺産保護条約に関する特別委員会[*11]の承認を得るという形をとったのである。ちなみに、京都府が国へ働きかけていたのは会席料理を中心としたものであったが、農水省での検討会では、その対象は広がり、最終的には、北海道から沖縄までの全国の家庭料理を含んだ「和食」にシフトチェンジされる。

また二〇一一年一〇月二五日には、野田首相を座長とする「食と農林漁業の再生推進本部」が、「我が国の食と農林漁業の再生のための基本方針・行動計画」を決定する。この動きは、東日本大震災後の二〇一〇年一一月より、原発事故などによる、日本の第一次産業立て直しのための基本方針・行動計画であるが、その中の戦略の一項目に「和食」の無形文化遺産登録を目指すために、各省庁が協力することが示されている。[*12]

二〇一二年九月には、文化庁は、すでにユネスコに申請した「和食」を、二〇一三年のわが国の最優先の審査案件と位置づけることを、ユネスコ事務局に報告した。これによって、二〇一三年度の日本からの提案案件の審査は、まず「和食」から行われることになる。

以上のような「和食」登録に向けた国内での動きは、近い将来、日本の無形文化の文化財保護行政に大きな影響を与えることは必至であろう。現在のところ、世界遺産に比べると、無形文化遺産はまだ一般認知度は低い。しかし今後、その認知度を上げていくことに正比例して、その価値を上げていくことが想定される。特に、日本の場合、文化財保護法の下で、格付け保護を行ってきた歴史が長いからこそ、市町村指定─都道府県指定─国指定という文化財のピラミッドの最上階に無形文化遺産が君臨することになるのは明らかである。ユネスコの無形文化遺産以後に、国内で無形の文化を保護しようと動いた国々とは前提が違う。もちろん同条約の理念は、文化の優劣ではなく多様性を認め合おうというものである。しかし、その理念がいかに高尚であろうとも、実際の国からの申請、また登録ということについては、価値づけの問題がついてまわらざるをえなくなる状況を招来することは容易に想像できる。

さらに、今回の「和食」は、世界文化遺産、無益文化遺産の双方を通じて初めての文化財保護法枠外からの推薦である。もし「和食」が無形文化遺産に登録された場合、日本国内での無形の文化財ピラミッド構成と根拠が大きく動揺するのは間違いない。半世紀以上をかけて歩んできた、無形の文化財保護は、今後どういう方向に向かうのか注視していきたい。

付記

本論は、拙稿「民俗文化財の保護と現実」（佛教大学アジア宗教文化情報研究所『民俗芸能の現在――保存と活用をめぐって』（二〇〇七年度公開シンポジウム報告書）、二〇〇八年）を大幅修正し、加筆したものである。

注

＊1　最近では民俗文化財に限らず、世界遺産や文化的景観にかかる議論も民俗学界内ではさかんになっているように思う。たとえば、第五九回日本民俗学会年次研究大会（二〇〇七年、大谷大学）では「景観と民俗学」と題した分科会が開催された。その成果は、『地域資源としての〈景観〉の保全および活用に関する民俗学的研究』（平成一七〜一九年度科学研究費補助金報告書、研究代表者：岩本通弥、二〇〇八（平成二〇）年五月）にまとまっている。また、第六三回の年次研究大会のプレシンポジウム（二〇一一年、滋賀県立琵琶湖博物館）は「文化的景観と原風景」というテーマで開催された。

＊2　日本は無形の文化の保護をもっとも早くに法制化した国である。ただその制定には、ＧＨＱの後押しがあったという指摘もある（柳橋 二〇〇〇、菊池 二〇〇九など）。

＊3　一九五四（昭和二九）年六月二二日、文委企第五〇号、文化財保護委員会事務局長から各都道府県教育委員会教育長あて通達。

＊4　この点についての代表的な論考を年代順に記しておく。植木（一九九四）、才津（一九九六）、岩本（一九九八）、菊池（二〇〇一）、俵木（二〇〇三）、大島（二〇〇六）。また、民俗文化財保護に関する単行本として、植木監修（二〇〇七）、大島（二〇〇七）などがある。

＊5　一九七五（昭和五〇）年九月三〇日、庁保管第一九一号、各都道府県教育委員会あて文化庁次長通達。

＊6　二〇〇四（平成一六）年一二月二七日、一六庁財第三二〇号、各都道府県知事・各都道府県教育委員会・各指定都市市長・各指定都市教育委員会・各中核都市市長・各中核都市教育委員会・文化庁関係各独立行政法人の長あて文化庁次長通知。

＊7　民俗技術に関する議論については、独立行政法人文化財研究所・東京文化財研究所無形文化遺産部（二〇〇七）などが参考となる。

＊8　一九七五年の法改正の四ヵ月後、文部省告示として重要無形民俗文化財の指定基準が示された（一九七五（昭和五〇）年一一月二〇日文部省告示第一五六条）。すなわち、

一　風俗慣習のうち次の各号の一に該当し、特に重要なもの

（一）由来、内容等において我が国民の基盤的な生活文化の特色を示すもので典型的なもの

（二）年中行事、祭礼、法会等の中で行われる行事で芸能の基盤を示すもの

二　民俗芸能のうち次の各号の一に該当し、特に重要なもの

（一）芸能の発生又は成立を示すもの

（二）芸能の変遷の過程を示すもの

（三）地域的特色を示すもの

＊9　一九七五（昭和五〇）年三月四日の第七五回国会衆議院文教委員会「文化財保護に関する小委員会議録第三号」。

＊10　農林水産省のＨＰ参照（http://www.maff.go.jp/j/study/syoku_vision/kentoukai.html）。

＊11　文化庁のＨＰ参照（http://www.bunka.go.jp/bunkashingikai/hogojouyaku/09/index.html）。

＊12　内閣官房国家戦略室のＨＰ参照（http://www.npu.go.jp/policy/policy05/pdf/20111025/siryo1.pdf-）。

参考文献

岩本通弥　一九九八「民俗学と『民俗文化財』とのあいだ――文化財保護法における『民俗』をめぐる問題点」（『國學院雑誌』九九―一一）

植木行宣　一九九四「文化財と民俗研究」（『近畿民俗』一三八）、近畿民俗学会

植木行宣監修、鹿谷勲・長谷川嘉和・樋口明編　二〇〇七『民俗文化財――保護行政の現場から』岩田書院

大島暁雄　一九九六「民俗文化財行政と民具研究」（神奈川大学日本常民文化研究所編『歴史と民俗』神奈川大学日本常民文化研究所論集一三）、平凡社

同　二〇〇六「無形の民俗文化財の保護について――特に、昭和五〇年文化財保護法改正を巡って」（『國學院雑誌』一〇七―一一）

同　二〇〇七『無形民俗文化財の保護――無形文化遺産保護条約にむけて』岩田書院

同　二〇〇八「無形民俗文化財の「変化」を考える――特に文化財指定との関連で」（独立行政法人国立文化財機構東京文化財研究所『無形文化遺産研究報告』二）
菊地　暁　二〇〇一「民俗文化財研究協議会の軌跡」（『柳田國男と民俗学の近代』）、吉川弘文館
菊池理予　二〇〇九「無形文化遺産としての工芸技術――染織分野を中心として」（独立行政法人国立文化財機構東京文化財研究所『無形文化遺産研究報告』三）
才津祐美子　一九九六「『民俗文化財』創出のディスクール」（『待兼山論叢　日本学編』三〇）
俵木　悟　二〇〇三「文化財としての民俗芸能――その経緯と課題」（『藝能史研究』一六〇）
同　二〇〇六「民俗芸能の変化についての一考察」（独立行政法人文化財研究所東京文化財研究所芸能部『民俗芸能の上演目的や上演場所に関する調査報告書』）
独立行政法人文化財研究所・東京文化財研究所無形文化遺産部編　二〇〇七『民俗技術の保護をめぐって（第一回無形民俗文化財研究協議会報告書）』
文化庁文化財保護部監修　一九六九『日本民俗資料事典』第一法規
宮本馨太郎・河岡武春対談　一九七四「学芸員の資格取得と博物館」（『民具マンスリー』七―五・六）
柳橋　眞　二〇〇〇「無形文化財保護の三節――工芸技術編」（文化庁文化財保護部監修『月刊文化財』四四五）、第一法規

コラム【三】民俗芸能と伝播

中嶋奈津子

早池峰神楽と弟子神楽

民俗芸能の伝播について、興味深い事例として岩手県花巻市の大迫町に伝わる早池峰《はやちね》神楽について紹介したい。

早池峰神楽とは、北上高地の主峰早池峰山麓の二つの集落、岳《たけ》と大償《おおつぐない》に伝承される岳神楽と大償神楽の二つの神楽の総称である。それぞれには、文禄四(一五九五)年銘の獅子頭と、長享二(一四八八)年の「神楽秘伝書」が伝来されていることから、神楽成立より五〇〇年以上の年月が経過して伝承されていることがわかっている。

江戸期には、岳神楽と大償神楽が廻村巡業をして地域と関わりを持ったことで、その流れを汲む神楽が県内各地に伝えられた。伝播の範囲は早池峰山麓の地域をはじめ広範囲におよび、その数は一〇〇団体を超えるといわれ、現在も存在している。師弟関係による伝播が、各地に伝えられていることから、一般的には早池峰神楽の流れを汲む神楽は「弟子神楽」と捉えられてきた。古いものでは、宝暦時代(一八世紀)の師弟関係を明記した伝授書「奥付書」が保存されている。相互の師弟関係を明確にしているのがこの神楽群の大きな特徴である。

非常に興味深い点は、多くの民俗芸能が後継者問題や諸事情で中断し消滅している今日、早池峰神楽は数百年もの間、ある一定の地域に居住する決まった家の人々の手によって継続されており、しかも多くの弟子神楽が存在することである。多くの民俗芸能では、たとえ近隣に酷似する芸能があったとしても、師弟関係を伝えず個別であることを強く意識している。とりわけ神楽において は門外不出が強調されて、外へは伝承されにくいといわれる。とすれば、なぜ早池峰神楽は近世期以来、広く伝播し維持されてきたのか、しかも師弟関係を強調して伝授されているのか、大きな疑問である。

そこで、早池峰神楽のうち、岳神楽とその流れを汲む神楽の師弟関係に着目し、岳神楽の継承と伝播がどのようになされてきたのかについて、時代背景をふまえながら述べたい。

神楽はなぜ伝播されたのか

岳神楽は、大迫町の岳集落にある早池峰神社（旧嶽妙泉寺）の奉納神楽である。岳集落は、近世初期には早池峰権現を祀る新山宮と嶽妙泉寺を中心に、門前六坊と呼ばれる修験山伏と四軒の禰宜、一軒の神子から構成されていた。六坊の人々は寺の執務を執り行うほか、「権現様」と呼ばれる神の化身である獅子頭を奉じて神楽を舞い、加持祈祷を行っていたことが『嶽妙泉寺文書』から読み取ることができる。これ以降も、神楽はこの六坊によって担われるが、彼らの身分は時代の流れとともに変化する。享保年間（一七一六〜三六年）には、吉田神道に入門して社家となった六坊によって、また近代になると帰農した六坊の子孫により神楽は継承された。驚くことに、現在も彼らの子孫が中心となり神楽を守っているのである。

弟子神楽は六坊の人々の廻村巡業がきっかけで形成されてゆくが、その地域をはるかに越えた場所にもその流れを汲む神楽が存在する。このことから、岳神楽の伝播は廻村巡業以外にも理由があることになり、改めてなぜ神楽は広範囲に伝播したのか解明することが課題となる。

そこで岳神楽を担う六坊の人々の社会的身分の変遷と、弟子神楽の成立年代・所在地・神楽の伝承形態、つまり「いつ」「どこで」「どの師匠から」「誰に」「どのようにして」神楽を伝授したのかを視点として検討し、弟子神楽の形成を以下のように六期に分類した。

第一期（一五九五（文禄四）年〜一六八八（元禄元）年）
修験山伏が早池峰山に出向き、加持祈祷の一環として神楽を学ぶ時期。

第二期（一六八九（元禄二）年〜一八〇五（文化二）年）
六坊が、近隣地域の同じく社家身分の者に神楽を伝える時期。

第三期（一八〇六（文化三）年〜一八三四（天保五）年）
六坊が廻村巡業で地域住民に、さかんに神楽を伝える時期。

第四期（一八三五（天保六）年〜一八六七（慶応三）年）

写真1　早池峰岳神楽の「天降りの舞」
（佐々木秀勝氏撮影）

六坊からの直接的伝授ではなく、弟子から孫弟子へと神楽が伝わる時期。

第五期（一八六八（明治元）年～一九三六（昭和一一）年）弟子からさらなる近隣集落の住民へと神楽が伝わる時期

第六期（一九三七（昭和一二）年～一九七六（昭和五一）年）限定された一地域に神楽が伝わる時期。

この分類をもとに岳神楽の成立過程について検討する。六坊が外の地域へ神楽を伝えるようになったのは、社家の身分となった第二期以降であることから、岳神楽も初期には他の民俗芸能同様に門外不出であったことが推察される。とすれば、神楽を他地域に伝えるのは特別な事情が発生した場合に限られるといえよう。注目すべきは第三期である。この時期六坊は盛岡藩の神道化政策により嶽妙泉寺から切り離されてしまい、里へ降りる。彼らはやむをえず廻村巡業によって社家ではない地域住民に神楽を伝え、神楽は生活を守る経済活動ともなった。当時の岳神楽と弟子との師弟関係を明確にする資料としては、石鳥谷町の種森神楽が保存する文政一二（一八二九）年銘の獅子頭がある。その内部には、六坊の小《お》国《ぐに》家と藤原家の記銘がある。まだ六坊が嶽妙泉寺に復職できずに、廻村巡業をさかんに行っていた時期である。

なお、廻村巡業は一時のことであって、六坊が嶽妙泉寺に復職した後の第四期以降は、岳神楽が新たに弟子を持つことはなくなり、弟子から近隣地域に神楽が伝播したことが調査により明らかとなっている。

神楽が社家ではなく地域住民に伝えられていることは、信仰面より芸能面が主体となったことをも意味する。こうして舞う人も見る人もともに「楽しむ」、娯楽性の強い民俗芸能へとその性格を変化させてきたと推測される。岳神楽は、本来は早池峰山信仰のもとに山伏により加持祈祷や豊穣を祈る舞として行われてきた。しかしながら社会状況の変化に伴って神楽を担う人々の身分が変遷し、神楽の目的も変化した。信仰をベースとしながらも、次第に神楽の担い手の生活手段として、あるいは民衆の娯楽芸能としてなど、複数の目的を併せ持つようになったのである。

民俗芸能を維持するには

この師弟関係こそが結果的には、早池峰岳系神楽を現代まで継続させた要因なのである。つまりそれぞれの師弟関係により人手不足を補い合い、不足の舞を教え合うことで、戦中戦後や高度経済成長期における神楽存続の危機を乗り越えて神楽を維持してきたというのが事実である。

この岳神楽の事例をふまえて、改めて民俗芸能の維持について考えてみたい。現代社会における民俗芸能の維持にあたり筆者が特に重要と考えるのは、「同系統の民俗芸能同士の結びつき」と「それを支える地域力」、そして「民俗芸能を取り巻く外力」の三点である。「芸能同士の結びつき」については、岳神楽でいえば師弟関係、さらに現代においては保存会同士の交流があげられる。「民俗芸能を支える地域力」については、過去には氏子組織、現代においては後援会などがあげられる。そして「民俗芸能を取り巻く外力」については、過去においては権力者による保護、現代においては行政による支援である。この「民俗芸能を取り巻く外力」については、これまでの研究ではあまり取り上げられていなかったが、これが民俗芸能の伝承に影響を与えていることは明確である。

昭和三〇年代頃までは、棟上祭や厄払い・結婚式など、信仰を伴って神楽を舞う機会が日常生活の中に多くあった。しかしながら現在は、そういった信仰や行事に対する人々の意識も希薄となり、神楽を舞う場は減る一方である。後継者の獲得と上演する場の確保は民俗芸能の大きな課題のひとつとなった。もし岳神楽組織のように芸能の担い手同士が強い結びつきを持ち、地域でそれを支え、さらに行政の支援により上演する場所が多く提供することができれば、これは神楽のみならず民俗芸能の維持において大きな後押しとなるであろう。

参考文献

岩手県教育委員会編　一九八八『岩手県の民俗芸能――岩手県民俗芸能緊急調査報告書』
大石泰夫　二〇〇七『芸能の〈伝承現場〉論』ひつじ書房
大迫町史編纂委員会　一九八三『大迫町史〈教育文化編〉』
同　一九八六『大迫町史〈行政編〉』
大森惠子　二〇一一『踊り念仏の風流化と勧進聖』岩田書院
小形信夫　一九九三「早池峰神楽の神道化について」（『民俗芸能研究』一八）
神田より子　一九八四「早池峰の山伏神楽」（宮家準編『山の祭りと芸能』下）、平河出版
久保田裕道　一九九九『神楽の芸能民俗的研究』おうふう
菅原盛一郎　一九六九『日本之芸能早池峰流山伏神楽』東和町教育委員会
中嶋奈津子　二〇〇八「早池峰神楽の継承と伝播――東和町における弟子神楽の変遷」（『民俗芸能研究』四五）
本田安次　一九四三『山伏神楽・番楽』斉藤報恩会
森尻純夫　一九九〇「弟子座の形成――地域の宗教感性と芸能への身体動機」（『民俗芸能研究』一一）

第四章 死と葬法——土葬と火葬

林 英一

はじめに

人の死に際して行われる儀礼が葬送儀礼である。本章では伝統的社会での葬送儀礼と現代の葬送儀礼の変化に焦点をあて、葬法の変化や、その背後にある観念の変化、または死後の世界観などについて検討する。

一 これまでの研究

葬送儀礼に関する研究は多い。伝統的社会の葬送儀礼をもっともよくまとめているのが、井之口章次の『日本の葬式』である。臨終から葬送儀礼の形式、墓や死後祭祀を包括的に報告するだけではなく、それぞれの意味にまで言及している（井之口 一九七七）。

新谷尚紀は、『生と死の民俗史』で産育習俗と葬送習俗のどちらにも見られる「石の儀礼」に着目し、葬送習俗と石の関係を論じるだけではなく、考古学の成果や文献を利用し、縄文時代以降の墓の歴史をまとめている（新谷 一九八六）。また新谷は『日本人の葬儀』で、古代から中世にかけての葬儀の歴史や、伝統的社会の中で行われてきた葬儀の意味や現在までの変化、他界観・先祖観にまで論及している（新谷 一九九二）。

二〇〇九（平成二一）年には、第八四五回日本民俗学会談話会で「墓制・墓標研究の再構築」と題されたシンポジウムが行われ、『墓制・墓標研究の再構築』としてまとめられた。これは民俗学・歴史学・考古学の研究者が集まって、それぞれの立場から墓制・墓標研究を見直し、成果を共有しようとする動きとして捉えられるものである（西海他 二〇一〇）。

先祖祭祀については、柳田國男が『先祖の話』で、日本における先祖祭祀やそれに伴う先祖観について論考し（柳田 一九七五）、宗教民俗学の立場からは、五来重が『先祖供養と墓』で葬送儀礼や墓制から日本の先祖供養のあり方を論考した（五来 一九九〇）。宗教学の立場からは、山折哲雄が「霊魂の浄化」で、日本人にとって先祖とは何か、霊魂とは何かという問いから現代の先祖観に迫っている（山折 一九八六）。また日本の伝統社会の葬儀の中に改葬習俗があるが、八木透は「改葬習俗と祖霊祭祀」で、改葬から見える祖霊観について論及している（八木 一九九三）。

ところで、柳田國男は「葬制の沿革について」で、「凶事には計畫がなく、家の者は通例其指揮に任じ得ないから、勢ひ何人も責任を負うて、古い慣習を改めようとはしなかった」と述べているが（柳田 一九六三：五〇〇）、実際には明治以降、大きく変化してきている。本章の課題も変化に焦点を当てることになるが、しかし葬儀の変化に関する研究は少ない。村上興匡は「大正期東京における葬送儀礼の変化と近代化」において、大正期の東京に限定したものであるが、近代化との関連で葬儀の変化について捉えた（村上 一九九〇）。森謙二は『墓と葬送の現在』で近世から現在までの葬儀の変化を分析し、その法的問題にまで論及している（森 二〇〇〇）。山田慎也は「葬制の変化と地域社会」で、和歌山県古座町の葬送儀礼の変化の様子を詳細に捉え（山田 一九九五）、『現代日本の死と葬儀』で葬儀の変化の様相とその過程の意味について考察した上で、葬祭業者の葬儀への介入が死生観に変化を及ぼすことによる、「死」の意味の変化について論じている（山田 二〇〇七）。また国立歴史民俗博物館は、「歴博フォーラム」で「民俗の変容——葬儀と墓の行方」と題した報告と討論を行い、『葬儀と墓の現在』としてまとめた（国立歴史民俗博物館 二〇〇二）。藤井正雄は『現代人の死生観と葬儀』で、「死」の概念の変化と、それに伴って生じた現代的な葬儀について論考した（藤井 二〇一〇）。なお筆者は「葬送儀礼の変容とその様式」で、葬送儀礼の変化がどのような形で見られるかを論じ（林 一九九三）、『近代火葬の民俗学』では土葬地区が火葬へ変化していく過程と、それに伴う死生観の変化を捉え（林 二〇一〇）、「無宗教家族葬の実態と歴史的位置付け」において、実際に行われた無宗教家族葬から、現在増加しているこのような葬儀が歴史的な葬儀の変遷中にどのように位置づけられるか考察している（林 二〇一一）。

二　伝統的社会の「死」と葬送儀礼

葬送儀礼はひとつの儀礼ではなく、儀礼の集合により成立するが、その群が葬送のための意味を形成する。ただし、地域により儀礼の形が異なるだけではなく、同じ形をとっていても別の意味が付与されている場合もあり、ひとつの儀礼群を総括的に描くことは不可能である。枚数の都合もあるので、ここでは、さまざまな儀礼を概括的に述べることにする。

臨終に際する儀礼

福井県小浜市下根来《しもねごり》では、昭和の初めまでは奈良県吉野への行者参りが行われ、どの集落にも先達の資格を持つ人がいた。この先達は祈祷師的な役割も担い、病人が出ると「オカワ」を頼まれた。「オカワ」とは先達が夜に川に入って行をするものであり、この時に数珠についた露を病人に飲ますと病は治り、露がつかないと寿命がないとされていた（林 一九九七：二三八）。また東京都青梅市小曾木小布市《おそきこぶいち》に伝わる、一八五九（安政六）年から一八九七（明治三〇）年まで書かれた『市川家日記』には、筆者である市川庄右衛門が関わった葬儀の記録が散見する。その中に「祈祷」や「せんこり」を行ったとの記述が見られる（市川 一九七一）。

「魂呼び」を行う地域もある。屋根に登り、死に際している人の名前を呼ぶものである（井之口 一九七七）。淺井正男は、一九三三（昭和八）年に刊行された『旅と傳説 第六十七號』の中で、「京都府舞鶴地方」として、屋根の棟に跨り病人の名前を呼ぶと生き返ることがあるとの報告をしている（淺井 一九七八：一一三）。「魂呼び」は、肉体から魂が抜け出ないようにしようとする、あるいは抜け出た魂を呼び戻そうとする儀礼である。医療が発達するまでは、呪術的なものに頼るしかなかった。

「死」の確認後の儀礼

呪術の甲斐なく「死」が確認されると、死水を唇にさす地域が広く見られる。ほかにやることとしては、神棚を封印し、屏風を逆さにして、死者を北枕に寝かしていた。屏風を逆さにすることは、日常と異なる状態であることを示している。また、神棚の封印は現在では半紙を張り付ける形になっているが、埼玉県児玉郡神川町渡瀬《わたらせ》では、かつては二本の笹を神棚の前で交叉させていたという。常光徹は、「×印」を作る習俗を体系的に考察し、「一義的な解釈はできないが、基本的には外部から侵入する（近づいてくる）ものを遮断するという目的で用いられている場合が多い」と指摘する（常光 二〇〇〇：五〇）。「死」は「ケガレ」を引き起こす。神はもっともケガレを嫌うのである。そのための対処である。

遺体に対する観念

伝統的社会においての葬法は土葬が中心である。土葬における葬送儀礼の流れは、一般的に「死→通夜→葬儀→野辺の送り→埋葬」となる。しかし『市川家日記』から葬儀についての記述を抜き出してみると、朝死亡した場合、夜には埋葬されたとの記述が多く見られ、その日に埋葬していたことがわかる。『市川家日記』には通夜の語句は出てこない（林 二〇一〇）。このことは、死者を素早くこの世から移すべきものとの認識があったことを表すと考える。「府県史料」に埼玉県では一八七三（明治六）年に「埋葬ノコトニ弊習あり因テ之ヲ論達ス」が出された史料がある。これは旧習として、ひとつの穴の中に、数十戸の親子兄弟を、犬猫を捨てるように投げ入れることが行われているが、人倫のなすべき道ではないとする論達である（竹内・谷川 一九七九：一二四）。遺体は遺棄されていたのである。さらに宮本常一は、現在の河内長野市滝畑では、葬儀のことを「捨てる」と呼んでいたと報告しており（宮本 一九九三：二一八）、遺体は遺棄されるべきものであるとの観念が見られる。

葬送儀礼の形式

「死」の確認と同時に、隣組（葬式の互助組織）へ連絡する。隣組は地縁的互助組織であり、講中・同行・組合・隣保など地域により名称はさまざまである。葬送儀礼は隣組が中心となって行われる。葬家では隣組の女性が台所に入りこんで、枕団子作りや本膳作りを行う。そのため、静岡県浜北市中瀬では、普段から台所はきれいにしておかないと恥ずかしいという（林 一九九〇）。男たちは祭壇を組み、棺やその他の準備を行う。そのため「親戚は口出すな」とする地域は多い。

ところで、一八八四（明治一七）年一〇月四日に太政官布達第二五号「墓地及び埋葬取締規則」によって、「埋火葬は死後二四時間経過しなければ行いえないものとし市町村長の許可をうけること」との法令が出された（生活衛生法規研究会 一九九九：二〇〇）これにより、当日の埋葬が禁じられることになる。『市川家日記』に記された「死」と埋葬の時間的関係を調べてみると、この法令が出された日の後では、当日埋葬の例が少なくなっている。それでもまだ当日埋葬の記述が見られ、法令よりも慣習が優先的であったといえる。

しかし法令の遵守が広がるにつれ、二四時間は「遺体」として現世に残しておくようになる。その結果、「通夜」

が生じたと考えられる。一九九五（平成七）年の香川県坂出市府中町西福寺における葬儀では、同行の人たちによると、通夜の席に僧はいらないし、親戚も出る必要はないとの話であった。寺の方も通夜に行く必要はないと言った。通夜は同行の人たちだけで行われた。しかしその七年後の葬儀では、同じ同行の人たちが、きちんと通夜をやらなければおかしいと述べていた。七年間で意識が変化したことがわかるだけではなく、「通夜」の成立が比較的新しいものであるということをも示唆する（林 二〇一一）。

翌日、葬儀の前に湯灌・納棺が行われる。棺は座棺が多い。それまで寝かされていた遺体は硬直し、座棺に納めるために、全身に縄を巻きつけ、皆で力まかせに引っ張って体を折り曲げたという。神川町渡瀬では、この時に使う縄を荒縄と呼ぶが、坂出市府中町では、納棺の時に遺族が体に魔除けとして巻きつけるものを指し、納棺が終わると荒縄も棺に納める。納棺の際には、枕飯とともに六文銭も入れる。六文銭は三途の川の渡し賃といわれる。近年では六文銭が印刷された紙を入れるようになっている。

僧による読経が行われ、遺族・親戚・会葬者から順次焼香する。葬儀は本来僧のためのものであり、庶民向けの葬儀はなかったようである。そのために、僧が遺体の髪の一部を剃ったり、棺に剃刀を入れたりすることが行われる地域が見られる。これは、遺体を「僧」として扱うことの象徴であると考えられる。戒名も出家した名前を示している。

葬儀が行われると、野辺の送りとなる。出棺は必ず縁側から出される。家を出る時に仮門を作り、棺が出たら門を壊したという地域もある。これは死後の霊が家に戻ってこられないようにするためと説明されている。岐阜県加茂郡白川町切井《きりい》では、葬列する者は三角の頭巾をつける。三角の頭巾を遺体につける地域もある。

あらかじめ隣組の人が掘った穴に棺をおさめる。この時に僧の読経が行われる地域も見られる。穴掘りは大変な役であるために、不平等にならないように、役を務めた人の星取表が作られた地域も見られる。棺には遺族が一鍬ずつ土をかけ、後は穴掘り役が全部を埋める。土饅頭と呼ばれる墳墓を作り、その上に墓標を立てるが、まわりを杖で円錐状に囲ったり、屋形を置いたりする地域も見られ、墓の形は地域的差異が大きい。埋葬がすむと、遺族が団子をひっぱりあって食べる地域もある。死者との別れを意味するという。

静岡県天竜市や浜北市では、埋葬した日の晩に、提灯の明かりだけで親族が墓に行く「さびし参り」という習慣があった。墓前で故人を偲んで親族だけで酒盛りをする。「故人が寂しがるから」とのことである（林 一九九〇）。

棺は木製であるために、腐食すると土の重みで墓が崩れる。そのため、三日後、一週間後などに墓直しといって、棺の蓋を割り、その中に土を入れて墓を作り直す地域もある。

伝統的社会の火葬

近世以降は土葬地域が多いが、浄土真宗地域を中心に火葬が行われていた。「火屋」と呼ばれる簡単な装置がある地域もあるが、ほとんどが野焼きである。そのために火力は弱く、夕方に火をつけて、骨を拾うのは翌朝であった。骨を拾うことを灰よせと呼ぶ地域もある。江戸時代の火葬の様子は小林一茶が「父の終焉日記」で記している。滋賀県坂田郡米原町米原（現米原市米原）では、集落の近くに火葬する場所があるが、集落より少し高くなったところにあるために、葬列があると気分が暗くなったという。臭気が集落全体に籠るためである。米原では少しでも早く焼けるように、棺のまわりに水でぬらした筵を巻いて蒸し焼きにした。地域によっては、火葬を専業とする人たちがいたが、集落で順番に係りをまわす場合には、途中で遺体が起き上がってくるため、恐ろしくて、酒を飲みながらでないとできないという話もあった。米原では真夜中に、故人の息子がひとりで焼き具合を見に行くことになっていた（林 二〇一〇）。

両墓制・無墓制

両墓制と呼ばれる墓制がかつては全国的に見られた。埋める場所（ウメバカ・ウズメバカなど）と祭る場所（マイリバカなど）が異なる埋葬法である。ウメバカは忘れられ、別の場所に作られたマイリバカが「先祖」のモニュメントとなる。現在でも香川県仲多度郡多度津町の高見島・佐柳島で見ることができる。

また、真宗地域では墓を作らない無墓制をとるところもある（蒲池 二〇〇一：二一九）。米原もかつてはそうだったという。拾った骨を骨壷に入れて、寺院に納める。一九一二（大正元）年生まれの人の話によれば、寺院が供養してくれるから、墓はいらないということであったが、現在ではもとの火葬地に各家の墓が建てられている。

三 伝統的社会の霊魂観と来世観

死後に認識される霊魂

「死」は肉体からの魂の離脱として捉えられていた。霊肉二元論的認識である。出棺時に故人の茶碗を割る、仮門を作る、野辺の送りで履いていた草履は脱ぎ捨てるなどは、死者の霊は恐ろしいものゆえ、死者の霊が戻ってこないようにするための対処として説明されているが、それだけではなく、故人の戻る場所はないことをも示す意図が読み取れる。一方で、死後四九日間は霊が家の棟にいるとする地域は全国的に見られ、ひとつの「霊」に対する認識の矛盾が認められる。霊肉二元論的観念は、平安時代初期に書かれた『日本霊異記』にも見られ、古くからある観念である。しかし『日本霊異記』は仏教的説話集であり、『日本霊異記』にみられる霊内二元論はあくまでも仏教側の考えに立つものである。江戸時代に檀家制度が整備され、葬式は寺院が行うようになると、一般の人たちの葬送儀礼と仏教とは密接な関わりを持つことになる。しかし家によっては、宗派が異なる寺院に檀那寺を変えた事例もある。寺院との関わりは強いが、それは必ずしも仏教的信仰との関わりが強いことを意味していないといえる。霊魂観も同様である。

古代において、霊が意識されるのは、凶事が起きた時であり、それは死者の怨念が引き起こしたものとして理解されていた。霊を鎮めるために、平安時代には御霊会が営まれた。もともと霊肉二元論的要素があるところに、江戸時代以降、寺院を介して仏教的霊肉二元論の観念が入り込んだために、霊の観念は複雑化したものと考えられる。

先祖観

岐阜県賀茂郡白川町切井《きりい》では、人が死んで一〇〇年たつと氏神になるといわれ、各家で、「氏神」と刻まれた石を祀っている。しかし村内転居した場合に、この氏神は持っていかず、次にその家に入ってきた人が祀ることになっているという。死後の霊が先祖＝氏神へと昇華するとの伝承はあるにしても、ここにも矛盾が見られる。井之口は先祖が神になるといっても、それは必ずしも具体的な神が認識されるものではなく、「最終年忌以後は、仏教的な供養の必要がなくなるということを言いあらわしているにすぎない」と指摘する（井之口 一九七七：一六一）。神の具体性は明らかではないのである。このことは、先祖が具体的に認識されるものではなく、神という曖昧な概念の中で意識されているにすぎないことを示している。先祖は、この世に対する「あの世の存在」との意識があるだけで、「先祖」というイメージは曖昧なものとなっている。

さらに「あの世」がどこにあるのかも不明確である。「あの世」は常世・黄泉と呼ばれている。しかし、日本では古くから山中他界観と海中他界観が混在するだけではなく、その具体的イメージに乏しい。その上に仏教の影響によって、曖昧さの上に複雑化していった。来世観が不明確な中での遺体のこの世からあの世への即時移行は、霊も含めて死者のこの世からの追放を意図するものと考えられる。ただし、沖縄では「ニライカナイ」と呼ばれる「あの世」が明確に想定されている。

四　火葬の受容

火葬の受容

明治以降、土葬地区でも火葬が受容されるようになっていった。土葬地区での火葬受容がもっとも進んだのは高度経済成長期であり、受容動機は「条例による土葬禁止」「墓地が狭くなったこと」「衛生観念の発達」「古臭いという観念」「火葬場ができた」などである。この中で、「条例による土葬禁止」は政策によるものといえるが、日本には葬法を決めた法律はなく、地方自治体が条例によって土葬を禁止する区域を設定するという形をとる。上であげた理由から、火葬の受容が必ずしも政策によるものだけではないことがわかる。「墓地が狭くなったこと」との動機は、土葬では一人ひとつの墓となるが、限られた墓地面積では限度があり、新しい遺体を埋める場所が足りなくなったというものである。香川県仲多度郡多度津町見立《みたち》では、墓地が狭くなり、一九七四（昭和四九）年からやむをえず火葬を行うようになったということである。多度津町営の火葬場ができたのは、一九六四（昭和三九）年であり、見立での火葬の受容は、政策的問題とは無関係であることは明白である。神奈川県高座郡綾瀬町（現綾瀬市）では、大正時代に町が火葬場を作り、火葬の普及を呼びかけたことがある。しかし火葬は普及せず、関東大震災で火葬場が壊れてしまってからは、そのままにされ、綾瀬市で火葬が行われるようになるのは昭和四〇年以降である。それでも火葬場が建設されたことによって、火葬が行われるようになったとする地域も散見する。政策による外的圧力により火葬を受容した地域は都市部に多く、伝統的社会を維持している地域では、内発的理由が多い。

戦後には、民衆の近代化意識とともに、「衛生観念」や「古臭い」という観念が強まってくる。特に都市郊外では住宅地が周辺へと広がりを見せる中、かつての農村部の共同墓地の近所に住宅地が建設されるようになると、新しい住民が近所の墓地で土葬が行われているのを嫌って、火葬へと転換していった事例が『長岡京市史』で報告されている（長岡京市史編さん委員会　一九九二：二五三）。

火葬受容の葛藤

火葬受容には強い抵抗があった。「火葬による煤煙」と「焼かれることへの嫌悪」「葬法による階層特化」が理由としてあげられる。火葬による「煤煙」は臭気を伴う。この臭気に近隣住民は悩まされた。東京で火葬場移設問題が生じた時、移設先とされた地区では、臭気の問題だけでなく、健康被害や土地の下落が起こるという理由から反対運動を起こしている。また高度経済成長期には、火葬による煤煙が公害であるとされてもいる。一九七二（昭和四七）年には、大阪で、住民が火葬場建設に反対し提訴したことを受け、裁判所が建設中止の仮処分を出している。火葬場建設は「住民の生活権・環境権を侵す不法行為」と裁判所が認定したのである。

また、焼かれる人を見て「熱くてかわいそう」との送る側からの意識も強く、なかなか火葬が浸透しなかったのには心意的問題も大きかった。

土葬地区でも、伝染病死者は火葬されることが多かった。そのため、受容当初は、火葬＝伝染病死とまわりから見られてしまうことへの不安があった。また土葬か火葬かが、ひとつの共同体の中での地位によって異なっている地域もあり、この場合、火葬を選択することは、共同体の共通認識を得にくいということもあった。

葛藤の理由を見る限り、政治的な禁止は別にして、この世の側の都合や感覚によって葬法が選択されているということができる。これは、土葬と火葬という葬法にのみ着目した場合、いずれの葬法であっても、死生観の問題ではなく、葬法の相違と死生観との連関性の低さを示しているといえる。さらにこのことは、来世観が不明瞭であることを背景とすると考えられる。

火葬受容の形式

土葬地区で火葬を受容する場合、二つの方向性が見られる。ひとつは葬儀の後に火葬する場合、ひとつは葬儀の前

写真４－１　1992年、岐阜県賀茂郡白川町切井での野辺の送り。輿の上には遺骨が載せられている

に火葬する場合である。後者の場合には、葬儀は遺骨に対して行うことになる。特に着目すべきは後者の場合である。「火葬―葬儀―埋骨」とひとつの時間の流れの中で行われる。土葬は埋葬による葬送を目的とする。香川県仲多度郡多度津町奥白方では、葬儀はいたって簡単なものであったという。埋葬が葬儀の中心なのである。火葬を葬儀の前に行うと、時間的に連続性をもって埋骨することができる。埋骨と埋葬を同じものとして捉えるならば、この形式は、火葬を従来の土葬の形式の中に取り込んだ形になっているといえる。「土葬」の意識が残されたまま火葬が行われるようになったということである。そのため火葬を受容したが、野辺の送りを行っている地方では、葬儀は遺骨で行われる。これは骨葬と呼ばれる。そして輿には遺骨を載せる（写真４－１）。このような葬儀の形式は全国的に散見される（林 二〇一〇）。

一方、火葬を葬儀後に行う地域では、埋骨は四九日や一周忌に行うことが多い。時間的には葬儀とはつながっていないが、埋骨によって一連の儀礼を終わらせたとの安堵感が得られるようである。現在でも両者は混在し、火葬における葬送観念は遺体処理としての「火葬」と葬儀先後関係が埋葬にどれだけ重点をおいているかによる違いであると考える。葬法としての火葬ではなく、遺体処理の手段としての火葬であり、あくまでも土葬観念が根底にあるといえるのである。

五　葬儀の現代的変化

葬儀の変化

伝統的社会の葬送儀礼の中で、実際の「別れ」の意識がどこまであったか疑問である。抽象的な行為としての「食い別れ」の儀礼はあるが、あくまでも現世からの追放を意図するならば、これは現世との断ち切りと捉えられるためである。

ところで村上興匡は「大正期東京における葬送儀礼の変化と近代化」の中で、「大正一五年の七月から九月の東京朝日新聞の葬儀広告四六例中三九例（八四・七％）が告別式という言葉を用いており、葬列の廃止とともに告別式という葬儀が、葬列に代って一般的なものとなってきている」と指摘する（村上 一九九〇：四五）。「告別」は明らかに「別れ」を意識した語句であり、それまでの葬送儀礼が「別れ」の儀式へと変化したといえる。ただし村上の調査はあくまでも都市部東京のことであり、これが大正時代末の全国的傾向とはいえない。地域差が大きいためである。それでも「別れ」を意識するようになったことは、大きな変化である。現在では葬儀は隣組ではなく、葬儀社が間に入るようになっているが、一般の葬儀でも葬儀社により、「最後の別れ」として棺に花を入れるようになり、現実的な「別れ」が強く意識される。この傾向は東京都生活文化局の調査にも表れている。二〇〇一年度には「お葬式とは故人とのお別れをする慣習的なものである」が六五・六％、「お葬式とは故人の冥福を祈る宗教的なものである」が二四・六％（東京都生活文化局 二〇〇二：六四）であり、一九九四年度調査では、前者が六〇・〇％、後者が三二・四％（東京都生活文化局 一九九六：二八）となっている。「別れ」の意識が、一九九四年度にすでに過半数を超え、さらに増加傾向にあることがわかる。このような傾向がもっともよく表れた形が、有名人が亡くなった場合に密葬後に開かれる「お別れの会」といえよう。

近年のもうひとつの特徴は、「家族葬」が多くなってきていることである。大勢の参列者を受け入れる煩わしさや、社会の中での人の紐帯がゆるくなってきたことが理由として考えられる。

さらに「無宗教葬」も増加している。江戸時代に寺院との結びつきを強制されてきたが、先にも述べたように、宗派替えの例があるなど、寺院との結びつきは見られても、心の問題となる仏教との結びつきはどれほど強かったのだろうかとの疑問を感じさせる。先の東京都生活文化局のアンケートにも表れているが、葬儀を「慣習」として捉えている人が多い。しかし東京都生活文化局による別のアンケートでは、東京都の葬儀は、仏式が八五％を占め、無宗教は四％（東京都生活文化局 二〇〇二：六三）と、統計上はまだそれほど多くはない。一方で、第一生命経済研究所ライフデザイン研究本部が二〇〇七年にHP上で公開した「日常生活における宗教的行動と意識」と題したアンケート結果によると、「決まった日に神社仏閣などおまいりに、あるいは教会に礼拝に行く」「ふだんから礼拝、おつとめ、布教など宗教的な行いをしている」は、年齢が上がると多少は高くなるが、一五％前後しかいない。葬儀の実態と日常の信仰心との乖離をうかがわせるものとなっている。「慣習」として近世からの葬儀が行われてきているといえる。

仏教葬儀の民俗化

筆者が二〇一〇年に参列した葬儀は「無宗教葬」で行われた。宗教者を呼ぶことはないが、位牌が用意され、会葬者は焼香を行った。位牌も焼香も仏教に基づくものである。従来は仏式の葬儀が中心であったために、葬儀に参列したとの意識は焼香によって得られたといえる。そのため、焼香をしないと、葬儀に参列したとの気分になれない。このことは仏教様式が宗教としてではなく、民俗的レベルで認識されるようになったことを示している。つまり仏教葬儀の民俗化である。それが「慣習」につながるといえよう。

さらに、伝統的社会での葬送儀礼がこの世の人のために行われ、この世から死者を追放するというものと捉えられたが、近年では、「エンディングノート」が書かれるようになり、自分らしい葬儀の演出を自ら行うようになってきているだけではなく、生前葬まで行われるようになった。「死」が社会の問題から「個人」の問題へと変化していると考えることができる。いずれにしても葬儀が「この世」を中心とするものとの認識についての変化は見られない。

現代における先祖観

第一生命経済研究所ライフデザイン研究本部は、二〇一〇年に「お墓のゆくえ――継承問題と新しいお墓のあり方」というアンケート結果をＨＰで公開している。この結果によると、「『先祖』とは誰か」との質問に対し、「自分の親や祖父母などの近親者」が七三・二％、「自分の家系の初代または初代以降すべて」が二六・一％となっている。伝統的社会においては、すでに述べたように先祖は神に収斂する。つまり最終的に個性が失われるということであり、漠然とした先祖観となっていた。しかし現代では個性をもって「先祖」がイメージされていることがわかる。また「誰と墓に入りたいか」という質問に対し、「先祖代々のお墓」が三九％、「夫婦だけで入るお墓」が一〇・六％、「今の家族で一緒に入るお墓」が二五・〇％、「一人だけで入るお墓」が一・二％、「墓はいらない」が二〇・五％となっている。土葬では、墓は一人のものであった。しかし「一人だけで入るお墓」を求める人はわずかしかなく、先祖観と同じように、自分の近親者で入りたいとするものが三五・六％もある。「先祖代々」でない墓は、「近親者」だけで完結するものであり、子孫に祀ってもらおうとの意識はないと考えられる、それが、「墓はいらない」とする者が全体の四分の一を占める結果にも表れているといえよう。このことは「先祖」というものが、自分と乖離され認識されていることを示すことになる。自分が「先祖」になることは想定されていないのである。従来の先祖観の曖昧さの上に「家」意識が薄れ、「自分」を取り巻く直接的な関係の中で社会が意識されるようになっていることを背景とするのではないか。

おわりに

伝統的社会の葬送儀礼から現代の葬儀の様相を中心にまとめてきた。伝統的社会では野辺の送りにどれだけ多くの人が出るかがステータスであり、また夜の念仏の時にはできるだけ大きな声を出す方がよいとする地域も認められる。その意味においては、伝統的社会の葬送儀礼は葬家のステータスの問題でもあり、社会全体のものとして意識されていた。それが近代化の流れの中で、多くの参列者を集めることで家のステータスを守ろうとの動きもあった。しかし現在では、葬儀の規模は縮小し、個人的行事となり、さらに故人のため、自分のためのものへと変化していった。死者の数は歴史とともに累積されるだけである。そのため墓地不足がすでに深刻な問題となっている。先祖観が薄れただけではなく、墓地が高価になり、納骨堂に一括して納める方式がとられるようにもなっている。中には、納骨堂へお参りに行くと、コンピュータ制御で骨壺が出てくるようになっているところもある。今後、葬儀や墓はどのようになっていくのだろうか。しかし、それは自分自身の問題として考える必要がある。

参考文献

浅井正男　一九七八「京都府舞鶴地方」(『旅と伝説』六七)、岩崎美術社
市川庄右衛門　一九七一『市川家日記』(『日本庶民生活資料集成一二　世相二』)、三一書房
井之口章次　一九七七『日本の葬式』筑摩書房
勝田　至　二〇〇三『死者たちの中世』吉川弘文館
蒲池勢至　二〇〇一『真宗民俗の再発見——生活に生きる信仰と行事』法藏館
国立歴史民俗博物館編　二〇〇二『葬儀と墓の現在——民俗の変容』吉川弘文館
小林一茶　一九九二「父の終焉日記」(『父の終焉日記・おらが春　他一篇』)、岩波書店
五来　重　一九九〇『先祖供養と墓』角川書店
新谷尚紀　一九八六『生と死の民俗史』木耳社
　同　　一九九二『日本人の葬儀』紀伊國屋書店
生活衛生法規研究会　一九九九『逐条解説　墓地、埋葬等に関する法律』第一法規出版
第一生命経済研究所ライフデザイン研究本部　二〇〇七「日常生活における宗教的行動と意識」http://group.dai-ichi-life.co.jp/dlri/ldi/report/rp0705a.pdf

同　二〇一〇「お墓のゆくえ――継承問題と新しいお墓のあり方」http://group.dai-ichi-life.co.jp/dlri/ldi/news/news1007.pdf
竹内利美・谷川健一編　一九七九「府県史料」(『日本庶民生活資料集成二一　村落共同体』)三一書房
常光　徹　二〇〇〇『親指と霊柩車――まじないの習俗』歴史民俗博物館振興会
土井卓治　一九九七『葬法と墓の民俗』岩田書院
東京都生活文化局　一九九六『都民生活意識と生活費用等実態調査――葬儀に関する費用等調査報告書』
　同　二〇〇二『平成一三年度流通構造分析調査　葬儀にかかわる費用等調査報告書』
長岡京市編さん委員会　一九九二『長岡京市史　民俗編』長岡京市役所
西海賢二・水谷類・渡部圭一・朽木量・土居浩　二〇一〇『墓制・墓標研究の再構築』岩田書院ブックレット
林　英一　一九九〇「静岡県天竜市石神の葬送習俗」(『昔風と当世風』五二)
　同　一九九三「葬送儀礼の変容とその様式――埼玉県児玉郡神川町渡瀬の事例を中心として」(『長野県民俗の会』一六)
　同　一九九七『民俗と内的「他者」』岩田書院
　同　二〇一〇『近代火葬の民俗学』法藏館
　同　二〇一一「無宗教家族葬の実態と歴史的位置付け」(『京都民俗』二八)
藤井正雄　二〇一〇『現代人の死生観と葬儀』岩田書院
宮本常一　一九九三「河内国瀧畑左近熊太翁旧事談」(『宮本常一著作集』三七)、未來社
村上興匡　一九九〇「大正期東京における葬送儀礼の変化と近代化」(『宗教研究』二八四)
森　謙二　二〇〇〇『墓と葬送の現在――先祖祭祀から葬送の自由へ』東京堂出版
柳田國男　一九六三「葬制の沿革について」(『定本柳田國男集』一五)、筑摩書房
　同　一九七五『先祖の話』筑摩書房
八木　透　一九九三「改葬習俗と祖霊祭祀」神谷幸夫・斉藤卓志編『葬送儀礼と祖霊観』東海民俗叢書一、光出版印刷
山折哲雄　一九八六「霊魂の浄化――遺骨崇拝の源流」(『日本民俗文化大系一二　現代と民俗――伝統の変容と再生』)、小学館
山田慎也　一九九五「葬制の変化と地域社会――和歌山県東牟婁郡古座町の事例を通して」(『日本民俗学』二〇三)
　同　二〇〇七『現代日本の死と葬儀――葬祭業の展開と死生観の変容』東京大学出版会
ヨルン・ボクホベン　二〇〇五『葬儀と仏壇――先祖祭祀の民俗学的研究』岩田書院

コラム【四】現代人の死をめぐる環境と仏教

福永憲子

今日、人々が死を迎える場として「病院」は自明視されているだろう。人々の人生の最期は病院の病床にあり、その「死の過程」には多くの医療従事者が関わっている。

しかし、実は病院で人が死ぬという歴史は大変浅い。一九七五年以前までは病院などの施設で亡くなることの方が稀であり、ほとんどの人は自宅で死を迎えた。在宅死に替わって病院死が選択されるようになった背景には、多様な要因が存在する。たとえば戦後の著しい経済成長を背景にした価値観の変容、それに伴う人口動態の変化による経済政策などが考えられる。その結果、現代人の死に場所、あるいは別の言い方をすれば「看取り」の場所は、病院が主流になってきたのである。

現在の「看取り」は病院施設内で行われているが、それは、以前の在宅での死の環境とは大きく異なっている。在宅での死は、最期まで住み慣れた我が家、もしくは見慣れた環境や顔に囲まれており、愛用品（アイデンティティキット）はいつもその人の傍らにあった。しかし臨終の場が病院になると、それまでの環境や習慣は分断され、「生」は無機的なものになる。それは、「命」はあるけれども「ただ生きている」という状態であり、身体を医療従事者に委ねただけの「剥き出しの生」（アガンベン 二〇〇五）が存在するのみである。また病院というマニュアル化・システム化された施設では、終末期の生を、その人らしく生き切る「よりよい生」をまっとうすることは不可能である。高齢者にとっては、日常において長年の習慣を制限されることにもなり、その結果、認知症が引き起こされたり、生きがいが失われたりすることも多々生じている。

筆者は長年看護師として病院で勤務しているが、そこではさまざまな苦悩を抱えた患者と出会い、またいろいろな「病院死」に立ち合ってきた。患者の中には「こんなんで生きていて、なんになるのですか。もう死にたい。生きている意味がわからない」という声を発する者もいた。腰痛を抱えたうつ病の七〇代の女性患者は、「なんでこんなに痛い思いをしてまで生きなければならないの」との言葉を残し、病室の窓から飛び降りた。また、外来に来院し、入院して一時間も経たぬうちに急死した四〇代の女性患者もいた。この患者の高校生の息子は、看護師に「なんでお母さんが死なないといけないの……」と訴え、病棟中に響きわたる声で号泣した。考えてみると、今日の一般病棟には、肉親を失った家族が思い切り声を上げて泣くことができる場所すら存在しない。そのような中で、医療従事者である看護師は、患者の行動を統制しながら、一方で「生」や生命についての根源的な問いを発する患者に日々真正面から向きあわなければならない。それは、患者の生きがいを支援しつつ、システム化された病院のルールを規範として遵守しなければならないという、きわめて困難な職務の遂行を意味している。このように現代社会において、病院は患者にとっても医療従事者にとっても、きわめて困難の多い場となっている。

死が日常から消え、人々から遠ざかり、病院の中に囲い込まれている現在では、自分の家族であっても「どのように死んでいったか」というプロセスへの関与が薄くなる。死は非日常的なものとなり、同時に不可視なものとなっているのが現代社会の特徴である。このように死が隠蔽されている事態を、アリエス（一九八三）は「死のポルノグラフィー化」と表現した。また、現代の医療界においては「死」は「生の敗北」であると捉えられ、他の患者が闘病意欲を喪失するのではないかという配慮によって、病院では「死」は隠される。これはまさに、病院における死のポルノグラフィー化であるといえよう。

民俗学がこれまで明らかにしてきたように、核家族ではない多世帯同居が主流であった日本の伝統家族の中では、かつて人の死は日常的な光景の中にあった。人が徐々に弱り、身体が動かなくなり、食べられなくなるという、自然に人が亡くなりゆく過程を、家族はもちろんのこと、近隣や同じ集落の人々がともに経験した。しかし今日では、死が全面的に病院に委ねられているため、可能なかぎりの医療的な処置が施され、延命治療がなされるようになった。これにより、人の死期の特定が困難となり、患者家族は「あと、どれくらいの命でしょうか」と、かつて人々が死期を自ずとさとっていた時代には発することのなかった問いを、医療従事者に投げかけるのである。

ところで、昨今、自分の死後のプロデュースをする人が多くなった。これまでの自分の生を個性的に位置づけるために、身内だけの密葬や家族葬やお別れ会形式、あるいは樹木葬や散骨などの葬法を生前に遺言しておく人の数は増えている。また葬儀そのものについても、遺影に使用する写真や葬儀に流す音楽を自ら選定したり、祭壇が宗教の影響がない故人が好んだ花で自由に組まれていたりする。芸能人が行って話題となったものに、葬儀に参列した人に向けて、闘病生活中の謝意や自身の思いを語った肉声をテープで流す演出もあった。このように死後のプロデュースが盛んに関心を持たれて多種多様に行われているにもかかわらず、「死にゆく過程」においては、画一的で、他者と区別されず、病院の無機質な病室で、同じように亡くなっていることに関して、人々はなぜ関心を抱かないのであろうか。そこには、どこで死んでも同じであるという死生観が横たわっているのかもしれない。あるいは、死が日常から追いやられ、自分の死がリアルに想像できなくなっていることから、死を考える機会が失われてしまい、受診した病院や主治医に勧められた医療機関を、受動的に選択しているからかもしれない。死にゆく過程、そして死の瞬間までは医療従事者の手に委ねられているが、死が宣告された時に、はじめて患者や家族は病院と医療従事者の手から解放されるのである。

日本人の死因の一位は悪性新生物（がん）であるが、がん患者の多くは一般病棟で経過を過ごす。病院の一般病棟の機能は、患者に治療を施してその回復を目指すことである。医療従事者にとっては、死にゆく人と治療を受け病と闘う人が混じりあった病棟で、生と死の看護を同時に受け持つ場にもなっている困難な現状がある。しかし次第に、がん患者の終末期のケアを行う場は「緩和ケア病棟」であると認知されつつある。これは「ホスピス」と表現した方がわかりやすいかもしれない。従来は、がんの終末期の過程を過ごす場は「ホスピス」として知られていた。これは歴史的にがんの看取りにキリスト教が先鞭をつけ、病棟を開設し「ホスピス」と呼称していたからである。大阪市の淀川キリスト教病院は我が国の先駆的な例である。

一方、仏教に目を向けてみると、一九九二年に新潟県の長岡西病院が緩和ケア病棟内に、仏教的ケアを行う病棟として「ビハーラ病棟」を開設した。これが日本での先駆けであった。関西では二〇〇八年に京都府城陽市に開設された「あそか第二診療所」が存在するが、仏教によるケアを標榜している医療機関は約二〇年の間にわずかにこの二例のみである。日本の歴史や思想に大きな影響を与え、人々の心性にも大きく根差している仏教であるが、今日において人生の終末期におけるケアを提供する場は、キリスト教に基づく施設が数多く存在するのに対し、仏教のそれはきわめて少数であることは否めない。

たとえば、仏教による終末期のケアを実践している「あそか第二診療所」では、医師・看護師・僧侶がチームを組んで患者とその家族に寄り添いながら、一丸となって緩和ケアに従事している。ここでは患者の治療方針は患者本人とその家族が一番望むことを最優先して決定されている。患者との面会は二四時間自由であり、家庭と同じような環境の中で、家族や友人、ペットとともに過ごす姿も見られる。また毎朝夕におつとめが行われるビハーラホール（仏間）もあり、そこには三名のビハーラ僧がいて、医師や看護師とは違った側面から、患者や家族と共に悩み、心の苦しみに耳を傾けながら、最後の「生」と「命の重み」を見つめるべく日々努めている。

上記のような「緩和ケア病棟」ではない一般病棟でも、患者の中には手術を控えて神仏に祈る人やお守りやお札を持つ人が少なくない。筆者も、病棟の中で回復の望みを神仏に託し、ひたすら祈りを捧げる人々の姿を見る機会が何度もあった。闘病や死の過程が病院に移ったことにより、かつて存在した「祈る」場が失われ、生命への根源的な問いを受けとめる役割も医療従事者に移った。このような背景の中で、祈りや根源的な問いを受けとめる役割として、聖堂（仏堂）やチャプレン（牧師）、ビハーラ僧が担う医療施設が登場したが、仏教的ケアを提供する医療施設が一般的に普及するまでにはいたっていない。それどころか、「緩和ケア」という語からは、心を支えるという側面がわかりにくく、がん患者の「痛みを取り、和らげること」のみが一義的な目的とされるような医療化の傾向にある。

これまでの民俗学の調査研究で明らかにされてきたように、かつて人の「生老病死」はライフサイクルの中で、自然な営みとされてきた。しかし出産は産婆から産婦人科医へ、老いによる加齢という自然の時間の流れの中で生じる変化ですら、医師による介護認定という判定を受けなくてはならなくなった。病によって受けた障害も、医師によって障がい認定を受けなくては障がい者手帳が発行されず、「障がい者」になることもできない。現代社会では、生老病死の最初から最後まで、すべてのプロセスにおいて人々は医療の管理下におかれているのである。

このように、人の人生が完全に医療化されている中、今日、無機的な医療施設の下で多くの人々が亡くなっている。しかし、人生の終末期において、さまざまな工夫や取り組みを試みる病院も少数であるが存在する。それらは主に緩和ケア病棟や老人保健施設で、季節のさまざまな年中行事を行ったり、患者の外出の手助けなどを行っている。しかしそのような施設は足らず、患者の多くは、無機的な一般病棟で亡くなっているのが現状である。このような医療環境において、ともに祈る人（僧侶）と、祈る場（仏堂）の提供を試みている、仏教界の取り組みであるビハーラ活動には今後も注目したい。また、このような医療施設がなぜ増えないのかについて、医療機関側の課題とともに、現代社会における「死」の捉え方や、一方で現代日本人の仏教観、さらには仏教諸宗派内部の抱える諸問題に関しても、その動向を注視してゆくとともに、民俗学の視座からさらに洞察してゆく必要があると考える。

参考文献

ジョルジョ・アガンベン　二〇〇五『ホモ・サケル――主権権力と剥き出しの生』高桑和巳訳、以文社
フィリップ・アリエス　一九八三『死と歴史――西欧中世から現代へ』伊藤晃・成瀬駒男訳、みすず書房
E・ゴッフマン　一九八四『アサイラム――施設収容者の日常世界』石黒毅訳、誠信書房
田宮仁　二〇〇七『「ビハーラ」の提唱と展開』学文社
新谷尚紀　二〇〇九『お葬式――死と慰霊の日本史』吉川弘文館
鍋島直樹他編　二〇一二『生死を超える絆――親鸞思想とビハーラ活動』法藏館
ビハーラ医療団編　二〇一二『ビハーラ医療団――学びと実践』自照社

第五章

出産とジェンダー——男性産婆の伝承

板橋春夫

はじめに

本章は、現代に連なる直近の過去における出産の民俗について、「いのち」と「ジェンダー」という二つの視点を複合させながら概括を試みる。[*1] 出産の民俗を考える場合、「いのち」観は、必須ともいえる重要なテーマである。新たな生命体は、認知・選択・保護・養育というプロセスを経て、ひとつの大切な「いのち」として人びとに受容されていく（板橋 二〇〇七：二八三）。人びとは「いのち」の誕生という出来事に対し、どのように対処してきたのか。時代や地域あるいは家庭環境などによって対処法は異なるであろう。

出産民俗の研究には、当事者である産婦と夫あるいは家族、出産のケガレ観、出産の場、出産介助者、などいくつかの研究視点が存在している。[*2] 出産の場と出産介助者は、出産環境という大きな枠組みで把握できる。本章は、その出産環境のうち、出産介助者に焦点をあて、男性産婆の伝承を掘り起こした私のフィールド資料を中心に論じていきたい。

一　いのちとジェンダーの視点

群馬県館林市の民俗調査において、妊娠したことを誰に知らせるかを調べていくと、最初は夫に打ち明けるという例が多かった。夫に告げた後は実家の母と婚家の義母（＝姑）に知らせると教えてもらった。月経のめぐりがなくなって妊娠と気づくのであるが、妊娠することを話者は「子どもがたまる」という表現で語っていた。出産することは「子どもができた」といって、妊娠と出産は区別するものだという。館林市の民俗調査では、妊娠について「子どもが始まる」「子どもを孕《はら》んだ」「子どもがたまる」などの表現を採集できた（館林市史編さん委員会編　二〇一二：三一四）。「たまる」という言葉は、流産を表す「流す」と関連があるのかもしれない。

これから生まれてくる「いのち」を、どのように保護するか、あるいはどのように選択するかという問題は、いつの時代にも重要な課題である（鈴木　二〇〇〇）。平成一〇（一九九八）年版『厚生白書』には「少子社会を考える――子どもを産み育てることに『夢』を持てる社会を」という副題がついている。二一世紀の日本は、人口減少と高齢社会であることを見据え、どのような社会をつくるべきかを問おうとした。結婚や子育てに魅力が失われている現状をふまえて、まずは出生率の回復を目指して、男女が共に暮らし、子どもを産み育てることに夢を持てるような社会づくりを各分野で真剣に考えるべきだという提言が基調となった白書である。その提言は、わかりやすい言葉でいえば、「若いお母さん、できるだけたくさん子どもを産みましょう、国や地方自治体が育てやすい環境を整え、子育て支援をします」ということであろう。

ここで「平均出生児数」を見てみよう（図5−1）。一九四〇年の夫婦の平均出生児数四・二七人を起点に一〇年ごとに見てゆくと、一九五二年が三・五人、一九六二年が二・八三人、一九七二年が二・二人、一九八二年が二・二三人、そして一九九二年が二・二一人である。その後さらに減少を続けている。出生率の回復にあたっては、個人の自

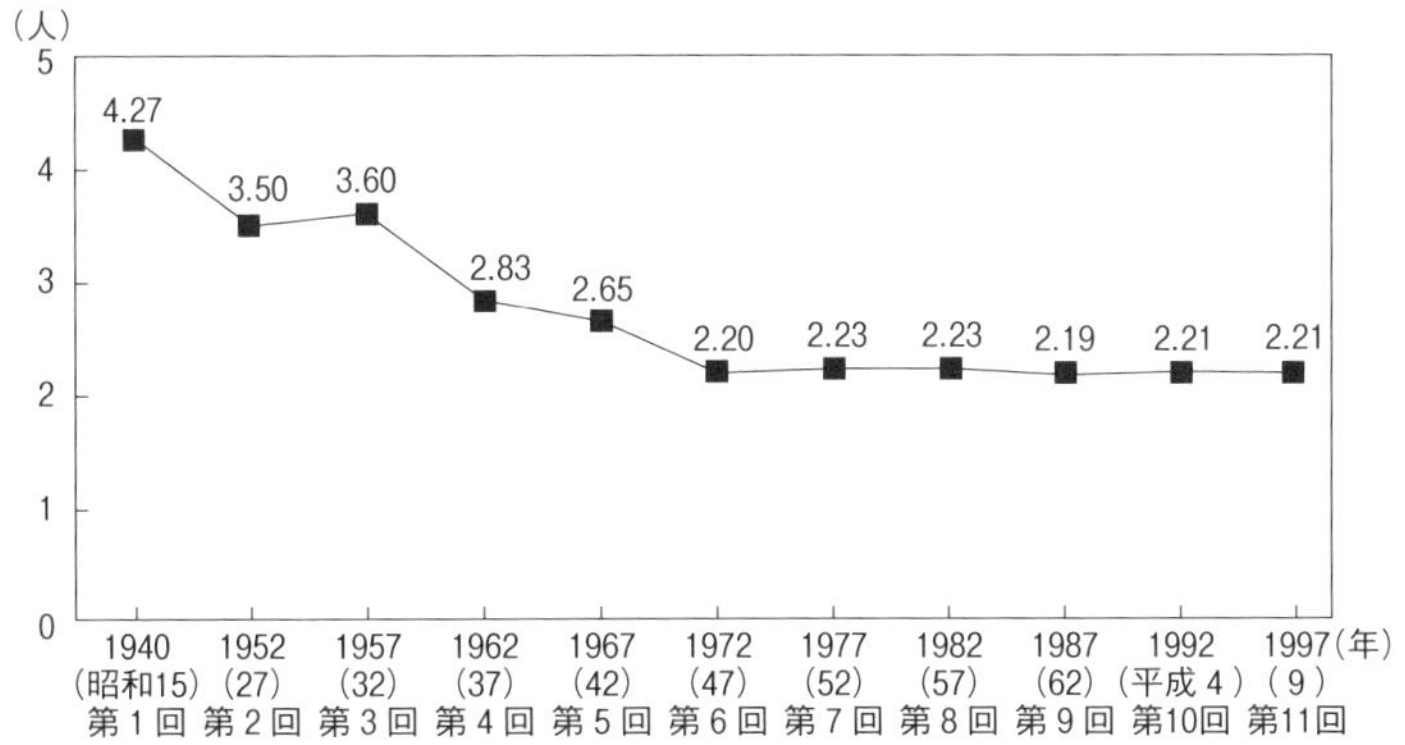

図５－１　平均出生児数の推移

（『平成10年版　厚生白書』より作成）

己決定権制約や個人の多様な生き方の強要などは、当然のことではあるがあってはならない。この白書が出されてから十数年経った今、果たしてそのような社会になったといえるだろうか。

「人は女から生まれる」といわれる。地球上に生きる人間一人ひとりに、母親である女性の産みの苦しみが存在しているのである。人は母親から産み出され、家族をはじめ多くのまなざしの中で育てられる。人には家族や社会が必要なのである。人を産み、育てるという営みは、街をつくったり大地を耕したりするのと同じくらい激しい労働を必要とする。英語のlaborは、普通は労働と訳すが、陣痛という意味もある。つまり陣痛も骨の折れるつらい労働ということであろう（江原 一九九五：二）。この妊娠と出産は、女性だけが行うことのできるものであり、「自然の営み」などと表現されることもあった。しかし、妊娠は望むと望まないとにかかわらず、男女の性の営みの結果であり、女性だけに備わった「自然の営み」と言い切ることはできない。そこには男性の役割も大きいのである。女性に要請されることの多かった子産みと子育ては、必ずしも女性だけに限定して考えるべきではなく、男性も視野に入れて考えねばならない問題なのである。

ジェンダー（gender）とは、生物学的な性差を意味するセックス（sex）と区別して、歴史的に形成された社会や文化が規定している性差であり、社会規範として存在している。ジェンダー研究は、「性に基づいて付与され獲得された役割・活動・領域を、主体に焦点化しながら構築主義的なまなざしで把捉し分析する研究」とされ、性の偏差と他の偏差とが交錯している中にあって、そこに政治性や権力構造が生成している具体的な姿を詳述する重要性が力説されている（加賀谷 二〇一〇：一八七―一九〇）。性差は、本質的なものではなく、社会、文化、あるいは歴史によって構築されるものである、という前提に立って論じていきたい。出産とジェンダーに関しては、八木透が通過儀礼研究における出産研究の動向を分析し、多くの研究が子どもの命や生命観に収斂されていることを指摘した。そして産屋・出産介助者について、ジェンダーの視点から概括を試みている（八木 二〇〇八ａ）。このほかにも民俗学の立場からジェンダー研究について論じられている（林 二〇〇九、加賀谷 二〇一〇）。

二 トリアゲバアサンから近代産婆へ

取り上げるという意味

柳田國男は「産婆を意味する方言」で全国各地の産婆方言を紹介している。それによると、トリアゲババ（大和・美濃）、ヒキアゲババ（中国四国地方）、コトリババ（茨城・群馬）、コナセババ（東北地方）、コズエババ（鹿児島県）などの呼称があり、宮城県仙台市ではウシロガカともいう。茨城県や群馬県のコトリババは「子取り婆」で、「コトリ」には「収容」の意味がある。そして「トリ」は「捕る」の意味ではなく「養子にとる」の「取り」で、養子を家族の一員に加える、あるいは採用するという意味がある。東北地方のコナセババの「コナセ」は、子を「成す」ことで、出産することであった。コナセババは子を成す女性という意味である。宮城県仙台市のウシロガカは、産婦を後ろから抱いて介抱する状態を表現した言葉と考えられている（柳田 一九六九：四〇一―四〇四）。本章では、これら多様な呼称を「トリアゲバアサン」の語に代表させて使用することにしたい。

トリアゲバアサンの仕事は、分娩の介助と胞衣《えな》の処理、そして生まれてきた赤子と産婦の世話など多岐にわたる。

妊婦が自力で出産をするのを助ける役目で、いわゆる介添えや介助といった範疇の仕事内容であり、手先の器用な近所の女性が無償のボランティアとして活躍した。妊婦が大変お世話になるにもかかわらず、出産に関わる謝礼は、せいぜい気持ち程度のお礼でよかった。それでも、お七夜、食い初め、初誕生など、折り目ごとにトリアゲバアサンは招待され、赤子とトリアゲバアサンとのつきあいは一生続いた。トリアゲバアサンは自分も出産を経験していることが多く、妊産婦の身体の変調や悩みなどを経験知として理解できたし、数多くの取り上げに関与し、技術力も高く、体験豊富な先輩として対処できた。しかし、特殊な出産の場合は専門性が高く要求されるために、介添えを中心とするトリアゲバアサンには限界もあった。

柳田國男は、トリアゲルという言葉について「今はたゞ抱き取るといふ位の感じに用ゐられて居るが、事によると最初今少しく込入つた意味があつたのかもしれぬ」と述べており、また九州地方のコズエババ・コゼンボ・コズイなどはいずれも子を据えるという語の変化した形で、子を据える、すなわち把持することであり、これは生存の承認であったと指摘している（柳田 一九六九：四〇二—四〇三）。この考えは牧田茂によってさらに敷衍され、「赤ん坊を神の世界からわれわれ人間の世界へ、取り上げる、引き上げるという意味だった」と説明される（牧田 一九九〇：七七）。トリアゲバアサンは、産婦が赤子を生むのを手伝う女性というだけでなく、もう少し複雑な役割を持っていたと柳田は推測した。それは「小児生存権の歴史」の中で次のように記される。

「次に取上婆が重要な意味を持つて登場する。これは所によるとかなり大きな権力を持ち、婚礼の時は親類の席に列し、盆暮には挨拶し、冗談だが『私が取上げなかつたら貴方は今ゐたかどうか判らないぢやないか』と力んで俺を大事にしろと云ふやうなことを云ふと聞くことがある。これは矢張り捨てるものを俺が拾ひ上げてやつたと云ふ言葉でこれは生存の承認の重要なものである」（柳田 一九六九：三九六）。

このようにトリアゲバアサンは生殺《せいさつ》与《よ》奪権《だつけん》を持ち、現代とは異質な「いのち」の認識を持って出産に対峙していたと考えられている。これに対し、西洋医学の知識を産婆学校で学んだ近代産婆たちは、生まれてくる小さな「いのち」は、神聖で大切なものであるから、堕胎や間引きなどの悪習は、絶対に許してはいけないという認識を持っていたといわれる（宮坂 一九九五：一〇〇）。言葉をかえれば、近代産婆は生まれてくる赤子の生存権確保に大きく貢献したといえる。赤子の「いのち」を尊重し、堕胎させないのは、富国強兵という国家の理念と関わりながら、人口増加政策のひとつと考えられていた。近代産婆の時代になって初めてそのような思想が広まったということ自体、トリアゲバアサンが出産と同時に堕胎にも深く関わっていた事実を示すものであろう（湯川 一九九〇：二三四）。近代産婆は、生まれてくる赤子を生かすことに力を注ぐ立場にあった。そのために子どもの「いのち」は選択されるものではなく、生かされるものに変わっていった。これは近代産婆が赤子の「いのち」の確保に大きく貢献したことを示す。また、トリアゲバアサンは地方によっては特殊な家筋や地区に限られるなど、家格の問題も含めて低く見られる傾向があった。技術を要することはもちろんであるが、産のケガレに触れることから、専業化と賤視の傾向があったことも忘れてはならない。[*3]

産婆の制度と民俗

明治期の産婆制度は、旧来の産婆を取り締まることから始まった。明治政府は一八六八（明治元）年一二月二四日、太政官布告第一一三八「産婆売薬ノ世話又堕胎ノ取扱ヲ為スヲ禁ス」という布達を出した。それは次のような文章である。

「近来産婆ノ者共売薬ノ世話又ハ堕胎ノ取扱等致シ候者有之由相聞ヘ以ノ外ノ事ニ候元来産婆ハ人ノ性《(生)》命ニモ相拘不容易職業ニ付仮令衆人ノ頼ヲ受無余儀次第有之候共決メ右《(ママ)》等ノ取扱致間敷筈ニ候以来万一右様ノ所業於有之ハ御取糺ノ上屹度

御咎可有之候間為心得兼テ相達候事　城」（『太政類典第一編第八十一巻』（自慶応三年至明治四年七月）保民　衛生）。

当時、産婆が堕胎に深く関わり、堕胎のための売薬を業とする者もいたため、明治政府はこれを大きな問題と認識した。この布達は、今まで家や地域社会の意思を受けて堕胎や間引きを行っていた産婆を取り締まることで、出産管理権を国家へ移す試みでもあった。一八八〇（明治一三）年には堕胎罪を規定した刑法が公布された。堕胎は、江戸時代から明治初年における出生調節のもっとも確実な手段のひとつであると人びとに認識されていたのである。堕胎を犯罪とする考え方は、欧米先進諸国の生命尊重の精神のもとに蛮風を改めるという眼前の目標があったといわれるが、実際には富国強兵・殖産興業のもとで豊富な産業労働力と兵力を国家が必要としていたのであった（新村 一九九六：二四二―二四三）。そして、一八七四（明治七）年の医療に関する基本を定めた「医制」において、助産職が法令で規定されて産婆と産科医の業務範囲が明確化され、産婆の業務は正常分娩の介助に限られた。これは現在に引き継がれている。薬剤・産科器械の使用は禁じられた。産婆の営業資格については、四〇歳以上で、婦人・小児の解剖生理および病理を学んだ者とされた。重要なことは、男女の性別は記されていないことである。四〇歳以上という年齢制限を設けたのは、本人の出産経験も含め、出産介助の体験を重視した結果であろう。さらに産科医の目の前で平産一〇人、難産二人を実際に取り扱った経験の持ち主であることとした。経過措置として産婆を営む者がいない地域では、医務取締の見計で仮免状を授けることができた。これは現状の産婆を追認し管理することでもあった（西川 一九九七：六二）。この医制は東京・大阪・京都の三府に達せられたもので、他県ではこれにならった規定が出されている。

これが全国レベルで統一されるのは、一八九九（明治三二）年の「産婆規則」が制定され、「産婆名簿登録規則」「産婆試験規則」が公布されてからである。産婆は二〇歳以上の女子で、一年以上産婆の学術を修業した者が、地方長官の行う産婆試験に合格し、産婆名簿の登録を受けて産婆業務を営むことと規定された。こうして西洋医学の知識と技術を持った近代産婆が誕生し、全国的に統一された資格と業務内容により、管理の一元化が図られることになった。西洋医学を身につけた近代産婆は、その知識と技術を普及させ、妊婦の衛生面に注意するだけでなく、妊娠時の食い合わせ、腰湯慣行など、トリアゲバアサン時代における出産に関わる俗信の数々を排除していった。トリアゲバアサンの助産は座産と呼ばれる出産方法であったが、近代産婆は仰《ぎょう》臥《が》位《い》出産を全国に一律普及させた。そしてトリアゲバアサンが堕胎に象徴される新生児の生殺与奪権を持つのに対し、近代産婆は新生児の生存権確保に大きく貢献した。堕胎排除の考えは富国強兵の国家理念と深く関わり、近代産婆は新生児の生命を保護することで富国強兵の一翼を担うことになった。近代産婆は産婦の分娩に立ち会い、胞衣の処置や産湯の世話をし、産婦の異常に際しては医師の診療を受けるなど医療と結びついた出産介助を展開した。近代産婆はお七夜に招待され出産介助の謝礼を受け、赤子やその家族とのつきあいは終了する。

トリアゲバアサンは「産婆規則」などによらない、いわゆる無資格の産婆である。出産技術は見様見真似で覚え経験に支えられた知識による。出産の謝礼は無償である。しかし、トリアゲバアサンは同じ地域社会に住んでいることもあり、赤子とのつきあいは一生といわれる。実際にたくさんの赤子を取り上げたトリアゲバアサンが亡くなると、土葬のために掘った穴のまわりがにぎやかになるといわれるのは、それを物語っている。

三　出産と男性の関わり

わが国では、助産に携わる人の名称はトリアゲバアサン、産婆、助産婦、助産師と変わったが、一般には字のごとく女性の職域とされてきた。助産分野の門戸を男性にも広げるべきとする動きは戦後に何度か起こり、二〇〇〇（平成一二）年に「保健婦助産婦看護婦法」の一部改正案が臨時国会に提出されたが、その法案は時期尚早を理由に廃案となった。二〇〇二年三月一日の改訂で「保健師助産師看護師法」となり、名称上は性差による区別がなくなった。

二〇〇〇（平成一二）年の法律改正案の提出を契機に、男性助産師導入に反対する立場の人びとは、腰や乳房を夫以外の男性にマッサージしてもらうことに対する羞恥心の問題や、当事者である産む女性の気持ちが考慮されていないと主張した。一方では産婦人科医は男性が多いので、助産に男性が関わっても違和感がなく、性差による職業差別を取り除く観点から助産分野も例外にすべきではないという、ジェンダーの立場からの意見も根強くあった。当時、男性助産師導入に反対する人びとは「助産は昔から女性に決まっている」とか「女性のことは女性が一番よくわかる」といった意見を出していた。しかし、アメリカ、イギリス、フランス、オーストラリアなど先進諸国においては、すでに男性助産師が認められ、数は少ないながらもそれぞれ活躍している。そこには性差を超えたひとつのあるべき姿があるように思われる（船橋 一九九四：一七五—一七六）。

妊娠・出産という一連の過程において、夫の役割が最初に見られるのは妊娠五ヵ月目頃に締める腹帯の事例である。全国各地で夫の褌を腹帯に使う例が報告され、古い褌を締めると出産が軽いなどといい、実家から贈られた帯も一度夫が褌にしめてから使う例もある。褌をしめるのは、妊婦の宿した子の父親であるという暗黙の了解があったと考えられていた（井之口 一九五九：一九五）。また、妻がつわりで苦しんでいる時に、夫も何となく気分がすぐれない「男のつわり」が見られる（和田 一九七八：九〇—一〇五）。そして出産時の血の忌みがあり、それを避けることが行われた。たとえば沖縄県池間島では、出産のあった家の夫はもちろん、祝いに行った男性も三日間は漁船に乗れない。群馬県みどり市東町では、産後の一週間は山仕事に行かなかったという。また、難産になると夫が重石や臼を背負って家の周囲をまわる事例も各地に伝承されていた。

「男性は出産の場にいるものではない」というのは、いつ頃から言われ始めたのか。昭和一〇年代から二〇年代にかけて採集された資料によると、出産時に夫が在宅していると、次の出産の時にも夫がいないと生まれないといわれた。そのためにわざわざ夫を不在にする例が多かった。たとえば鹿児島県では、婚家で出産するときに夫がいなければ子が生まれない癖がつくといって、実家で産むようにした。伊豆諸島の御蔵島では、夫が産室を訪れると母子ともに産後の肥立ちが悪くなるといって、産室への訪問が禁じられていた。京都府舞鶴地方では、出産時に夫がいた時は、次の出産時に不在の場合には夫の下駄を揃えて帰ったことにした（大藤 一九六八：四五―四六）。このように夫が産室へ入ることを忌む地域が多く、出産時に夫が不在であることを肯定する事例が見られる。山仕事をなりわいとする山間地域や魚捕りをなりわいとする漁業地域では血のケガレをことさら重視しており、ケガレとの接触を防ぐために出産時の夫の立ち会いを忌む傾向がある。新村拓によれば、産屋は男性の立ち入るべき場所ではないとする観念は、九世紀に始まる産のケガレの禁忌によって強められることになるが、一方で男性が出産に立ち会うことも中世には見られたという。院政から鎌倉にかけての規定によると、産のケガレは後産に始まるというので、それ以前に立ち会うのであれば産のケガレから免れるわけである。近世になると出産に夫が立ち会う場面は多くなり、産科書でも男性の力を借りた分娩法について言及されている。強い産のケガレの意識がある一方で、人手が不足するような場面では夫が頼りにされていた（新村 一九九六：一七二―一七三）。

　各地の民俗事例では、産室へ男性が入ることを忌む地域が多く、男性が出産の場にいると難産になるといわれ、男性が出産に直接関わる事例は明確に報告されていない。しかし、男性が出産に関与することを暗示させる報告はいくつか見られる。たとえば岡田照子によると「出産に臨んで夫や父親・祖父などが産婦を後ろから抱いて手助けする地方もあるが、これを腰抱きの役・産婦が眠らぬようにするための見張り役ともいい、トリアゲジイサンともよんでいた」（岡田 一九九八：二三二）といい、長崎県壱岐郡では産婆のことをコズエーウバ・コズエーバサーと呼んでいる。その職につく人は女性ばかりでなく、男性のそれもあったという（恩賜財団母子愛育会編 一九七五：二二一）し、大分県でも「分娩に際しては、産婦は産座について、産婆または産爺に抱きつかせたり」という記述が散見される（恩賜財団母子愛育会編 一九七五：二四〇）。

　また、出産が長引くと夫が手を貸すところがあり、長崎県北松浦郡では、ハラオサエといって男性が一方の膝の上に産婦をすわらせ、両手で後ろから力一杯お腹を押さえるという。このような例はトリアゲバアサンの役目を引き受けて、トリアゲジイと呼ばれたりしたという（大藤 一九六八：四三―四五）。吉村典子は、愛媛県大洲市上須戒において、一九〇〇（明治三三）年生まれの女性から、出産時に夫が後ろから抱えてくれ、へその緒も切ってくれたという話を聞き、男性がいると出産が難しくなるという離島と、男性がいないと出産が難しくなるという山村との出産文化観の違いを検討した。吉村は「この山村にはお産を手伝ってくれる人（産じいさん、とりあげ婆さんと村人は表現した）もいた」と記している（吉村 一九九二：二四―三六）。さりげなく書いているので見過ごしがちであるが、「産じいさん」という表現を使っており、男性産婆の存在を暗示しているのである（吉村 二〇〇八）。また、長谷川博子の報告によると、三重県熊野市あたりでもトリアゲジイと呼ばれる男性が出産介助にあたっていた（長谷川 一九九三：八九―九一）。

四　ある男性産婆の伝承

新聞記事の中の男性産婆

一九〇三（明治三六）年四月七日付の「河北新報」に、次のような興味深い記事が掲載された。

「男の産婆　産婆規則第一條に依れば、産婆試験に合格し年齢二〇歳以上の女子にして産婆名簿に登録したものにあらざれば産婆の業を営むことを得ずとあれば、産婆は必ず女子ならざるべからざるに、何処《どこ》を何《ど》うして間違つたものやら、新潟県古志郡内に男の産爺が二人あり、一人は西谷村大字木山沢石原与蔵（六十六）、今一人は東谷村大字栃尾荒木八兵衛（六十九）とて梅干爺なるが、二人とも立派に産婆名簿に登録しありて、是まで何年となく妊婦を取扱ひ居りしを、此程に至り警察部に於て、図らずも此両人の名前が係官の眼に触れ、之は奇体と古志郡役所に男女の区別取調方を照会されたり」（河北新報 一九〇三）。

これは一八九九（明治三二）年の「産婆規則」を受けての記事である。男性産婆[*4]が存在していたことを大変珍しいと報道しているが、新潟県だけでなく、静岡県にも同様の記録が残っている（岩田 二〇〇九）。すでに見たように、そもそも「産婆規則」以前の法令には、産婆資格に関して性別云々を規定していないのである。[*5]現代でも、聞き書き可能な男性産婆は各地に存在しているし、顕彰碑などのモニュメントも残されている（板橋 二〇一二）。

新潟県湯沢町のトリアゲジサ

ここでは新潟県南魚沼郡湯沢町のゴロウジサ（原沢政一郎）を紹介する。

原沢政一郎は、一八八五（明治一八）年三月六日、土樽村に生まれた。実母リンが取り上げ上手であり、それを様見真似で習得したといわれる。リンは土樽村滝ノ又の南雲家から嫁に来たが、その母も助産術に長けていたという。南雲家は代々助産術をよくし整体なども施した。六算除けなどの呪術的医療を行う家筋であった。政一郎は「トリアゲジサ」とか「サンジイ」と呼ばれたが、年老いてからは「ゴロウジサ」の愛称で呼ばれた。これは屋号が「五郎左衛門」であり、「五郎左衛門宅のおじいさん」というほどの意味である。

ゴロウジサは、小太りで若い頃は大変力持ちであった。年を取ってからひげを長く生やし、「ひげジイ」とも呼ばれた（写真5-1）。ゴロウジサは五〇代で妻に先だたれたが、再婚せずに子どもたちを育てた。出産に関することはいっさい話題にしない口の堅い人であった。だからこそ長く続けられたのである。夜中に戸を叩く音がして、開けると「うちの子が生まれそうなんだけど、ゴロウジサ、ご苦労してくんないかい」と口上がある。すると、ゴロウジサは支度をして鞄を持って出かけた。孫の健さん（一九四三年生まれ）は、じいちゃん子でいつも一緒に寝ていて、布団から出て行くゴロウジサの姿を覚えているという。取り上げを頼まれると、ゴロウジサは吹雪でも嫌だと言ったことはなかった。ゴロウジサは「俺は七八〇人を取り上げた」と語っていたという。

イナリ（居成り）が悪くなる（逆子になってしまうことをさすらしい）妊婦は、ゴロウジサのところにやってきて治してもらった。座敷の布団の上で妊婦がサラシの腹帯をほどいて立て膝になる。ゴロウジサが正面に向き合い、腹をさすりながらイナリを治していく。昔の女性は出産間際まで働いていたのでイナリになりやすかった。ゴロウジサが両手でなぜると治るといわれていた。イナリで苦労した女性は、ゴロウジサに来てもらって二〇分もなぜてもらうと治ってしまったという。また、乳を張らした女性がやってくると乳を吸ってやった。乳は舌を巻いて吸うので大変疲れる。ゴロウジサが疲れると孫の健さんにその仕事がまわってきた。吸った乳は丼に吐き出した。子どもといっても歯があるので吸うのは大変であった。乳を張らした女性の乳を吸う仕事を手伝わされた孫の健さんは、「そういうものだと思っていたし、別にいやらしいと思ったことは一度もなかった」と語る。

　ゴロウジサが行くと産婦は安心して産めたという。当時は寝て産む出産で、寝ているとゴロウジサがお腹を押さえてくれた。赤子の頭が下に向いていないと難儀するので、そちらへ向けてくれた。ゴロウジサは村人にとって命の恩人といわれている。「男性であっても安心感がある。気さくなオジイでお産をしても違和感はなかった」と語られ、「ゴロウジサも気にしてねえ、診てもらうほうも気にしてねえ」という具合で、男性のほうが力もあってがっちりしていて良かったと話す人が多い。持ち歩いた鞄には消毒薬とへその緒を切るハサミなどが入っていた。これは湯沢の医者から譲ってもらったものであるという。ゴロウジサは赤子がでべそにならないように、へその緒を切る時には細心の注意を払った。出産に関して謝金はいっさい取らなかった。愛煙家だったのでお礼にタバコを持ってくる人や卵を持っ

写真５－１　正装のトリアゲジサこと原沢政一郎（新潟県南魚沼郡湯沢町）

てくる人があった。

　ゴロウジサがいつから助産を始めたかは不明である。戦後、この村のお寺に助産婦の免許を持った嫁がとついで来た。この人がある日、ゴロウジサの家へやってきて「お産は資格のある人が取り上げることになっている」と話していった。その時、ゴロウジサはうなずいていたという。お寺の嫁が助産の仕事を始めてからも、ゴロウジサに頼みに来る人が絶えなかった。しかし、「俺も年取ったし、もう止めがあ」と言い、一九五〇年頃には身内だけを取り上げる程度になっていた。ゴロウジサの孫娘（一九三一年生まれ）は、一九五三年に結婚し、翌年女の子を産んだが、ゴロウジサはこのひ孫を取り上げている。これが最後の取り上げであるといわれる。一九六九年一月五日、ゴロウジサは数え八二歳で亡くなった。この年は積雪が多かったので仮葬し、雪溶けの四月一〇日に本葬をした。本葬にはゴロウジサに赤子を取り上げてもらった女性たちが大勢参列した（板橋 二〇〇二：四七）。

五　男性の出産介助と羞恥心

　男性産婆は、北は青森県から、南は沖縄県まで全国各地で報告されている。[*6] その中には、助産の功績により顕彰碑が建てられた者もいたし、世話になった人びとで葬列が長蛇の列となった男性もいた。にわかには信じられないかもしれないが、男性がセミプロとして赤子を取り上げていたのは間違いなく事実である。助産の系譜としては医師の技術を身につけた人もいたし、太宰医者という専門家から習ったり、あるいはトリアゲバアサンから助産術を習ったりしている。三重県松阪の男性産婆は、京都で水原流という産科を学び医師にならず助産夫として働いたというし、医術を正式に学んだ男性産婆もいる。このように医術の系譜と経験に基づくトリアゲバアサンの系譜の二通りが認められる。男性産婆の技術・知識の問題であるが、男性産婆の多くは経験豊かであり、助産術は女性の近代産婆と比べても遜色がなかったようである。

新潟県湯沢町のトリアゲジサは、戦後まもなく開業した近代産婆が苦情を言いに行くほど上手であったし、全国の男性産婆には「神の如く」と呼ばれる人が少なからずいた。その技術と信頼度は高かった。男性であることの意味は、大きな手、力のある身体などは男性の特徴であるが、それが良い方向で利用されている。男性産婆が盲目であること（青森・山形・静岡の事例など）は、羞恥心を感じさせないといわれるが、これは現代的思考であると思う。男性産婆が助産に携わるきっかけは、母親がトリアゲバアサンであった、助産術を何らかのきっかけで会得した、妊婦が突然産気づいてしまった、というように必ずしも一様ではない。女性たちの男性産婆への信頼は驚くべきものがある。それは顕彰碑が建てられた群馬県渋川市北橘町上箱田の石田伍助という男性産婆の事例（写真5-2～4：一三五頁）からも明らかである。男性産婆は、経験が豊富であるために未熟な近代産婆よりも取り上げが上手で、力があったので楽だったという。石田伍助とは別の人で戦前まで活躍した渋川市北橘町箱田の男性産婆に取り上げてもらった女性は、当時は男性産婆に出産介助を頼むのがごく自然で、男性云々のこだわりはなかったと語る。男性産婆の存在について、現代人が考えるほど違和感はなかったようである。

男性産婆の活躍した時期は、明治から昭和二〇年代までと年代に幅がある。助産制度史との関連で注目したいのは、国が妊産婦手帳の交付を始めたことであろう。近代産婆に頼まないと妊産婦手帳が交付されないというので、免許のある近代産婆に出産介助を頼む傾向が出てくる。一九四一（昭和一六）年に保健婦規則が公布され、その翌年から妊産婦手帳が交付されるようになった。これが無免許の産婆が排除される大きな契機となったのである。

男性産婆の産婦に対する出産介助の具体例を聞いていくと、必ずしも男性だから恥ずかしいということはなかったという。現代社会における羞恥心と当時の人びとが有していた羞恥心とは、かなり異質なものであった。男性産婆に共通する性質として、無口で口が堅い、信心深い、子ども好き、手先が器用、などの特色があげられ、そのために女性が男性産婆に乳房を見せたり、場合によっては乳を吸わせたりしても違和感はなかったと多くの伝承者が語っている（板橋 二〇〇二：四二）。男性産婆が活躍した地域においては、むしろ男性産婆に見てもらうのが当たり前という感覚があった。この当たり前と感ずる感性こそ、男性産婆が地域社会に受容されていることを示すものであり、それが羞恥心を感じさせない大きな要因であると考えられる。羞恥心の問題は周囲の認識やイデオロギー、あるいは環境によって常に変化するものであり、男性産婆の研究を進めるには、羞恥心とジェンダーの問題は避けて通れないテーマであろう（板橋 二〇一二：二一二）。そして羞恥心という価値観については、時代差を十分に把握する必要があり、少なくとも現代の価値観で理解してはいけない。

男性産婆の存在理由はどこにあるのだろうか。出産に伴う経費を見ると、トリアゲバアサンの時代は無償であり、国家政策に基づく有資格の近代産婆が活躍する時代には出産介助の有料化が進んだ。近代産婆は近代衛生観念のもとに安全な出産を確保するように努めるが、その代わりに出産に伴う経費と労働の対価が必要とされたのであった。そのような中で男性産婆はトリアゲバアサンと同様に、基本的には無償で出産介助にあたっていた。男性産婆は明治末年以降、法令に抵触するためにその存在が問題とされてきたが、男性が出産に関わっていたのは決して特殊な事例ではなかった。むしろ男性の出産介助者を特殊なものと認識させたのは、近代助産制度確立の結果といえる。目の不自由な男性が助産者である場合が数例報告されているが、目の不自由な男性は按摩マッサージなど仕事の範囲が限定されていた。そのようなハンディキャップのある人が働ける分野のひとつに助産があったのではなかったか。もちろん出産は目で取り上げるのではなく、手で取り上げるものといわれる。手先が器用であることが大事であり、目が見えるか見えないかは問題ではないという説もある。しかし、視覚化される女性の身体を考えた場合、目が不自由であるのは近代的な論理かもしれないが、産婦たちに受け入れられやすいことでもあった。

おわりに

男性産婆の全国的規模の存在確認と、それら人物群のエピソード収集および分析が今後の課題として残る。特に近代産婆制度の確立に伴い、昭和時代に入ると全国各地で女性の近代産婆が活躍するようになり、旧来から存在してい

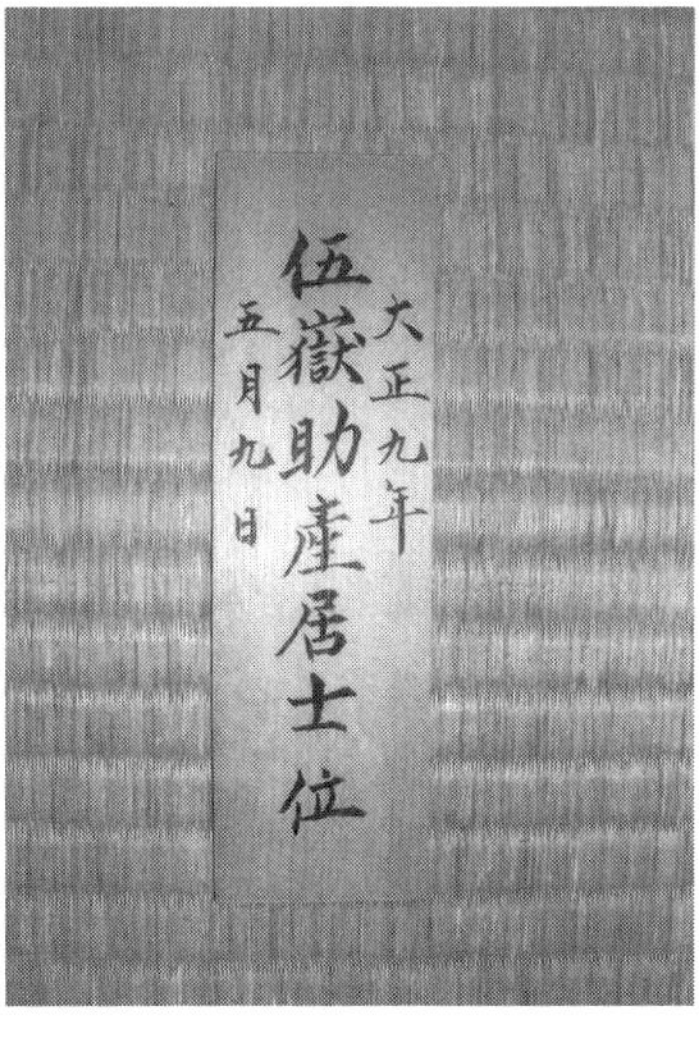

群馬県渋川市北橘町上箱田の石田伍助（1845～1920）は、隣村の女性から助産術を学び、多くの赤子を取り上げた。取り上げの名人といわれ、周辺地域にまで出かけて出産介助にあたった。生前、彼の顕彰碑が明治43（1910）年に建立された

上右・写真５－２　伍助ジイサンの顕彰碑（渋川市指定重要文化財）。塔身正面に「伍嶽助産居士」とあり、台石正面に「産子中」と彫られている（群馬県渋川市北橘町上箱田）

上左・写真５－３　顕彰碑の塔身裏面。「あなうれし　あなうれしや　いし文に　栄誉のこれる　しるしなりせは」と歌が彫られ、下に伍助ジイサンが線彫になっている

下左・写真５－４　伍助ジイサンの位牌（表）（群馬県渋川市北橘町上箱田）

た男性産婆の伝承は消滅化傾向にある。そのためにも地道な継続調査が必要とされるのである。

男性産婆の存在は、現代社会においてありえないこと、希少性、奇異なものという観念で、一方的に事象を判断してはいけない、ということを私たちに気づかせてくれた。そして、出産は女性でなければ理解できないとか、男性は産室に入ってはいけないという俗信や禁忌は、意外に新しい民俗かもしれない。その意味からも先入観のない調査研究と分析視角が求められている。本章では、新潟県南魚沼郡湯沢町の男性産婆を紹介するに留まったが、全国に分布する男性産婆の存在に注目して、その存在意義についてのさらなる検討が必要である。

注

＊1 「いのち」の用語は、生命と区別して用いる。「生命」と「いのち」は厳密な区別をせずに用いられることが多いが、「生命」は生物学的・医学的な用語で人間の生命維持に関して用いられる。一方の「いのち」は、人間的・文化的な用語である。「生命」は目に見える身体に即していうのに対し、「いのち」は目に見えない霊魂も含んでいる。「生命」が科学的な意味合いを持つのに対し、「いのち」は関係性の中で捉える性格を有しているといえよう。

＊2 出産民俗の研究は、民俗学では「産育習俗」として分類される。その研究は、どのような子どもを産み、育てようとしたのかが問われ、誕生後の成長過程を儀礼中心に捉えようとしてきた。この分野では、柳田國男が「産婆を意味する方言」（一九二七）や「誕生と成年式」（一九四一）など先駆的業績を残している。大藤ゆき『児やらい』（一九六八）は、産育分野で初めてのまとまった著作であり、一九四四年に初版を刊行以来、この分野における基本文献のひとつとなっている。その後、井之口章次「誕生と育児」（一九五九）、瀬川清子「産育」（一九五八）、最上孝敬「誕生儀礼」（一九七五）、桜井徳太郎『日本人の生と死』（一九七七）、河上一雄「人の一生」（一九七六）など、産育儀礼の概説が試みられてきた。いずれも生まれ変わりを基調とした循環的生命観に基づく儀礼に関する概説である。生命観との関わりでは、鎌田久子「産婆――その巫女的性格について」（一九六六）で、子どもの「いのち」をこの世へ引き上げる産婆の役割について論じているのが注目される。近年、産育分野の研究が一段と活発になっている（安井編 二〇一一など）。

博物館関係では、『他界への旅立ち――生と死の文化とその周辺』（土浦市立博物館、一九九一）を嚆矢に、『祈り・忌み・祝い――加賀・能登の人生儀礼』（石川県立歴史博物館、一九九三）、『人生儀礼の諸相――誕生・結婚・葬送をめぐる人々』（くにたち郷土文化館、一九九七）、『ゆれる生と死の境界』（大阪人権歴史資料館、一九九七）、『生の中の死』（福島県立博物館、一九九九）、『産婆さんの足あと』（柏崎ふるさと人物館、二〇〇七）、『アンケート調査にみる産育習俗』（柏崎ふるさと人物館、二〇〇九）、『人生儀礼の世界』（松戸市立博物館、二〇〇九）など、各地の博物館で通過儀礼をテーマとした企画展が開催され、展示図録が刊行されている。このほか、『にっぽんの助産婦・昭和の仕事』（リボーン、二〇〇八）など、全国各地の助産婦からの聞き書き集もある。

＊3　トリアゲバアサンから近代産婆への移行については、たくさんのレポートがある。代表的な文献として西川麦子（一九九七）、落合恵美子（一九九〇）、長谷川博子（一九九三）などが参考になる。

＊4　男性産婆は、地域によってトリアゲジサ、トリアゲジイサン、トリアゲジジイ、コトリドン、ボサマ、男産婆、などの呼称が知られる。最近、八木透は「男性助産者」の用語を使用している（八木 二〇〇八b：七六―八九）。私があえて「男性産婆」とするのは、産婆という用語は「婆」という字が表すように出産介助に関わる女性を意味するが、男性の助産者には適切な用語が用意されていないからである。実は用意されていないこと自体が、出産介助に男性が期待されていない、あるいは出産の現場に男性の助産者が専門的に立ち会うことが少なかったことを意味すると考えられる。一八六八年から公式に使われる「産婆」の用語は、女性性を超えて出産介助の専門家という意味合いがあると思われるので、私は「男性助産者」あるは「男性出産介助者」などとせずに、男性の産婆という意味で「男性産婆」を学術用語として用いることにした。なお、中国西双版納タイ族を調査している磯部美里は、近年医療化の進行する中にあって、伝統的な男性産婆の存在と実態について詳細に報告しているが、磯部も「男性産婆」の用語を用いている（磯部 二〇〇七a、b）。ジェンダーの立場から見ると、「産婆」という年老いた女性をイメージさせる呼称の使用自体に問題があると指摘を受けるかもしれないが、歴史的経緯をふまえた上で、あえて使用したことを明記しておきたい。

＊5　大林道子は、その著『お産――女と男と　羞恥心の視点から』の「男性助産婦をめぐるQ＆A」の中で、看護職を女子だけに限っているのは男性差別ではないかという問いに対し、看護は女性の役割というのは性別役割分業の結果であるとしつつ、歴史的には戦場における看護人は男性が主流であったことや、幕末から明治に続く時代に男性が看護人になる例を紹介し、「助産婦に関しては、昭和の初年ごろまで、女の産婆の不在の僻地などにおいて、男性の産婆の業務権を内務省が認可している事例があり、男産婆は存在していた。法制度的に看護婦や助産婦を女性が独占するようになったのは、西欧化、近代化と無関係ではな

く、受手の側の要望と一致した面が大きかったと思う」と述べるが、男性産婆の存在を認識した上での回答としては的を得ていない（大林 一九九四：二二六）。

＊6 男性産婆については、拙著（板橋 二〇一二）で全国各地の事例を報告しているので参照されたい。

参考文献

磯部美里 二〇〇七a「西双版納・タイ族における産婆の創出」（『中国研究月報』六一―七）

同 二〇〇七b「自宅出産における出産介助者の相違――西双版納・M村のタイ族の事例として」（『現代中国』八一）

板橋春夫 二〇〇二「トリアゲジサの伝承――出産に立ち会った男たち」（『日本民俗学』二三二）

同 二〇〇七『誕生と死の民俗学』吉川弘文館

同 二〇一二『増補改訂版・叢書いのちの民俗学1 出産――産育習俗の歴史と伝承「男性産婆」』社会評論社

井之口章次 一九五九「誕生と育児」（『日本民俗学大系』四）、平凡社

岩田重則 二〇〇九『〈いのち〉をめぐる近代』吉川弘文館

江原由美子 一九九五「制度としての母性」（井上輝子他編『日本のフェミニズム五 母性』）、岩波書店

大林道子 一九九四『お産――女と男と 羞恥心の視点から』勁草書房

大藤ゆき 一九六八『児やらい』岩崎美術社

岡田照子 一九九八「誕生と育児」（赤田光男・福田アジオ編『講座日本の民俗学六 時間の民俗』）、雄山閣

落合恵美子 一九九〇「ある産婆の日本近代――ライフヒストリーから社会史へ」（荻野美穂他著『制度としての女――性・産・家族の比較社会史』）、平凡社

恩賜財団母子愛育会編 一九七五『日本産育習俗資料集成』第一法規出版

加賀谷真梨 二〇一〇「民俗学におけるジェンダー研究の現状と今後の展望」（『日本民俗学』二六二）

河北新報 一九〇三「男の産婆」（『河北新報』二〇七九号（明治三六年四月七日付））

新村 拓 一九九六『出産と生殖観の歴史』法政大学出版局

鈴木由利子 二〇〇〇「選択される命――『育てようとする子ども』と『育てる意思のない子ども』」（『日本民俗学』二二四）

館林市史編さん委員会編 二〇一二『館林の民俗世界（館林市史特別編 第五巻）』館林市

西川麦子　一九九七『ある近代産婆の物語――能登竹島みいの語りより』桂書房
長谷川博子　一九九三「〈病院化〉以前のお産――熊野での聞き取り調査より」（『思想』八二四）
林　英一　二〇〇九「ジェンダーを民俗学的視点から捉える試み」（『佛教大学大学院紀要　文学研究科篇』三七）
船橋惠子　一九九四『赤ちゃんを産むということ――社会学からのこころみ』日本放送出版協会
牧田　茂　一九九〇（一九六五）『日本人の一生』講談社（学術文庫）
宮坂靖子　一九九五「『お産』の社会史」（井上輝子他編『日本のフェミニズム5　母性』）、岩波書店
八木　透　二〇〇八a「出産をめぐる習俗とジェンダー――産屋・助産者・出産環境」（『佛教大学総合研究所紀要』一五）
　同　　二〇〇八b「男の民俗誌」（八木透・山崎祐子・服部誠著『日本の民俗7　男と女の民俗誌』）、吉川弘文館
安井眞奈美編　二〇一一『出産・育児の近代』法藏館
柳田國男　一九六九『定本柳田國男集』一五、筑摩書房
湯川洋司　一九九〇「七つ前の子どものいのち」（竹田旦編『民俗学の進展と課題』）、国書刊行会
吉村典子　一九九二『子どもを産む』岩波書店
　同　　二〇〇八「四国山地・上須戒の出産民俗史――夫婦共同型出産習俗にみる安産への視線」（『国立歴史民俗博物館研究報告』一四一）
和田文夫　一九七八「夫のつわり」（井之口章次編『講座日本の民俗3　人生儀礼』）、有精堂

コラム【五】若者と成人式

久保田恵友

成人式って何だろう？

年が明けてまもなくの一月の第二月曜日、成人の日。この日やその周辺に、一部を除くほぼ全国各地で、成人式が開かれている。

一例として、三重県桑名市で開催された成人式をあげてみよう。平成二三年度に桑名市で開催された成人式は、二〇一二年一月七日、桑名市民会館で開かれた。合計一五五八人が招待され、このうち一五人が「新成人スタッフ」として企画・準備、司会進行などを行った。主な内容は、国歌斉唱、市長式辞、新成人の抱負などの式典のほか、映像企画、ファッションショーなどが行われた。記念品には、USBメモリが贈られている。

このような式典だが、一生に一度ということで通過儀礼の認識がなされる一方、近年は「荒れる」との冠詞がつけられることも、少なくない。

成人式の誕生以前

成人式は、伝統的行事のように感じられるかもしれないが、初めて開催されてから六〇年ほどしか経っていない行事である。

成人式が誕生する以前、各地ではさまざまな成人儀礼が行われていた。ここでは、それら儀礼を便宜的に「成年式」という統一名称、種類は八木透が示した分類（八木 二〇〇一）に沿って見てみることにしたい。分類は（一）「身体服飾変化型」、（二）「年齢集団の移行・加入型」、（三）「擬制的親子関係の締結型」、（四）「外泊型」、（五）「登山・旅行・寺社参詣型」、（六）「入座型」、（七）「初潮祝い型」の七分類である。

このうち桑名市では、（一）「桑名市太夫では、男は一三歳になるとオバさんから赤褌を貰って締めた。女も、一三歳でカネ（お歯黒）をつけたが、明治初年頃からは結婚してカネをつけるようになった」、（二）「桑名市桑部では、小学校を卒業（高等科を出た者は一四・五歳、それ以外は一二・三歳）すると男は青年会に入った。女は男より二〜三年遅れて女子青年会に入会した」、（七）「桑名市長島町では、赤飯を炊き家庭で祝ったが、その後は月経期間の神社参りを遠慮した」の、以上三類型が確認されている。

事例を交え概観したが、一定の基準があり周囲の判定を受け成人を生み出す、社会システムとしての儀礼であったと考えられる。

成人式の誕生とその前後

さて、それでは現在行われている成人式は、どうして誕生したのか。ここでは「成人の日」と「青年激励の行事」に着目し、話を進めることにしたい。

写真1　2012年に行われた成人式の風景（桑名市教育委員会提供）

「成人の日」は戦後新しく誕生し、「国民の祝日に関する法律」（昭和二三年法律第一七八号）には、休日とする意義として「おとなになったことを自覚し、自ら生き抜こうとする青年を祝いはげます」と規定されている。

第二次世界大戦の敗戦に伴い、憲法改正指令が発せられた。これを受け、一九四七（昭和二二）年末〜四八（二三）年七月まで、衆議院・参議院両院の文化委員会が協議、祝日を選定した。審議過程では、総理府名義で祝祭日の世論調査が行われた。また読売新聞も独自に、総理府世論調査に先駆け、祝日希望案を募る世論調査を行った。これら調査の結果、成人の日やそれに類する内容を含む祝日案は、あげられていない。つまり、成人の日という祝日は、国民の意見を基にしたものではなく、祝日を検討する審議過程で生み出されたのである。

次に成人の日構想に影響を与え、成人の日に行われることを想定された「青年激励の行事」を見てみよう。

それは一九四六（昭和二一）年、埼玉県北足立郡蕨町（現埼玉県蕨市）で行われた青年祭（成年式）である。この年の一一月二二〜二四日の三日間、蕨町青年団主催で開催された。当時青年団長で町会議員だった（後に町長）高橋庄次郎の発案で、蕨第一国民学校校舎・運動場を主会場として、成年式典の他、在町青年懇親会、模擬店開設、芸能大会、復員相談室の開設、バザー、スポーツなどが開催された。高橋は、後年「当時は敗戦直後で青年が希望を失っており、一人前になったという自覚を持たせるにはどうするかということで、二〇歳になった青年を集め、式をやろうと考えた」（一九五五年一月一五日付朝日新聞）と、語っている。

つまり、蕨町で行われていた民俗行事ではなく、この年に初めて行われた行事だったのである。これを参考に、成人の日は構想され、式典＝成人式は生み出されたのである。

その成人の日・成人式であるが、第一回目が開催されてからしばらくは定着に苦労をするが、一九六五（昭和四〇）年頃を境に、定着したと考えられる。この定着の際には、それまでの成年式とのつながりや意義を説くという官公庁や新聞などの動きがあった。そして何より成年式の衰退に伴い、人生儀礼としての認識がより深まったと考えられる。

成人式の現在とこれから

成人式は、新成人を祝う式典である。しかし、成人の日・成人式を定着させるために成人式誕生以前に行われてきた「成年式」と結びつけられ、通過儀礼のひとつとの認識がされてきた。

その成人式は、最初に触れたように、近年「荒れ」ている。なぜ、成人式は荒れるのだろうか。ここでは、成人式と成年式の違いを通して考えてみることにしたい。そこで「荒れる成人式」の一例を、まず示すことにしよう。

「散々成人式／高知知事一喝「出ていけ」／市長狙いクラッカー高松（中略）高知市の成人式では、来賓としてかけつけた橋本大二郎高知県知事があいさつに立つと、約三千人の参加者の内数人が『帰れ、帰れ』と手拍子を打ちながら連呼した。知事が『静かにしろ』『出ていけ』としかっても、逆に『お前が出ていけ』と言い返した。（中略）高松市の成人式では、新成人の男性十数人が最前列で持ち込んだ酒やビールを飲み、一部は壇上の増田昌三市長に向けてクラッカーを数発鳴らしたり、投げつけたりした。最後まで祝辞を読み上げた増田市長は「目立ちたがってやっていることなので、挑発に乗ればかえって面白がると思い、無視した」と話した（後略）」（二〇〇一年一月九日付朝日新聞）。

右記の事例は、荒れる成人式が社会問題として捉えられ出した時に起こった、有名な事件である。

これまでの成人式研究の中で石井研士は、成人式と成年式の比較をする中で、現在の成人式となり消えたものとして「肉体的試練と外形上の変化」を例示し、その逆として成人式において明確に見られる変化は「法律の権利義務、婚姻・飲酒喫煙の自由」であるとし、現在の成人式は個人の内面的自覚の促進と法的地位の発生を主とすると指摘している（石井 二〇〇三）。

つまり、成年式を通過儀礼として地域社会の維持に取り入れていた時代には、成人するということは生活に密接に関わっていた。しかし、式典のみしか意味をなさない成人式は、個人の生活に何ら影響を与えないのである。

また、現代社会においては、多種多様な「大人を実感する機会」が発生し、個人的な体験が自己の成人認定に果たす役割として大きな要因となっている。周囲の人間に認定をされるのではなく、個人の認識に頼る部分が大きいのである。法律に規定された成人年齢を基準として祝う成人式だが、祝う式典のみで、成人審査のために行う儀式ではない。そのことから、祝うという意味を履き違えた新成人の自己顕示的な行動が問題となり、それが「荒れる」という問題となるのである。

そしてこれからの成人式の姿は、桑名市の事例にもあるように式典から離れた企画が発達し、新成人をスタッフとして活用・意見を取り入れ、いっそう通過儀礼と離れた式典化の進んだ姿になると考えられる。

参考文献

石井研士 二〇〇三「現代日本における儀礼文化の持続と変容の理解に向けて」（明治聖徳記念学会編『明治聖徳記念学会紀要』復刊、三七）
伊藤重信 一九七八『長島町誌』下巻、長島町教育委員会
大間知篤三 一九五九「成年式」（『日本民俗学大系四 社会と民俗Ⅱ』）、平凡社
瀬川清子 一九七二『若者と娘をめぐる民俗』未來社
原田敬一 二〇〇一『国民軍の神話――兵士になるということ』（ニューヒストリー近代日本四）、吉川弘文館
林 猛 二〇〇四「成人式の変容とその展望――戦後から昭和四一年まで」（『日欧比較文化研究』二）
同 二〇〇五「成人式の変容とその展望――民俗の観点から」（『日欧比較文化研究』三）
堀田吉雄他編 一九八七『桑名の民俗』桑名市教育委員会
森 真一 二〇〇五『日本はなぜ諍いの多い国になったのか――「マナー神経症」の時代』中央公論新社
八木 透 二〇〇一「婚姻と成人儀礼」（『婚姻と家族の民俗的構造』）、吉川弘文館
蕨市編 一九九五『新修蕨市史 通史篇・資料篇近代現代』

第六章

家と家族——人と交わりの諸相

大野　啓

一　家を継ぐこと

本章は日本における家研究を振り返り、現在の日本社会において家を対象とする研究の意味を検討することを目的としている。そこで、これまで民俗学や周辺の学問が家に対してどのような視座を有していたのかを概観した上で、民俗学の家研究の問題と現在における家研究の可能性について考えていきたい。

本来であれば、ここで民俗学の研究史を概観すべきであると思うが、最初に筆者が調査地で経験したことを紹介する。二〇〇〇年代半ばに滋賀県北部の村落で、七〇歳代後半の老人（以降、A氏と記す）から次のような言葉をかけられた。「最近の若いもんは家族ばっかり大切にして、家を大切にしようらん」と言い、名古屋在住の息子が村の付き合いにほとんど参加せず、盆・正月と家の法事にしか帰省しないことに憤っていたのである。A氏によると息子は、先祖から受け継いだ屋敷や田畑を守る気持ちがほとんどなく、現在では村に戻って家を継ぐ気がほとんどないのではないかと感じるという。しかし、A氏は息子が家の跡継ぎとしての意識がないと感じるわけではないようである。それは、息子が、村に戻って農業を継ぐ気はないが、家の法事など先祖の祭りには可能な限り妻子とともに家に戻ってくるようにしており、家に帰った際には仏壇や墓に参ることを欠かしていないという行動を評価しているのである。そして、息子自身、家を継ぐということは、仏壇や墓を祀り続けることであると考えているという。祖先祭祀を絶やすべきではないし、家を断絶させることに忌避感を持っているという点では親子の感覚は共通したものであるといえる。しかし、何をもって家を継ぐのかという点については、親子の間での意識が共有されているとはいえない状況である。親子間で家意識や家に対する規範がずれているため、家をめぐって葛藤が生じやすい状況に陥っているのである。この親子と似たような葛藤が生じていることは、筆者自身が、過疎地だけではなく、都市近郊の農村を調査している際にも、しばしば話を聞かされている。すなわち、今、日本の民俗社会では家に対する意識や規範が揺れ動いているということを指摘できるのではないだろうか。

そこで、本章では民俗学の視点から、現在を起点として家意識や規範がどのような変化をしてきたのかについて、冒頭に述べた事例を含めて紹介していく。そして、現在の状況をふまえた上で、先に述べた問題点に言及していきたいと考えている。

現在、民俗学や周辺分野では、ごく大雑把ではあるが、①家産を基盤として生活や生産を共同する、②現在、生活を共同している家族に加え、世代を超えた先祖や子孫までをも成員と見なす、③村落や町などを構成する末端の単位となる、といった特徴を持つものとして、家を捉えているといえるだろう。一般的には家といえば、明治民法で規定された強い家長権を持つ家制度を想起すると思われる。家は生活の実態に合わせ、非常に多様な形態が存在しているのに対して、家制度は国家が規定した均質な家族制度であり、本章では中心的な課題として取り上げることはしない。[*1]

先に紹介した事例と家の特徴を照らし合わせると、A氏の家意識は、民俗学などが議論の対象としてきた家の特徴と一致している。一方で、A氏の息子はサラリーマンとして生計を立てており、家産をもとに生産活動を行う必要はない。さらに、会社の要求次第では、転居を強いられることから、地域社会を構成しているという意識が低いようである。つまり、A氏の息子は共同体での生産の協同には重要な①と③に関する意識は低いものの、祖先祭祀を核とした②の意識は比較的強く有しているといえる。これは、A氏と比べると、息子の家意識は、生活実態に根差した感覚というよりも、非常に観念的な側面が強いように思われる。少なくとも、筆者の管見の限りにおいては、これまで民俗学でA氏の息子が持つような家意識に焦点を当てることは、ほとんどなかったように思う。そこで、次節では民俗学や周辺分野で行われてきた家研究を概観する。その後、今現在、家をめぐる葛藤の中で生きている人々が、どのような生活条件の中で家に対する意識を変化させていったのかについて分析することにする。

二　家をめぐる研究

本節では民俗学および周辺分野で、家を対象として、どのような議論が行われてきたのかを概観する。民俗学やその周辺分野での家研究の蓄積は非常に多く、研究全体を見渡すことは難しい。そこで、家研究の重要な論点である家を家族・親族であるのか否かについての議論を中心に研究史を概観する。

まず、家が家族・親族であるか否かについては有賀喜左衛門と喜多野清一の議論を見ていく必要がある。有賀は機能的側面から家の分析を行い、家を生活組織であると規定した。そして家は、状況に応じて家の成員に奉公人として非親族の成員を包摂するものであるとし、一般的な意味での家族とは異なっていると指摘した。一方、喜多野は家の構造的な側面から分析を行い、家を夫婦や子どもを中心とする全人格的な一体感に基づく小家族結合を核とした家父長制家族的な家族であるとした。喜多野は小家族をあらゆる時代や民族に見られるものとし、家は家族の歴史的な一形態であると理解した。有賀・喜多野の論争の論点は、名子などと呼ばれる主家に住み込みで仕える非親族成員の位置づけにあった。有賀は名子など非親族の住込人の奉公人が家に組み込まれる構造があると主張し続けたが、喜多野は非親族成員が次三男といった家の後継者から外れる成員よりも地位が低く、家長への人格的恭順といった点で親族成員との間には大きな差があり、非親族成員は家の外延的な存在であるとしたのである。

両者の議論は家に対するアプローチが大きく異なっているため、論の正否を評価することは難しい。この論争が行われた後には、喜多野の論を評価する声が大きかった。[*2]喜多野の論はマックス・ウェーバーの家父長制の概念や戸田貞一の小家族論をふまえた上で、個々の事例を分析したものであり、論としての完成度が高いことも評価が高かった理由のひとつであろう。喜多野の分析的な理論構築の手法は社会人類学の影響を色濃く受けた研究者によって、隠居慣行や父系母系両方の先祖に対する祭祀などを分析するなど、日本の家族の多様性や地域性を分析するための指標となっていった。特に、一九七〇年代以降になると、社会人類学などの影響により、村落社会や家族の構造を類型的に分析する手法が主流になっていった。

一方、有賀の論は岩手県石神の大屋斎藤家を中心とする生活のモノグラフから構築されたものであり、石神の社会の論理をすくい上げ、その中から家の本質を見出そうとしたものである。人類学などから家族の普遍性に疑問が呈されたこともあり、有賀の視点が再び評価されている（岩本　一九九八）。有賀の研究手法は柳田國男のオヤコ論の影響を受けたものであることからも明らかなように、初期の民俗学は有賀の手法と共通する部分も少なくなかったが、[*3]有賀の生活誌的な手法は民俗学の中心的な手法となることはなかった。しかし、社会学の分野ではあるが、永野由紀子は有賀の生活誌的な手法を継承し、庄内地方の農家の分析を通じて、家を家産と家業を世代的に継承していく生活システムであるとした（永野　二〇〇五）。永野の視点は国内の農村に広く存在する農家を射程に含めるものとして評価できよう。

また、長谷川善計は近世を日本の基層社会であるとし、近世社会の分析から、家・同族の機能的側面として、生活上の集団としてだけではなく、公的な権利・義務を担う集団として位置づけた（長谷川他　一九九一）。長谷川の議論は有賀や喜多野の議論が家そのものを射程として捉えていたのに対して、村落の社会の中における家や同族を射程に捉えたものであり、家研究にとって非常に大きな足跡をのこしたといえよう。

これまで取り上げてきた家研究は、民俗社会の中に存在している家をいかに分析するのかという点に焦点が当てられてきたものである。しかし、現在の日本社会では、果たしてどれだけの伝統的な家が存在しているのであろうか。その意味では、「〈いま〉の農村に広く見られる『家』を分析の対象」とし、「生活実態としての『家』」を分析することを明言している永野の姿勢は、本章と共通するものである。ただ、永野は現在でも農家としての実態があり、家の相続に問題が生じていない家を対象とすることによって、生活システムとしての家の実態を明らかにしようとしたのである。それに対して本章は、現時点においては家の経営が維持できているが、相続に不安を抱えている人々の生活から生み出される家像に焦点を当て、現在の日本社会における家がどのようなものであるかを分析しようとするものである。

三　父と子の家意識のズレ

本節と次節では家存続の危機を迎えている家の主が、家に対してどのような認識を有しているのかについて検討する。本節では冒頭に紹介した滋賀県に住む人物と岩手県北部に住む人物の二人の家に対する意識のあり方について検討する。最初に紹介する人物は、冒頭のA氏である。

A氏は村の中でも古くから続く家の跡取りとして成長し、成長とともに親の跡を継ぐべく、高等小学校卒業後、農学校に進学し、農業で生計を立てようとしていたという。農学校卒業後は両親とともに家業である農業に従事してきたという。また、成人後は親の指示で村の共同作業に出たり寄合に出席したりするなどして、「A家のものとして、恥ずかしくない付き合いの仕方」を覚えていったという。なお、A氏の家は村の中では古い家筋であるとされている。仏壇にある元禄年間の位牌を本家から分家した家の初代であるとして祀っている。彼の家は日常生活を送る上で、本家と特別な関係を作っているわけではないが、葬式の際には、お互いに真っ先に死を知らせるべき家であると認識している。また、隣組が葬式の帳場を仕切るようになるまでは、お互いの家で帳場を受け持っていたという。

A氏は成人後、農業を営んでいたが日雇い仕事に出る時以外は現金を手にすることができなかった。現金収入を得る機会が少ないことに不便を感じることはなかったが、次第に自由になる現金を持っていないことに多少の不満を持つようになっていたという。一九五〇年代の半ばになると、近隣の村々の若い者が中心となって、滋賀県北部の出身者が創業者となった農機メーカーに工場誘致を働きかけていった。そして、一九六〇年に開業した農機工場で定年まで働くことになった。工場勤務は彼の家の収入を大幅に増やすことになり、村に住みながらにして現金収入獲得の道を得たことになった。

A氏は息子も自分と同じように工場に勤務させれば、家で農業を継がせることができる上、一定の収入を得ることができるため、「ご先祖に顔向けができる」と考えるようになったという。さらに、息子が高校に進学した後には、息子を大学に進学させて、工場があるメーカーに就職させれば、工場の幹部として村に戻ってくるだろうと考えるようになったという。息子が農機メーカーの工場で責任ある立場に就くことができれば、村の中での威信が向上するようになり、家のためにも息子のためにも望ましい未来が開けるようになると信じて、大学進学を積極的に後押ししたという。

A氏の息子は親の期待にこたえるかのように、名古屋の大学に進学したが、就職先に村で父親が勤めているメーカーを選ぶことはなかった。就職に際して、息子はA氏に対して、親の希望する会社に就職しないが、いずれ村に帰って家を継ぐつもりであると伝えていたという。A氏は就職後も息子が、盆と正月には必ず村に帰り、彼岸の道作

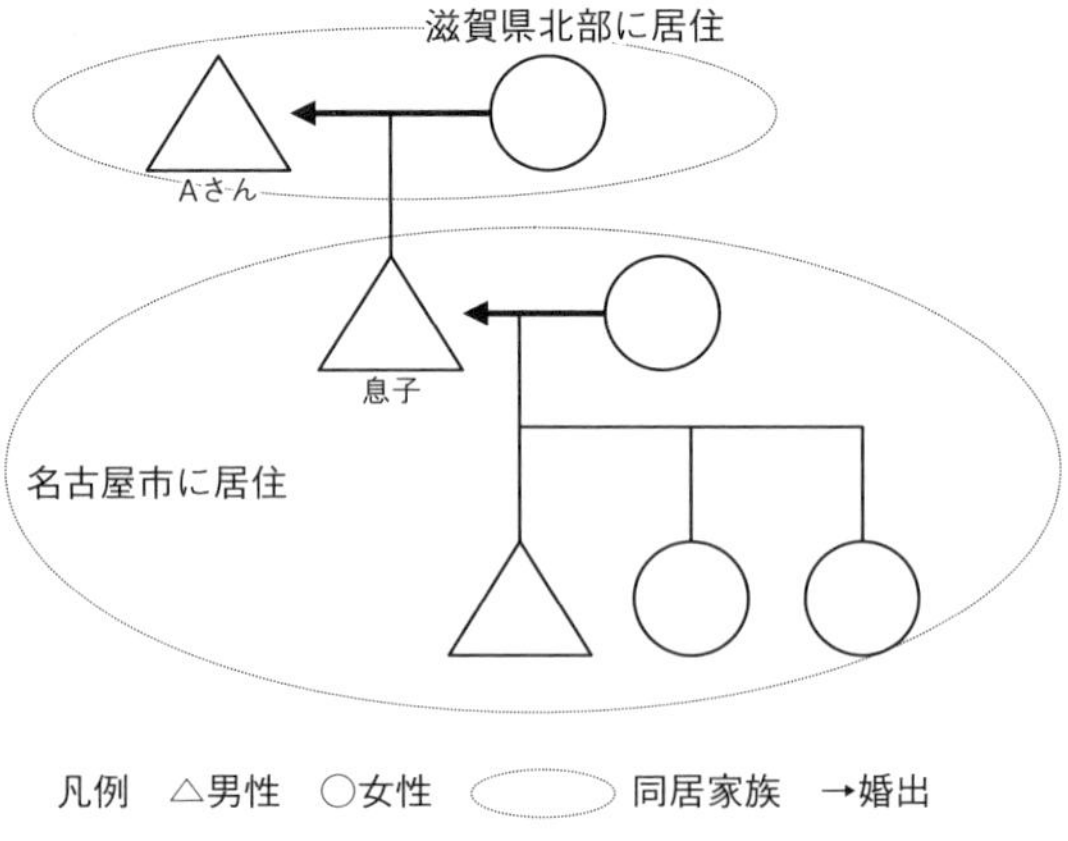

図6－1　Aさんの例

りや村の中で行われる葬送などにもできるだけ顔を見せていたため、息子が家を継ぐことに関して不安を持つことはまったくなかったという。しかし、息子が結婚し孫が生まれると、息子の家に近いこともあり、嫁の里には頻繁に顔を見せて義理を果たすのに対して、次第に実家には盆と正月以外に帰ることが稀になってきたという。この時期、A氏は嫁の実家に気兼ねすることは、やむをえないと思い、家を継ぐという息子の言葉を信じていたという。そして、息子が無事に家を継いだ時に「村のもんに顔向けでき」ないような家だといわれないために、村の寄合や道作りなどには欠かさず顔を出し、村の一員として生活を送るとともに、村の役員なども勤め、村の世話役的な役割も果たしていたという。

孫が成長して高校生になると、A氏は、息子に「そろそろ、家に戻ってきてもらえんやろか」と聞いたところ、「息子（A氏の孫）が大学に入るまでは、教育環境を変えるわけにはいかん」と言われるとともに、「万が一、帰れんことがあったとしても、仏壇と墓だけはちゃんと世話するから心配せんでいい」とも伝えられたという。この時、A氏は初めて息子が家を絶やすことになるかもしれないと危機感を持つようになったという。そして数年後に、息子は妻が反対しなければ、老後に村に戻るかもしれないと伝えるようになると、A氏は落胆し、本章の冒頭で紹介したような「最近の若いもんは家族ばっかり大切にして、家を大切にしようらん」という感情を息子に持つようになったという。

A氏が兼業農家の道を選び、息子に大学進学を勧めたのは、先祖伝来の家を守るためであった。それゆえ彼は、農業を先祖から伝わる家業として守り続けるべきものとして、工場勤務は現金を得るための手段と位置づけていたのである。さらに、彼は村の付き合いも先祖代々の付き合いとして、次世代に引き継ぐべきものと考えていたのである。A氏が息子に対して望んでいたことは、農家として生計を立てることはできなかったとしても、農業を家業として継承した上で、地元の工場で高い地位に就き、村の中や近隣の村々で息子が「さすが、A家の跡取り」や「古い家だけあってA家の者はできがちがう」などと言われ、地域社会の中で高い評価を与えられることだったのである。

一方、A氏の息子は、自分の妻子を連れて村に帰ることは考えていないようである。彼は必ずしも村に居を構えて先祖伝来の田畑を守り続けることが家を継ぐことではないと考えている。そして、墓や仏壇をはじめとする先祖を祀ることや親から続いている血筋を絶やさないことが、家を継ぐことであると考えているようである。家を発展させるためには、村に住み続けて、A氏が彼に期待したようなライフコースを自分の子どもに歩ませるよりも、子どもにより良い教育環境を与えて、職業選択の幅を広くすることが必要であると考えているようである。A氏はこのような息子の考えを「村に義理の立たない」ものであり、先祖代々の地から墓を動かすことは「先祖に申し訳が立たない」ものであるとしている。そして、彼自身の価値観からすれば、先祖代々の地を離れることは、家を絶やすことにほかならないと考えているのである。

四　揺れ動く家像

次に現在、岩手県北部の村落に老夫婦二人で住む人物（以降、B氏と記す）が、齢を重ね村の中で生きてゆく中で、社会状況の変化にあわせて家像を少しずつ変化させてきた様子について見てみる。*4 B氏の家像の変化を見るため、ライフヒストリーにあわせて、家についての考えの変化を追っていく。

現在、B氏は村で妻と二人暮らしをしている。彼には先妻との間に生まれた長男と現在の妻との間に生まれた次男と長女がいる。長男は二〇〇七年まで自衛隊に勤務しており、退職後も青森県の三沢に住んでいる。次男は盛岡に在住しており、会社員として勤務している。そして、長女は青森に住む会社員と結婚して、同地で生活をしている。しかし、B氏の家を誰が継ぐのかは、いまだ決まっていない。なお、数年前にB氏が入院をした際には、同じ集落に住んでいる本家の当主が病院まで連れて行き、その後に子どもたちが見舞いに行ったといい、村の中で日常生活を送ったり、緊急時に頼ったりするのは、子どもよりも本家であるという。

Ｂ氏は一九二〇年に現住地と同じ川筋の下流に位置している町で生まれた。彼の生家は町の中では裕福な商家であったが、祖父の代に事業で失敗して没落し、父親の代になると蹄鉄の職人として成功し、Ｂ氏が小学校高学年の頃には経済的には周囲の家よりも裕福になっていた。しかし、Ｂ氏の叔母は経済的に困窮した中で結婚したため、これまでは結婚の相手にならなかったような家に嫁に行くことになった。彼女の嫁ぎ先となったのは、Ｂ氏が現在住んでいる村の有力な家に奉公人として仕えて、分家・独立を許されたいわゆる名子分家の家であった。[*5]

Ｂ氏は高等小学校卒業後、横須賀に出て海軍の関連工場に就職して生計を立てることになった。本人は故郷に戻る気はなく、現地で職場の上司にでも嫁を紹介してもらい、家の初代となって、そのまま骨を埋めるつもりであったという。しかし、終戦直前に徴兵され、敗戦後に横須賀に戻ったが、職場はなくなっており、生活の目処が立たなくなったため、郷里に帰ることにした。帰郷後、実家で兄の手伝いをしていたが、一九四六年に父と兄から先に述べた叔母の娘と結婚す

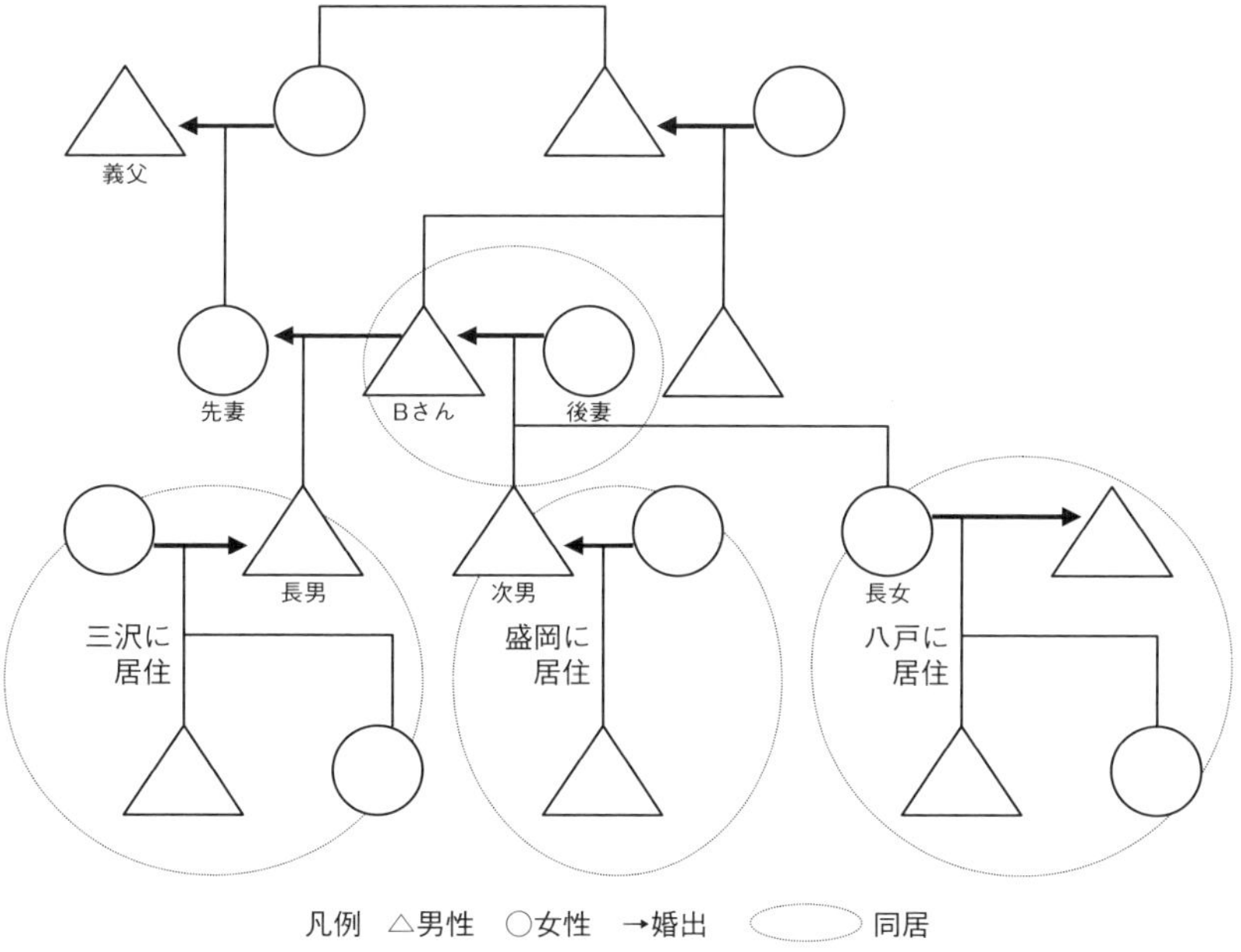

図６−２　Ｂさんの例

るように伝えられ、現在の家に養嗣子として婿入りすることになった。

B氏自身は親と兄からの言い付けで婿に入ったが、婿養子となることは本意でなかったため、婚家で妻や舅と生活することを避け、ひとりで近郊の鉱山にある職員住宅に住み、経理などの事務仕事を行っていたという。さらに、この頃のB氏は、自分の住む村が保守的で、名子の家の成員である自分が親方に気兼ねしながら生活しなくてはならない土地であることに反発していたこともあり、婚家に戻ることは非常に稀であったという。その後、義父が病没し、農業を基盤とした家業経営の中核的な労働の担い手となったため、婚家での生活を本格的に始めるようになった。B氏はこの時点で、長男が産まれていたため、やむをえず家を継いだという意識が強く、積極的に家を守ろうとする意識はなかったという。

その後、B氏は、言いたいことを言っては村の人々と衝突するといったことを繰り返して生活をしていた。ある時期に共有地の権利について話し合う寄合の席で、隣の集落の親方が維持していた権利を小作に開放するように要求して、その親方と対立するようになった。そして、この寄合の後、田植の手伝いを近隣の家々に頼んだ際に、「ユイッコ（結いのこと）だから行かねばなんね」と言ってくれたが、当日には昼になっても誰も田植えの手伝いに来ないなど、対立した親方の差し金で村八分に近い扱いを受けることになった。B氏がこの窮地を脱することができたのは、村の親方であった直接の本家と総本家の当主が、対立した親方に口添えをしたことにより、矛を納めたからである。この一件以前は、親方を威張っていて口煩い存在としか考えていなかったが、これ以降は自分を守ってくれた本家でもある親方の存在をありがたいと認識するようになったという。

そして、自分を窮地に陥れた親方を見返すためにも、この地で家の存在を磐石のものとなるようにして子どもの世代に伝えようと考えるようになったという。この頃に先妻が亡くなり、村の外から後添えをもらったため、村内の人々とは血縁関係がなくなり、村の中で孤立しやすい状況になった。B氏は村内で孤立すると家の存続が危うくなることを、身を以て知っていたため、親方や周辺の家々とも良好な関係を築くことを強く意識したという。そして、直接の本家の良き名子として家の存続を図るとともに、村の同年代の者と親交を深めるようにしていった。

一九五〇年代半ばには村の中で同年代の若い農家を誘って共同でタバコ栽培を行うようになり、タバコ栽培が軌道に乗ると地元の農道補修などを行う小さな建設業を営むようになった。B氏は事業によって現金収入を得て、長男には確固たる基盤を持つ家を相続させようとしたのである。そして、次男と長女には相応の教育をつけて、就職や結婚に支障がないようにするための基盤作りを行っていたのである。

一九六〇年代から一九七〇年代にかけて子どもたちは次々と家から出て、それぞれの生活を営むようになる。長男は自衛隊に入隊し、村を離れることになり、次いで、次男も進学・就職のため村を離れ、長女も県外の男性と結婚したため、村を離れることになった。長女が就職してからは夫婦二人だけの生活となった。一九七〇年代になると農業だけで生計を立てることは難しくなってきたため、長男と次男が村の外に出ることに異論はなかったが、いずれ長男は村に帰ってきて、農業と建設業という家業を継ぐものと考えていたという。そして、息子の代になった時に肩身が狭い思いをしなくてもいいようにとの配慮から本家の所有地に建てていた家を自分の所有地に移した[*6]。一九八〇年代半ばになって、子どもたちが村外で家庭を築き、当面は戻る予定がなくなると、B氏は建設業での収益が低下していたこともあり、建設業を廃業し、タバコ栽培も次第に縮小していき、生活を維持するだけの経営となった。

先に述べたように、現在にいたるまでB氏の子どもたちは、村に帰ってきておらず、誰が家の後継者であるのかが不明確なままである。長男に子どもが生まれると、B氏は跡継ぎができたと喜んでいたが、孫が村に住むと進学する学校の選択肢が狭まると考えており、長男が無理して生家から職場に通う必要はないと考えていた。さらに、現在では長男も次男もそれぞれが社会関係を築いているので、容易に村に戻れない状態になっている。また、B氏が住む地域で、専業農家として生計を立てているのは、タバコ農家と花卉栽培農家のみであり、子どもが農家としての技術を持ち合わせていないため、村に戻ってほしいとはいえないという。かつて、B氏は長男に家を継いでほしいと考え、自らの家の経済力や親方からの独立性を高めることを心がけていた。しかし、筆者が調査のためB氏を訪れた頃から、次第に彼の言動は変化し始め、現在では長男か次男のいずれかが仏壇と墓を祀ってくれればいいと考えるようになったようである。筆者がB氏に「息子さんは家を継がないのですか」と問うと、「じさま（爺様、初代の当主）からもらった田んぼは（非常に少なく）、申し訳ないけど……、ほとんどは、うらほ（自分）が稼いだもんだから……」と述べ、先祖には申し訳ないという気持ちはあるが、息子が必ずしも村の中で家を継ぐ必要はないと考えるようになっているという。ただ、「どこでもいいから仏壇と墓は祀ってもらわねえと、家が絶えてしまう。家を絶やすことは、じさまに顔が立たね」と言い、家を象徴する存在である仏壇や墓といった祖先祭祀を継続することに対しては強いこだわりを持っているのである。

その一方で、B氏は本家や総本家など村の中で由緒があるとされている家の継承については、自分の家の継承とはまったく別のものとして考えている。先祖から多くの財産を受け継いでいる家では、家屋敷や田畑を放棄することは、先祖に対する不孝であるとともに、分家や名子分家を輩出してきた家は、村を出ることで、分家や名子を見棄てることになると考えており、本家の跡取りは、生活のために若いうちは村の外で働くこともやむをえないが、最終的に村の中で生活すべきものであると考えている。

五　家存在の論理の変化

前節で取り上げたA氏とB氏の生い立ちや家に関する意識について確認すると、A氏は村の旧家の跡取りとして生まれ、家を継ぐべくして家を継ぎ、村の役職を務めるなど、村の中で望ましいとされる人生を歩もうとしてきた人物である。一方のB氏は家の跡取りではないため、生家を出て関東に出て自立しようとしたが、戦争の影響でやむなく帰郷した後に、親戚ではあるが生家よりも経済力も家格も低い、奉公人分家の家に不本意ながら婿入りをし、その後も村の中で軋轢を起こしながら、家の力をなんとか上昇させようと努力を払った人物である。

A氏は近隣の工場誘致に積極的に関与し、跡取りがそこに工場で就職した上、高い地位を得ることができるようにするため、高等教育の機会を与えるなど、村の中で世代継承を行うための努力を惜しまなかった。そして、B氏も建築業や生産性の高い作物の栽培に着手するなど、村の中で跡継ぎが安定した生活を営めるようにさまざまな努力を払ったのである。A氏とB氏が村で占める位置はまったく異なっているが、村の中で次の世代に家産と家名を継承することこそが、あるべき家の姿であるという意識には、両者の間に大きな差は存在していない。

その一方で、A氏は村の外で生活をし先祖から受け継いだ田畑を荒らすことは、家を絶やすことにほかならないと考えているが、B氏は自分の息子たちが村に戻らなかったとしても、仏壇や墓の手入れを行い、供養を欠かさなければいいと考えるようになっており、A氏とB氏とでは跡取りに対して求める行動は異なるようになっている。B氏が息子たちに村に帰り、家を継ぐことを求めなくなったのは、家の初代であるB氏の義父の代には、わずかな田畑しかなく、現在の財産はほとんどが自分自身で稼いだものであるため、墓を他所に移したり、田畑を放棄することは、先祖に対して多少の後ろめたさはあるものの、絶対に認められないものではないという思いがあるからだ。さらに、B氏が住む村で十分な収入を得るためには、花卉栽培などの技術習得が必要であり、成人後、自衛隊員や会社員として生きてきた彼らには困難なことであると考えたことも、原因のひとつであるという。B氏は村の中のひとつの単位として存在する家の継承をあきらめていったのである。そして、B氏は、村落内の社会的な単位としての存在から、祖先祭祀を核とした存在へと、次第に家像を変えていったのであろう。しかし、あるべき家の姿を親方の家に投影するなど、いまだにかつての家像をB氏が維持していることも事実である。B氏の家像は、息子たちの家族と自らの家の存続との間に生じた葛藤を解消するために、先祖から子孫への連続性を意識した上で、家を家族に近い存在へと揺れていったのであろう。

B氏が住む地域では、役所や農協などを除けば、就業先が非常に限定されている地域であり、兼業農家化を進めることにより家の命脈を保つことは、困難である。一方、A氏は自らも地元への工場誘致に関与した経験を持っており、地元で兼業農家となれば家を維持し続けることは可能であると考えている。それゆえ、都会に出たまま地元に帰ってこない息子が家を絶やすのではないかという危機意識を持ってしまうのである。ところが、A氏の息子は、血筋を絶やさずに先祖祭祀を続けることが家を守ることであると考えており、A氏とはまったく異なった家像を構築している。

村での家存続をあきらめたB氏と先祖伝来の地に住むことにこだわらないA氏の息子の家像は、非常に似たものになっている。B氏自身の家像とA氏の息子が有している家像には、地域社会における単位としての側面はなく、生活を安定させるための家産も存在していない。あくまでも、子孫が家の象徴たる先祖を具体化した仏壇や墓と姓だけを継承するだけなのである。このような家は象徴として存在しているため、民俗社会でこれまで存在してきた家よりも、観念としての先祖と子孫との連続性、そしてそれを象徴する血筋といったものが、大きな意味を持つようになると考えることができる。

今後、多くの人々にとって家は家産などの実態を伴わない存在となるがゆえに、血縁へのこだわりが強くなると考えられる。そして、このような家はこれまで民俗学の射程の外にあったものであるが、今一度、日本社会のひとつの特徴として射程の中に含める必要があるのではないだろうか。

注

＊1　家制度が家意識や規範に与えた影響は非常に大きいと考えるが、家と家制度は別の次元で議論すべきものである。本章ではあえて触れないが、家と家制度との関係については、民俗学でも検討する必要がある課題であると考える。

＊2　蒲生正男は、両者の論争に対して、同族団は「本質的に親族集団以外の何物でもなく、親族集団として理解すべき」と述べ（蒲生　一九五八）、喜多野の論の方がより論理的であると評価している。

＊3　柳田國男は「野の言葉」において日本各地に存在するオヤやコに関する民俗語彙を提示して、オヤという言葉の原義は、生みの親ではなく労働の統率者であり、オヤコ関係を労働組織として把握する視座を提示した。この視点は有賀に大きな影響を与

え、有賀が石神の大屋斎藤家の親方名子関係を分析する際に、小作料の原義を求めたことと共通する視座を有している。

＊4　B氏への調査は一九九八年から二〇〇九年にかけて断続的にヒアリングを中心として行ったものである。したがって、B氏の家像は彼が自らの人生を振り返る中で、当時どのように考えていたのかについて聞き取った情報が中心である。

＊5　B氏の叔母が結婚した家の舅は、村の親方百姓に酒造業の杜氏として仕え、長年親方に仕えた功によって分家としての独立を許された。なお、この地域の奉公人分家は一般的に、親方から屋敷地の貸与を受け、屋敷と家財道具を与えられていたのである。しかし、この人物は分家の際に親方の養子となって、親方の姓を名乗ることを許されるとともに、いくばくかの耕地の分与と屋敷地の貸与を受けたため、名子分家の中では格が高いとされている。

＊6　名子分家が親方である本家から無償で借りている屋敷地から自らの家を移すことは、通常、当該地域では名子抜けと称する行為で、親方と名子の関係を絶つことを意味している。しかし、B氏は親方に名子抜けするつもりはないことを先に伝えていたため、従来の関係を維持している。

参考文献

有賀喜左衛門　一九六六〜一九七一『有賀喜左衛門著作集　一〜一一』未來社

岩本通弥　一九九八「民俗学における『家族』研究の現在」(『日本民俗学』二一三)

大野　啓　二〇〇三「同族結合の論理の変化――岩手県安比川流域の親方―名子関係を中心として」(『比較家族史研究』一七)

蒲生正男　一九五八「親族」(『日本民俗学大系　三　社会と民俗』)、平凡社

喜多野清一　一九六七『家と同族の基礎理論』未來社

永野由紀子　二〇〇五『現代農村における「家」と女性』刀水書房

長谷川善計・竹内隆雄・藤井勝・野崎敏郎　一九九一『日本社会の基層構造』法律文化社

コラム【六】村の「つきあい」

平原園子

「つきあい」とは

「つきあい」をあらゆる場面における人とのつながり、結びつきの行為と考えると、あいさつや言葉を交わすことも「つきあい」であり、もちろん一緒に食事や買い物などをすることもすべて「つきあい」である。人と交わるという行為の「つきあい」には、時間や場所を共有することで、互いに打ち解け合い信頼関係を築くことができる効果がある。

しかし、最近ではあまり人とつながらずに生活を送る人も珍しくない。毎日のように孤独死や子どもへの虐待などのニュースが流れている。これらの問題は、地域社会の人々の視界や意識からはずれ、地域から孤立していることがひとつの要因と考えられる。一方で、会社を退職した団塊の人たちが、地域社会に自らの居場所を見つけるために、さまざまな地域の行事に積極的に参加している状況もある。自ら地域とのつながりを求めているのである。このように「つきあい」は、人間社会の中で生きていく上で、必要なもののひとつであるといえるだろう。

民俗学では、「つきあい」は交際とも称され、比較的早い段階から柳田國男によって研究されたが、「つきあい」の内容にまで踏み込んだ研究は少なく、現在においても「つきあい」の解明にはいたっていない。中込睦子は、その理由として、これまで「つきあい」の概念は明確に定義されず、それぞれの研究者の視点によって研究されてきたためだとしている。しかし、「つきあい」そのものの分析を試みた研究者もいる。福田アジオや先述した中込である。福田は、「つきあい」を村に対してのムラヅトメと、他の家々に対してのムラヅキアイに分類した。また、中込は「つきあい」を「日常的なつきあい」と「非日常的なつきあい」に分類した。「日常的なつきあい」とは、あくまでも日常生活上でお互いが協力し合うための接触・面接の行為であり、「非日常的なつきあい」とは、日常生活以外の非日常の場面（たとえば冠婚葬祭や災害・病気・家普請など）での村人同士の交わりの行為とした。

本コラムでは、「つきあい」を「家族以外の者とのあらゆる場面における相互交渉の行為」と捉え、現代においても比較的人と人とのつながりの相互交渉がある村の「つきあい」に焦点を当てて、「つきあい」とはどのようなものか、現代社会において「つきあい」とはどういった意味を持つのか考えてみたい。

村の「つきあい」の事例から

滋賀県の北西部にある大津市和邇今宿は、大津から北陸へ通じる北国海道の街道沿いにあることから栄え、街道沿いにある上今宿村では商業と農業で、琵琶湖に面した下今宿村では漁業と農業で生計を立てていた。一九七四（昭和四九）年に、旧国鉄の湖西線が開通したことで、京阪神方面への通勤圏内となり新しい住民が転入し始めた。湖西線が開通する四年前の一九七〇（昭和四五）年には人口五三八人、世帯数一一八戸だったが、二〇〇二（平成一四）年は人口七七五人、世帯数二五三戸とゆるやかな増加を示している。

今宿内での「つきあい」を見る場合、その家がムライリをしているかどうかで大きく異なる。今宿におけるムライリとは、氏子組織に加入し、今宿の周辺集落との共同祭礼である和邇祭に参加することである。この和邇祭への参加を通して、村の成員と同じ時間や場所を共有することで、お互いの信頼関係が生まれ、村を担っていくメンバーであると周囲に認めてもらえるようになる。本コラムでは、ムライリをしている住民（＝氏子組織に加入している住民）の多くは、古くから今宿に住んでいる住民のため、これらの住民を旧住民とし、反対に、ムライリしていない住民（＝氏子組織に加入していない住民）の多くが、新しく今宿に転入してきた住民のため、新住民とする。

旧住民と新住民それぞれにアンケート調査などを実施し、どのような「つきあい」を行っているのか比較・分析を試みた。その際、分析の指標として中込が提示した「日常的なつきあい」と「非日常的なつきあい」を用いた。

アンケート調査の結果、旧住民と新住民とでは「つきあい」に対して大きな差異が見られた。旧住民の場合は、サラリーマン・公務員層や（専業）主婦層、高齢者など若年層を除くどのような層であっても、村の行事や冠婚葬祭などの「非日常的なつきあい」を行うのに対して、「日常的なつきあい」では比較的余暇のある層、居住地にいる時間が多い層（専業主婦や無職、農業に携わっている人など）が中心となり行う。一方、新住民の場合は、「日常的なつきあい」「非日常的なつきあい」の区別なく、各自が必要と思う「つきあい」を選択し行う。

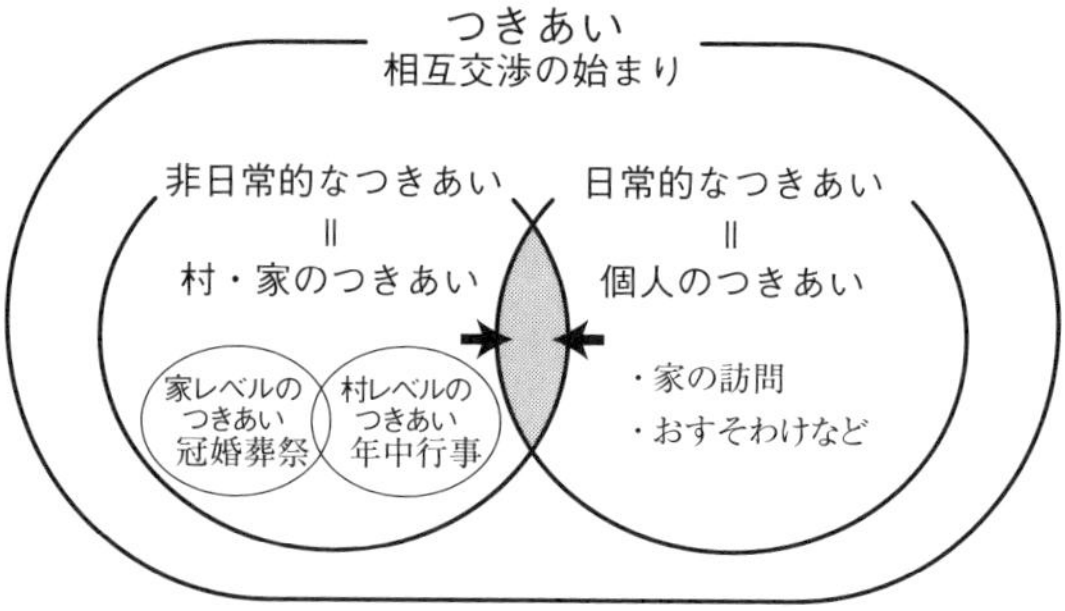

図1　「つきあい」のイメージ図

なぜ、旧住民と新住民とで「日常的なつきあい」と「非日常的なつきあい」にこのような差異が生じるのだろうか。

この差異を述べる前に上の図を見てほしい。これは、村の「つきあい」をまとめたものである。「つきあい」には、人と人が顔を合わせると、あいさつや軽い会話などお互いが交わるための相互交渉の始まりがあり、その後「非日常的なつきあい」か「日常的なつきあい」のどちらかが始まる。「非日常的なつきあい」とは、村の年中行事への参加や冠婚葬祭など、村と家、家と家との関係をつなぎ、古くから今宿に住む家の者が代々受け継いでいる非常に村的な「つきあい」であると思われる。一方、「日常的なつきあい」とは、お互いの家を行き来したり、おすそ分けをするなどの、あくまでも日常的な行為で個人としての「つきあい」であり、村でなくてもどこの地域社会でも行われている行為である。よって、「非日常的なつきあい」は村・家との「つきあい」、「日常的なつきあい」は個人としての「つきあい」といいかえることも可能である。

これらをふまえた上で、本題である旧住民と新住民との「日常的なつきあい」と「非日常的なつきあい」の差異に戻ると、旧住民にとって「非日常的なつきあい」は、若年層を除くほとんどの層が行うほど必要な「つきあい」である。なぜなら、上記で述べたように「非日常的なつきあい」には、村内の人間関係を良好にしながら、村と家、家と家をつなぐ役割があり、このことは村にどんなことが起こっても村の他の成員と協力して村を維持する気持ちを表した行為になるからである。村を維持するということは、旧住民にとって先祖から受け継いできた自分の家と生活できる場所を守ることを意味し、自分が存在してよい居場所を確保することにつながる。つまり、別の言葉でいいかえると、旧住民は、先祖代々の家と自らの居場所を守るために、「つきあい」を通して村での人間関係をよくし、自らが住みやすい環境を作っているともいえるだろう。一方で、新住民にとっての「つきあい」とは、日々の生活を助け合い暮らしやすくする行為ではあっても、村を維持し、先祖の家を守り受け継いでいく場とはまだなっていないと思われる。旧住民と新住民双方の思いが、このように「つきあい」の差異を生んだのではないだろうか。

「つきあい」にはどのような意味があるのか

自分の居場所を見つけるためにも地域社会および人々とのつながりを保ち、「助け合う」「ほっとできる」「安心できる」「帰ることのできる場所の確保」という意味において、「つきあい」は必要なのではないだろうか。「つきあい」は、帰る場所、受け入れてもらえる場所を確保するための手段であり、装置なのではないか。しかしながら、人とのつながりにはある一定のほどよい緊張感を持つ必要があり、人とのつながり、関係性を築くための基本的なルールを守りさえすれば、「つきあい」は継続され、自分の居場所を見つけることができるのではないだろうか。

現段階における民俗学では、「つきあい」の解明にはいたっていない。「つきあい」は、「つきあい」を行う行為者同士の関係性や「つきあい」を行う状況などによって左右され、「つきあい」の形式はまったく異なり同じつきあいは存在せず、「つきあい」研究の難しさを感じる。しかし、人々の暮らしに即した「つきあい」を研究することは、現在から未来にかけてよりよい人間関係を築くにはどうあるべきなのか、またどうすればよいのか、少しでもその糸口を見つけることができるのではないだろうか。

参考文献

郷田洋文　一九五九「交際と贈答」「互助と協同」（大間知篤三他編『日本民俗学体系四』）、平凡社

中込睦子　一九八三「交際の構造分析のための試論――『主』『客』あるいは『等質』『異質』をめぐって」（『社会伝承研究』七）

平原園子　二〇一一「混住化地域におけるつきあいの研究――滋賀県和邇今宿地区の事例を中心に」（『鷹陵史学』三七）

福田アジオ　一九七六「互助と交際」（和歌森太郎他編『日本民俗学講座二』）、朝倉書店

若旅淑乃　二〇〇三「つきあい再考――群馬県吾妻郡東村を事例として」（『日本民俗学』二三三）

和歌森太郎　一九四七「村の交際と義理」（『日本民俗論』千代田書店）（和歌森太郎著作集刊行委員会編『和歌森太郎著作集』九、弘文堂に再録）

同　一九五三『日本人の交際』弘文堂

第七章

民間宗教者と地域社会
――多様な在り方を見つめ直す

中野洋平

はじめに

私たちが暮らす地域社会には、今も昔も、多様な生き方・暮らし方があった。ヒトやモノの移動が簡易になった現在、暮らしの場における人々の多様化は増すばかりである。そのような現状において心安らかな暮らしを実現するために、今ほど多様な価値観や生き方を認め合う多文化共生社会が求められる時代はないだろう。人間の生活文化、人々の生き方を問い続けてきた民俗学が、そのために果たす役割は大きい。

とはいえ民俗学は、多様な人々に対して目を向けてきたかといえば、そうではない。本書第一章で紐解かれたように、民俗学は学問としての形式を整えていく中で、研究対象を「普通の人々」「常民」に絞り込んでいった。このとき常民と考えられたのは、地域社会に田畑屋敷をもって暮らす農民である。当時、彼らが国民の大多数を占めていたからであった。一握りの権力者や文化人たちによらない、普通の人々の歴史や生活文化を捉えようとしたところに、民俗学の意義はあったのである。しかし大多数の人々を対象としたために、彼ら以外の人々に対しては、十分な研究が行われてきたとは言い難い。そこで今一度、私たちが暮らす地域社会にはどのような多様な暮らしがあったのか、捉え直してみる必要があるだろう。

民俗学が取り扱ってこなかった人々とは、たとえば「非常民」とされた「被差別民」や「民間宗教者」である。前者については第二章で考察されているので、本章では後者の「民間宗教者」について考えてみたい。

民間宗教者という術語をはじめに使用したのは柳田國男で、一九三二年に彼が執筆した『大百科事典』「ケボーズ(毛坊主)」の項に次のようにある。

「得度戒律のない一種の宗教者で、一向宗念仏宗等の末派に属して、世襲的に半僧半俗の生涯を護ってゐた(中略)我国に於ける佛教の傳道は、多く貴族名門若しくはそれに次ぐ階級者に対象を置いたに対して、一遍法然の徒が出でて、念仏利益を説くに至って、その目標は専ら民間草莽の済度に向けられたが、実際古くよりその生活に交渉を持って、直接教化に当っていたのはこの俗間の宗教者で、念仏利益を発唱した者は、偶々この民間宗教者の地位伝統を利用したものと見られる」(傍点筆者。柳田 一九四六：四〇二)。

つまり民間宗教者とは、毛坊主のような、宗教組織に属しながらも庶民と同じく地域社会に暮らし、人々と交わりながら宗教的・芸能的行為を生業とする者の総称なのである。彼らに対置されたのは、社寺に常駐し、霊山霊地に籠って庶民と交流のない宗教者であった。本章ではまず、民俗学がどのように民間宗教者を捉えてきたのかを知ることから始めたい[*1]。そこでは歴史的な民間宗教者の存在に注目しながらも、彼らの在り方そのものには迫り切れていない現状が明らかとなるだろう。次いで日本史学の成果を利用しながら、江戸時代における基本的な民間宗教者の在り方、暮らし方について考察したい。これまで民俗学が描いていた民間宗教者とは異なる姿が提示されるだろう。そして最後に、明治維新から明治期における民間宗教者の変化について考えてみたい。

一　民俗学における民間宗教者研究

民俗学の萌芽期である明治末年から大正時代にかけて、柳田國男の関心は山人や民間宗教者など、後に民俗学の主たる分析対象となる農民（平民・常民）とは異なる人々であった。一九一三年三月に創刊された『郷土研究』誌に、柳田は相次いで「巫女考」（柳田 一九一三）と「毛坊主考」（柳田 一九一四）を連載する。これに「聖俗沿革史」（柳田 一九二一）を加えた三編が、彼の代表的な民間宗教者に対する考察だといってよい。

一連の論考を見てもわかるように、対象となった民間宗教者は、同じ地域社会に暮らす僧侶や神職ではなく、どちらかといえば社会的に賤視され、教団や宗教制度に規定されず、地域間を「漂泊」して活動する者たちである。柳田は彼らに日本文化の古層に位置する固有なる信仰（固有信仰）を見出そうとした。そのために「巫女考」と「毛坊主考」では、現在から歴史を遡って「巫女」や「毛坊主」の祖形が考察された。祖形に固有信仰を求めたのである。

折口信夫も、民間宗教者に古代の信仰を見出そうとしたひとりである。彼は「巫女」や「ヒジリ」という個別の存在に注目するというよりも、彼らの「漂泊性」「遊行性」に注目した。定期的に移動して村々を訪問するという彼らの活動形態と、小正月の行事など実際の民俗から、古代日本において信仰されていた来訪神である「まれびと」を導き出している（折口 一九二九）。

一九二〇年代になると、柳田の民間宗教者に対する言及は少なくなる。周知のようにこの頃、柳田の関心が農民の民俗文化に移っていったためである。「聖俗沿革史」以降、柳田の民間宗教者の扱いは、固有信仰の保持者というよりは、常民の文化や信仰の伝播者としての側面を強調するようになる。

柳田にかわって、民間宗教者の研究を進めたのが中山太郎、和歌森太郎、堀一郎、五来重などである。中山は『日本巫女史』（中山 一九三〇）において、膨大な史料に基づき古代から現在にいたる巫女の歴史的展開を描いた。また、これまで注目されなかった「座頭《ざとう》」「盲僧《もうそう》」「瞽女《ごぜ》」など、盲目の宗教者についても、体系的な歴史を描いている（中山 一九三四）。また和歌森太郎が『修験道史研究』（和歌森 一九四三）で山伏を、五来重が『高野聖』（五来 一九六五）でヒジリの歴史的展開を描いた。

このように一九三〇年代から六〇年代にかけては、柳田や折口が発見していった「巫女」や「毛坊主」「山伏」などの民間宗教者の歴史が系統別に描かれ、その過程でさまざまな民間宗教者に関する情報が現行の事例や歴史資料の中から集積されていった。そして系統別であったそれまでの研究を統合し、より総体的に民間宗教者の歴史を描いたのが堀一郎の『我国民間信仰史の研究二 宗教史編』（堀 一九五三）である。彼は日本の民間宗教者の原型を「ヒジリ」と見、古代の山岳信仰における修験者、中世の念仏聖、近世の賤視された宗教者たちへと分化展開する過程を考察した。

七〇年代に入ると、柳田に始まった文献資料を重視した民間宗教者の変遷史を描く研究は減り、かわってフィールドワークによって現代の民間宗教者に注目する研究が増加した。これは民俗学の内発的な展開というよりも、民俗学が発見していった多様な民間宗教者が、宗教学や人類学など他分野においても取り上げられ始めたことに起因する。この転換の一翼を担ったのが、柳田の研究を集大成させた堀一郎本人であった。堀は「口寄巫女へのアプローチ」（堀 一九五二）と題した論考において、日本の口寄巫女を「シャマニズム（巫俗）」の範疇に入れて分析することの可能性があると指摘し、M・エリアーデの著作を翻訳出版したことを機に『日本のシャーマニズム』（堀 一九七一）を発表する。

これ以降、桜井徳太郎（桜井 一九七四、一九七七）や佐々木宏幹（佐々木 一九八四）の研究に代表されるように、七〇年代から八〇年代にかけては、日本の巫女を素材とした巫俗研究がさかんになる。この潮流は、民間宗教者の活動や彼らが有する知識から、体系的な信仰や宗教形態を読み取ろうとする視座だといえよう。巫俗研究のほかに、宮家準が先駆けとなった「修験道研究」（宮家 一九八五a、b）、村山修一（村山 一九八一）をはじめとする「陰陽道研究」などが後続としてあげられる。

また八〇年代は、民俗学や宗教学において民間信仰研究から民俗宗教研究への展開が図られた時期である。その一分野である仏教民俗研究では、仏教を民衆に布教した「ヒジリ」たちへの注目が高まり、日本史の諸断面にあって庶民の間を経巡って活動する「遊行聖」の実態を明らかにしていった（西海 一九八四）。さらに真野俊和は『日本遊行宗教論』で、仏教民俗とヒジリたちの関係をモデルとして、既成宗教と民衆との接点に民間宗教者を位置づけようと試みている（真野 一九九一）。このように八〇年代後半から九〇年代にかけて、民間宗教者が伝播した、あるいは媒介した信仰や宗教文化を分析する研究が進展した。仏教民俗以外では「民間巫者信仰」を分析した池上良正の論考（池上 一九九九）、越後地域をフィールドに、修験者が媒介した鮭をめぐる儀礼と信仰を分析した菅豊の論考（菅 二〇〇〇）などがある。

二〇〇〇年代に入ると、後述する日本史研究における民間宗教者研究の影響もあって、民俗学の中からも、現在確認できる民間宗教者の存在形態を歴史的社会的文脈の上で理解しようとする動きが現れる。その代表が岩手県陸中沿岸の「神子」を対象とした、神田より子の研究である（神田 二〇〇一）。神田は地域の祭礼において神楽を舞い、地域の一年を占う託宣をし、一方で死者の口寄せも行う「神子」たちの在りようを、時代に即して江戸時代から現代にいたるまで描き、その来歴を丹念に跡づけた。その上で彼女らの持つ知識や技術を検討し、神子をめぐる宗教文化を明らかにしている。そこで明らかにされた神子たちの姿は、これまで民俗学が提示してきたような、神秘的で超歴史的な存在ではない。むしろ私たちと同じように生活し、社会状況によって自らを変化させ生き延びる人間の姿であった。

また最近では、小松和彦のいざなぎ流太夫の研究があげられる。小松は八〇年代から儀礼や祭文の分析を通して、いざなぎ流のコスモロジーや憑霊信仰など多様な宗教文化を明らかにしてきたが、いざなぎ流太夫の歴史的な存在形態の解明には消極的であった。しかし『いざなぎ流の研究』（小松 二〇一一）では、土佐国香美郡槙山郷（現、高知県香美市）という地域の社会構造の中から、いざなぎ流太夫の形成と展開を論じている。

以上のように民俗学の民間宗教者研究は、民間宗教者の「発見」と系統別の理解から宗教性や知識への注目を経て、特に江戸時代から近代現代という展開において、地域社会の中で人間は民間宗教者としてどのように生きてきたのかを問う展開になりつつある。それは私たちが民間宗教者へ期待し幻視した「宗教・呪術」や「漂泊」「他者」「始原」といった眼差しをいったん外し、多様な在り方の一つとして、民間宗教者という生き方を考えることなのである。

二　江戸時代の村落社会における民間宗教者

民間宗教者の宗教性や知識に注目していった民俗学に対し、日本史学では彼らの身分や存在形態が明らかにされていった。柳田と同時期に活躍した歴史学者の喜田貞吉は、自身が主催する雑誌『社会と民族』において民間宗教者を含む被差別民の論考を多く発表し、古代から江戸時代にいたるまで多様な事例を報告している（喜田　一九八二）。

戦後になると、林屋辰三郎（林屋　一九六〇）や網野善彦（網野　一九七八）、黒田俊雄（黒田　一九七五）、脇田晴子（脇田　二〇〇二）などによって中世賤民の研究が進展し、特に散所法師《さんじょほっし》や声聞師《しょうもじ》が当時の芸能や宗教の重要な担い手であったことが明らかにされた。一九八〇年代に入ると、高埜利彦が朝廷や幕府権力との関係において江戸時代の民間宗教者を論じる（高埜　一九八九）。その成果は、九〇年代の吉田伸之や塚田孝らが主導する身分的周縁研究に発展し、権力による民間宗教者の編成と身分集団の形成が論じられた。[*2] この流れを受けて二〇〇〇年代では、陰陽師《おんみょうじ》、万歳《まんざい》、神職《しんしょく》、神事舞太夫《しんじまいたゆう》、三昧聖《さんまいひじり》など、江戸時代の地域社会に存在する民間宗教者の個別事例が研究されるようになった。[*3] 以上の研究をふまえて、次に江戸時代の村落社会に暮らす民間宗教者の基本的な在り方を見てみよう。[*4]

村落社会と民間宗教者

民間宗教者の姿は時代や社会によって異なる。それは彼らの存在が、ことさら政治、社会、経済、文化的状況に左右されやすいためであり、一方でそれらの変化に応じて自ら俊敏に存在形態を転換させているためである。江戸時代の村落社会において、そこに住まう民間宗教者の顔ぶれが出そろい始めたのが、元禄期、一八世紀以降である。それまでの徳川幕府成立から一世紀、特に寛文期から元禄期末の約五〇年は、民間宗教者たちにとって激動の時代であった。政治的には、幕府による寺院法度の発布、本山派、当山派への山伏の整理、一六六五（寛文五）年の諸社禰宜神主法度を経て、民間宗教者の再編成が進んだからだ。

江戸幕府成立以前から、さまざまな民間宗教者が存在し、権力者の支配を受けてきた。その支配は寺社権門や戦国大名など、領主が領域内に存在する民間宗教者を包括的に支配するものであり、彼らは領域内において編成されていた。ところが徳川幕府がとった政策はまったく異なり、編成は領域ではなく「家職《かしょく》」を基準として行われたのである。これが家職支配であり、支配は、家職を有する宗教組織を「本所《ほんじょ》」「本家《ほんけ》」「頭役《かしらやく》」として間接的に行われた。たとえば諸国の神職で無位無官の者は、京都の公家で神祇管令長上という職にあった吉田家が支配した。その根拠を与えたのが先の幕府が発布した諸社禰宜神主法度なのである。神職の他にも、陰陽師を土御門家《つちみかどけ》、夷願人《えびすがんにん》を西宮神社といったように、民間宗教者たちは、領域（地域）を超えてさまざまな宗教組織別に支配された。その支配がおよそ落ち着き始めたのが、地域によって差異はあるが一八世紀初頭なのである。[*5]

それでは、信濃国東部地域を例に、村落における民間宗教者の具体的な姿を見ていきたい。同地域は上田《うえだ》盆地を中心とした小県《ちいさがた》郡、佐久平を中心とした佐久《さく》郡で構成される（図7-1）。佐久郡下中込《しもなかごみ》村（現、佐久市中込）は、岩村田藩に属し信濃から甲斐へ通じる佐久甲州道沿いの村のひとつである。一七二九（享保一四）年一二月の「信濃国佐久郡下中込郷指出」[*6]によると下中込村は、総石高一六六二石五斗三升四合、総家数二〇二軒で、周囲に比べると規模

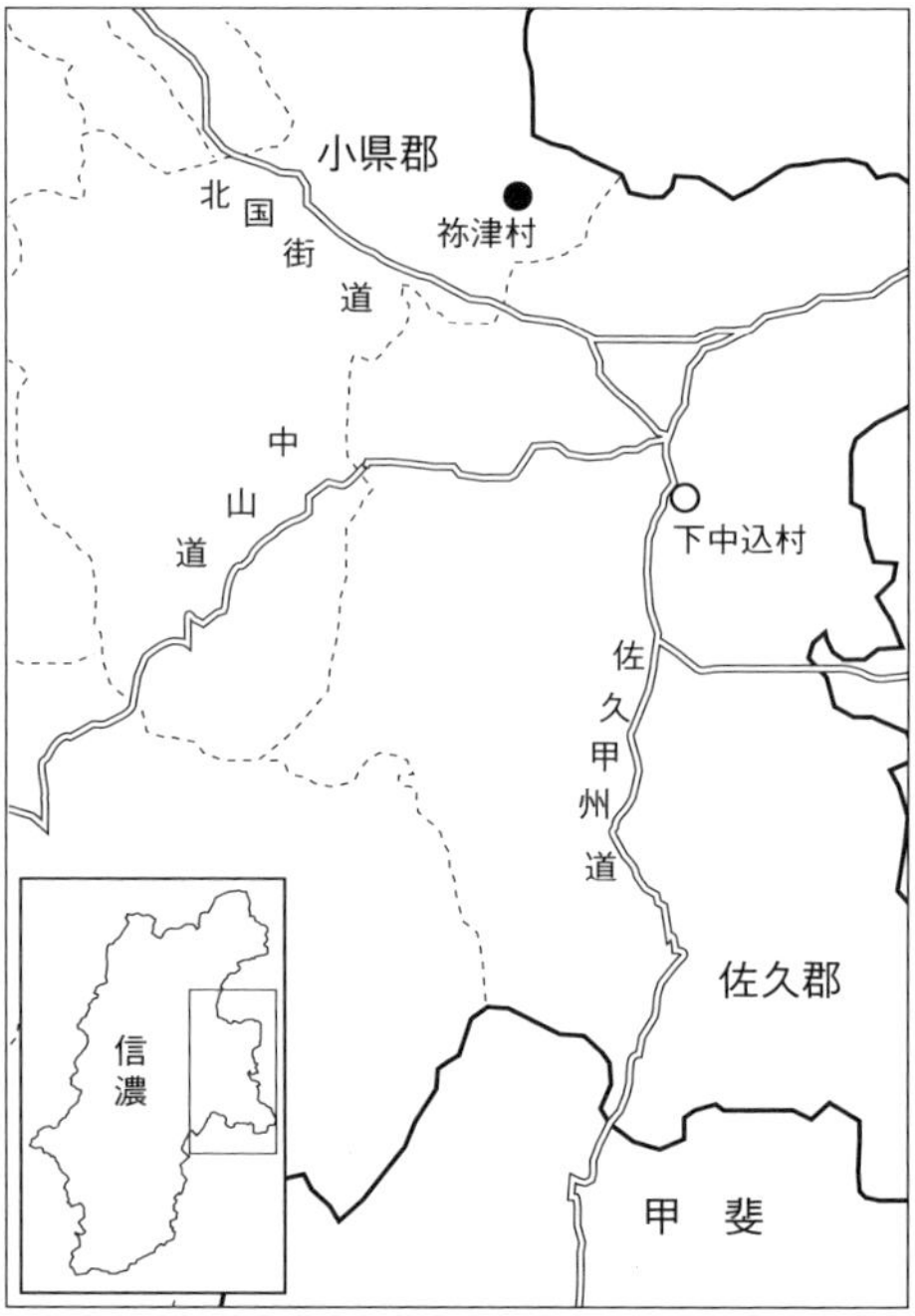

図７－１　信濃国東部地域

のやや大きい村落であった。同村では、字石神にあった諏訪大明神社が総鎮守社であり、その他、荒神社や飯縄社、伊勢大神宮、榛名権現社など計一四社が村内に存在していた。神社は村公有であったが、その管理は必ずしも村が行うものではなかった。下中込村の場合、「村中支配」と記されたのは一社のみで、その他の神社は「神主」によって管理されていた。総鎮守社の諏訪大明神社は「神主内山村　山城」と指出に記されていて、下中込村から半里ほど離れた内山村の山城という神主が担当していたことがわかる。彼は他に村内の四社も兼帯していた。次いで字左太夫町の伊勢大神宮をはじめ四社を兼務していたのが、これも下中込村にほど近い瀬戸村の神主因幡であった。ここから下中込村の神社のほとんどは、山城、因幡という二人の神主の管轄であったことがわかる。また各社の祭礼においても、村中支配の伊勢社に「祭礼之節、内山村山城、瀬戸村因幡相頼申候」とあることから、両人が中心となっていたことがわかる。

　村内の人口構成に目を転じると、指出には大工や木挽、桶屋、鍛冶屋などの職工人が書き出され、それに並んで「山伏」や「神楽神子」「えびす」「梓神子」などの民間宗教者も記されている。彼らは、村内に居住する民間宗教者たちである。「山伏」は四名が記載されており、そのうち三名は京都の東山にあった真言宗智積院の末流、残り一名が京都醍醐の三宝院末流、つまり当山修験であった。村内の公的な神社や寺院で活動する神職、僧侶と異なり、彼ら山伏は民衆の日常的な宗教的欲求に応える存在であった。百姓たちにとって、もっとも身近な民間宗教者といえば、山伏なのである。

「神楽神子」は二名記載されていて、素性は不明ながら、一名は字新町に住して、同所の荒神社の管理者として記されている。おそらく村内の神社祭礼において神楽や湯立ての祈祷を担当した者と考えられる。また「えびす」が二名、「梓神子」は一一名である。後述するが両者は同じグループで、「毎年関東江家業に罷出候《まいとしかんとうへかぎょうにまかりいでそうろう》」とあるように、「えびす」や「梓守」が「梓神子」を率いて江戸や関東方面を巡回し、各地で梓神子による「口寄せ」を主な生業としていた。梓神子とは、口寄巫女なのである。

以上のように下中込村には、近隣の村落からやってくる「神主」、村内に住居する「山伏」「神楽神子」「えびす」「梓神子」という民間宗教者が関係していたことを確認しておこう。この他、村内の寺院に住む「僧侶」もいたが、指出には記されていない。

民間宗教者の種別と地域

次に範囲を広げて民間宗教者の種別を見よう。下中込村が属した岩村田藩は、佐久郡の南部と小県郡の一部に二四ヵ村を有する。一七四八（寛延元）年の「御領内物括大意差出帳」（北佐久郡志資料集編纂委員会 一九六七）によれば、二四ヵ村の総人口は一万三五三人で、書き上げられた人別のうち、百姓が九八八〇人（男性五九一五人）と大多数を占める。桶屋や大工などの諸職人は男性一一七人で全体の一割にも満たない。残りが宗教関係者で、「僧」六七人、「社人（神主）」一五人、「神子」五人、「山伏」四三人、「夷守《えびすもり》」一人、「梓守」一一人、「梓神子」二〇人という内容であり、下中込村の構成と変わらない。さらに同じように、北隣の小諸藩と小県郡の大部分を領する上田藩の一八世紀中における民間宗教者の種別を見ても、[*7]およそ僧侶・道心／神主・神子／山伏／夷社人《えびすしゃにん》・神事舞太夫《しんじまいたゆう》・梓神子／座頭、という構成であったことがわかる。[*8]つまり信濃国東部地域では藩域を超え、民間宗教者の類型的な分布が確認できるのである。

では異なる地域ではどうか。大和国（奈良県）や近江国（滋賀県）に所領を持った大和郡山藩は、一七二四（享保九）年に近江領内各村の村勢状況を調査し「江州御領郷鑑」（中川 一九九〇）を作成している。これによると同藩領内には近江北部から東部一帯に一〇六ヵ村があり、総人数は三万六九八七人であった。そのうち村落に住む民間宗教者は「僧（出家）」二二八人、「神主」一三人、「神子（市）」五人、「神楽役」一人、「陰陽師」四〇人、「毛坊主《けぼうず》」六人、「煙亡《おんぼう》」二四人である。神楽役以下が信濃東部とまったく異なることがわかるだろう。以上から、地域社会に存在する民間宗教者の種別には、「僧侶」や「神主」など全国的な分布が見られるものと、「山伏」「陰陽師」など地域によって一定のまとまりをもって分布するものとがあるのである。

民間宗教者の存在形態

次に村落における民間宗教者の在り方を、筆者が調査してきた「信濃巫女《しなのみこ》」を例に考えてみよう。[*9]

江戸時代の信濃東部地域には、先ほどの神事舞太夫、梓神子といった巡業による口寄せを主な生業とする集団が散在していた。信濃から出るゆえに彼女（彼）らは「信濃巫女」と呼ばれた。信濃巫女がもっとも多く集住したのが小県郡祢津《ねつ》西町である。祢津は信濃国の最東部、上州嬬恋との境にある烏帽子岳西山麓の傾斜地に位置する。中世には土豪の祢津氏が拠点とし、江戸期は祢津領として旗本久松氏が所領した。はじめ大祢津と称されたが東町と西町に分裂し、西町に陣屋が置かれた。現在の行政区分は東御《とうみ》市祢津地区の西宮（旧西町）東町（旧東町）である。西町南の字を古御館《ふるみたち》といい、江戸期にはここに十数軒の「信濃巫女の家」が存在していた（図7-2、写真7-1：一七七頁）。

祢津西町の宗門改帳に「神事舞太夫」と肩書きされた家々がそれで、彼らがもっとも栄えた一九世紀初頭には一四軒があった。同じ頃の西町全家数が約八〇軒なので、決して少ない数ではない。一八二八（文政一一）年の時点で一四軒を合わせると九八人、男二九人、女六九人であった。[*10] 一見してわかるように、女性の人数が男性の倍以上である。これは各家に一人から五人程度の「養女」が存在していたためで、彼女らと神事舞太夫の妻や娘が、口寄巫女として働いていた。彼女たちが公文書に記される場合は「梓神子」とされることがほとんどである。

信濃巫女たちは田畑を有しておらず、主な収入は巫女たちの口寄せであった。春三月に祢津を出発して、関東や北陸、東海、近畿の各地方を巡り、一〇月には戻るという巡業の旅を毎年繰り返していたのである。それは一家単位で行われ、家長の神事舞太夫が家内の梓神子たちを引き連れた。巡業先では適当な宿に拠点を置き、そこから方々へ巫女たちが出かけていった。

彼女たちは巡業中、着物の裾を絡げ腰巻だけを下ろして歩いていたので、「白湯文字」とも称された。一八七六（明治九）年に越後の長岡藩士であった小川當知が記した『懐旧歳記』[*11]の「梓巫」の頁には「婦人にて信州より多く出るといふ。箱を風呂敷包にして背負ふ。此箱に何を入れ置か、他人に見する事なし。過去の人、又遠方等へ罷越居候者の口を寄んとて、水向に樒の葉を入れ出す。巫子は神卸《(ママ)》して箱にもたれかかり、眠るが如くにて其人の口にかわり、死魂なれば黄泉の事等をいへ、生魄なれば当人の意を述るといふ」（反町 一九六四：二〇二）とあって、彼女らの業態を知ることができる。また同書には梓巫の挿絵もあって、箱を風呂敷で背負い、傘をさして歩く二人連れの女性が描かれている（図7-3）。

神事舞太夫の家にいた養女の多くは、巡業先の村々から貰い受けてきた女児たちである。彼女たちは一〇歳前後で養女に入り、口寄巫女としてのトレーニングを受けた。一人前となった者は、「朝日」や「千寿」などの職名を名乗ることができた。彼らの長距離・長期間の巡業は、梓神子を多く抱えることによって可能となったのである（写真7-2）。

祢津西町における彼らの位置は、他の住人である本百姓たちとは異なるものであった。領主からかかる年貢や諸役の負担者ではなく、五人組も彼らのみで構成されていた。宗門帳も別冊である。つまり土地を介して領主と支配関係を結ぶ本百姓と異なり、彼らは西町に居住しているものの、政治的には領主権力の支配外の存在であった。ところによっては、領主が独自に民間宗教者を編成したり、公役をかけたりするのだが、祢津旗本領の場合はその痕跡がない。社会的にも、他の百姓たちと日常的なつきあいはあるものの、本百姓が中心となって形成する自治組織、いわゆるムラ社会には属していない。したがって村寄合いや氏神の祭礼などには参加せず、冠婚葬祭のつきあいもなかった。本百姓たちは彼らを卑しめて「ぼっぽく」と呼び、自分たちより下位の存在と見ていたという。

領主の支配にかわって、彼らの身分と職業を政治的公的に規定していたのが、習合《しゅうごう》神道《しんとう》神事《しんじ》舞太夫《まいだゆう》家《け》（習合家）からの支配である。習合家は江戸浅草に拠点を置き、関八州と信濃、甲斐に配下を有した宗教組織であった。幕府寺社奉行から「神事舞太夫職」と「梓神子職」の独占と免許を認可されており、いくつかの免状を発給して、配下を神事舞太夫、梓神子として支配した（図7-4）。公的な文書の肩書きは、この支配関係がためである。また梓神子職のひとつに口寄せ（梓職）が含まれており、信濃の神事舞太夫たちはこれを根拠に巡業を行っていた。そして彼らは、毎年一定額の上納金を習合家へ支払うことによって、支配関係を維持していたのである。

地域社会との政治的社会的なつながりが薄い彼らだが、孤立無援であったのではない。かわりに、同職との連携は強固なものであった。習合家は配下を一定地域ごとの「組」にまとめて支配した。組には組頭がおり、さらに信濃国内の組を束ねる「組合惣代」が設置された。習合家からの布達は惣代―組頭―組下のルートで下され、組内では定期的に寄合いをひらいて諸事を協議し、たとえば巡業先の配分などの大きな議題は組同士の連携がなされた。このような同職組織は、百姓のムラと同様の機能を有していたといってよい。

このように江戸時代の地域社会における民間宗教者は、民俗学が対象としてきた本百姓層とは異なる存在形態であった。宗教行為や芸能を生業とする彼らの存在を大きく規定していたのが、幕府の宗教政策であり、宗教組織の支配だったのである。

写真７－１　現在の古御館（筆者撮影）

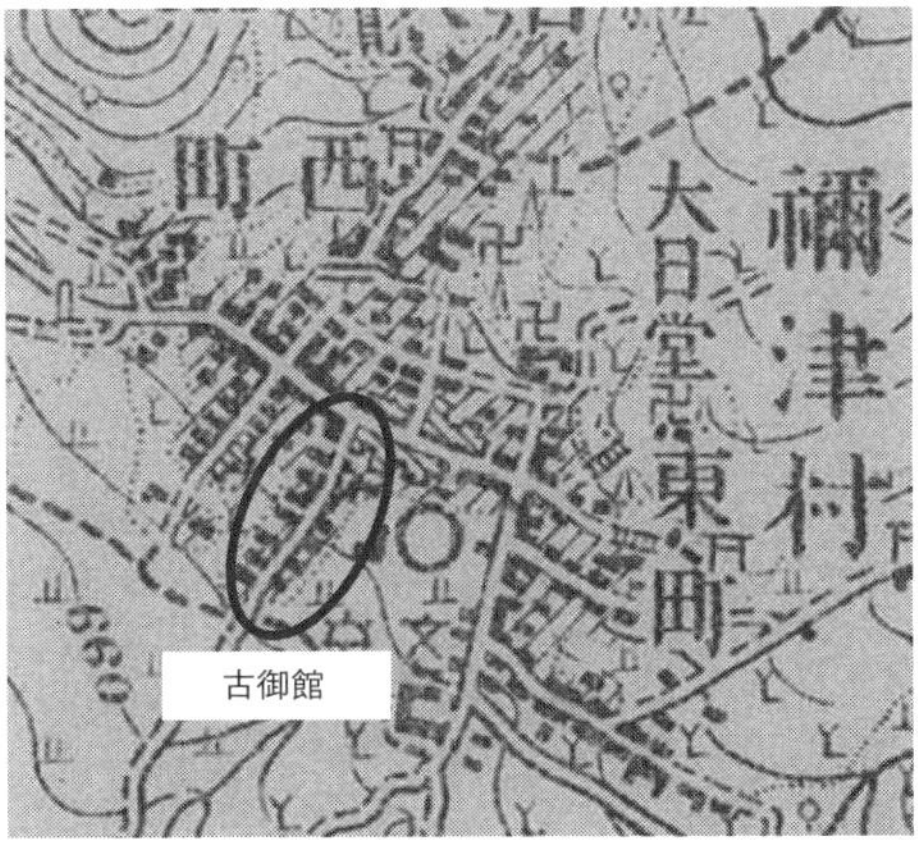

図７－２　大正元年の祢津村
（大正４年発行、大日本帝国陸地測量部作成「五万分の一地形図長野十号」（国際日本文化研究センター蔵）より作成）

写真７－２　信濃巫女の墓。戒名には「社女」「神女」とある（筆者撮影）

図７－３　梓巫（反町1964：204より転載）

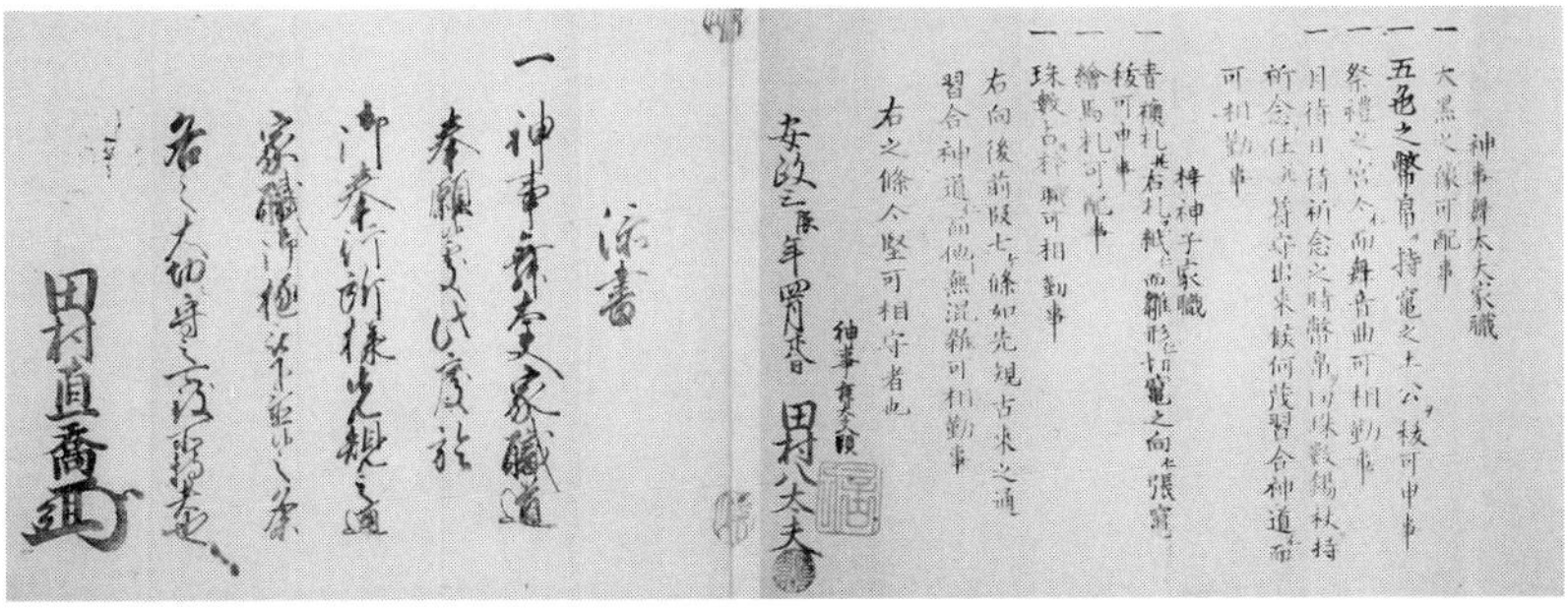

図７－４　神事舞太夫・梓神子家職書（個人蔵）

三　明治維新と民間宗教者

江戸幕府の宗教政策に依拠して自らを保持していた民間宗教者にとって、幕府そのものが消滅した明治維新は、自身の存在を根底から否定される、まさに存亡の危機だった。明治新政府は、王政復古の志向に基づき一八六八（慶応四）年閏四月に神祇官を再興し、全国の神社や神職たちはこの所属となった。江戸時代においては宗教者統制の根幹だった吉田家による神職支配が神祇官に吸収されたのである。このように新政府が行った民間宗教者政策の初手は、それまで個別に民間宗教者を支配統制していた各種宗教組織の解体であり、配下に付与された諸権利の剥奪であった。僧侶や山伏などは神仏分離、神道国教化政策の進行も相まって、ある者は神宮寺を追われ、ある者は別当職を解かれ、還俗するか帰農するかを迫られた。さらに彼ら以外の宗教者は、彼らを支配した宗教組織ごと、その存在を文字通り否定される。神事舞太夫を支配した習合家は、幕府寺社奉行直轄だったということもあり、いち早く新政府の介入を受けた。一八六八（明治元）年一〇月にはすでに頭役の田村八太夫《たむらはちだゆう》が東京府に召喚され、府下に支配域を限定する旨が命じられている。さらに翌六九年七月には、神祇官が各府県の問い合わせに応え、「神事舞太夫」「梓神子」という職自体が禁止された。

以上のような明治政府の宗教政策については安丸良夫（安丸　一九七九）などの詳細な研究があり、その中で民間宗教者の禁止と排除が指摘されている。先行研究では政府禁令によって民間宗教者たちが根絶されたように見えるが、必ずしもそうではない。民俗学において考えなければならないのは、禁止を受けて民間宗教者がどのように行動したのか、であろう。信濃の神事舞太夫たちを例にとってみたい。[*12]

信濃巫女たちの明治維新

頭役の支配範囲縮小によって習合家支配から外された彼らが最初に行ったのは、新しい権力者に対しての嘆願であった。一八六九年二月、小県郡長久保町の神事舞太夫八名は、管轄する伊那県へ職業永続の嘆願書を提出する。彼らは、習合家の支配から外れたために巡業ができなくなり難渋していると訴えた。巡業を行うには各地の関所を通行する往来手形を名主から発給してもらう必要があり、名主は彼らが習合家という幕府公認の宗教組織に属しているがゆえに手形を発給したのである。習合家配下でないことは、手形の発給など公的に認められていた権利を失うことであった。いかに彼らの存在が江戸期の政治体制に依拠していたものであったかわかるだろう。

嘆願書には同時に、彼らの正統性を説く由緒が載せられている。これによると彼らの先祖は、むかし京都で活躍した千代女という梓神子なのだという。この由緒は旧幕府時代には存在せず、巡業による口寄せ＝梓神子職を新政府に認めさせるためにこの時創作されたものと思われる。彼らのように新政府によって旧幕府時代の権利を剥奪された民間宗教者の多くは、たとえば和歌山の「夙《しゅく》」たちも同様であったように（吉田 二〇〇九）、幕府とは無関係な、朝廷や皇族との縁故を示す由緒を創出することによって、自らの存在を「神聖化」していった。後年、柳田國男たち研究者が民間宗教者に見てとった聖性や宗教性は、この時期に演出された可能性が高い。

また同じ頃の一八六八年一〇月から一一月にかけて、信濃の神事舞太夫たちに京都の白川家より廻文が届く。白川家とはかつての神祇伯、つまりは律令制における神祇官長の職を受け継ぐ公家であった。江戸期には伯家神道を打ち立て、吉田家に次ぎ諸国の神職を支配した。その白川家が信濃の神事舞太夫たちに対して、自らの門人となるよう促したのである。白川家は神祇官復興に先駆けて設置された神祇事務局では中心的な存在であったものの、復興後は要職から外されており、自身の勢力保持のために旧幕府時代の民間宗教者たちを配下に入れようと目論んだと推測される。これを受けて信濃各地の神事舞太夫たちは、白川家門人となっていった。彼らは習合家にかわる、新しい庇護者を求めていたのである。

しかし問題はすぐに起こった。はじめに伊那県へ訴え出たのは、祢津西町の神事舞太夫たちである。彼らが提出した一八六九年三月の嘆願書によると、白川家門人に加入したものの、職業は白川家の神道に限定されてしまい、以前からの巡業がかえってできなくなってしまった、巡業ができなければ生活が成り立たない、というのである。白川家の神道というのは、神社祭祀を基本とした一般的な神道を指す。しかし先述したように祢津の神事舞太夫たちは、神職と異なり地域の公的な神社である氏神、道祖神など地域内に存在する多様な小祠といったものに関係しておらず、山伏のように自宅に私的な祠や堂宇も有していなかったので、白川家の神道を実践しようにも、その場がなかったのである。

農地も有していなかった祢津の神事舞太夫たちは、帰農もできないまま七月を迎える。彼らの巡業存続の訴えを受けた伊那県は神祇官に問い合わせ、そして先述した禁止令が下された。また一八七〇年閏一〇月には、東京市の旧神事舞太夫たちが市籍に編入され、翌年正月には旧習合家配下が各地の役所に出頭するよう命じられている。これは一八六九（明治二）年から行われた版籍奉還の過程で、それまで百姓とは異なる支配体系に属していた民間宗教者たちを同じ「平民」として扱い、新政府が一元的に支配するための措置であった。

明治維新から三年余りで神事舞太夫たちの身分は解体されたが、彼らはそれ以降も独自に巡業を続けていた。一八六九（明治二）年に全国の関所が廃止されており、自由な移動が可能になったことが大きな要因であったと考えられる。ところが、一八七三年一月に政府教部省によって、「従来、梓巫市子並憑祈祷狐下け抔と相唱、玉占口寄等の所業」が「人民を眩惑せしめ」るためにいっさい禁止されてしまう（教部省達第二号）。この時期、政府は、山伏に対する「修験道廃止令」（一八七二）、陰陽師に対する「天社禁止令」（同）など、神道、仏教、儒教以外の諸信仰を「迷信」として弾圧していた。身分だけではなく、職業すらも違法とされてしまったのである。新聞などのメディアも、巫女の口寄せをはじめ、刺青や若者宿などあらゆる旧時代の風俗風習を非難し、その風潮は一般にも浸透していった

（塩見 二〇〇九）。柳田が見た、差別を受け、各地を経巡る口寄巫女は、この時期の姿なのである。

禁令以降、彼らの信濃巫女としての活動は表立って見えなくなる。一九〇八（明治四一）年の『長野新聞』に、持田初音という巫女が長野市内で行った口寄せの様子を克明に記録した記事がある。彼女は祢津の梓神子であり、彼女が現役を退いた後、祢津にはただひとりの梓神子もいなくなったという。多くの旧神事舞太夫たちは、明治二〇年代には祢津から転出していった。転出先は上田市街や東京であり、彼らは非合法な口寄せ家業を捨て、都市に新しい生活の糧を求めたのだと推測される。

民間宗教者と教派神道

祢津の旧神事舞太夫でただ一軒、転出した彼らと異なる道を歩んだ者がいた。元祢津組頭の丸山経弥である。彼は一八七七（明治一〇）年前後に、教派《きょうは》神道《しんとう》のひとつである神道《しんとう》修成《しゅうせい》派《は》に加わっている。さらに一八七九（明治一二）年六月、経弥は神道修成派から第一九社大世話掛に任免され、自宅が神道修成派長野県第五教務支局に認定された。一八八七（明治二〇）年には権少講義という位に任ぜられている（写真7-5）。

新政府は一八七〇年正月に、いわゆる大教宣布の詔書を出す。開国に伴うキリスト教の流布に抗する目的で、神祇官所属の宣教使に神道振興を実行させるものであった。その後、神祇官は神祇省から教部省へ改組し、宣教使も教導《きょうどう》職《しょく》となって、全国の神官や僧侶が任じられた。一八七五（明治八）年には教導職の神官らによって神道の公的機関である神道事務局が設置される。そこには富士講や御嶽講など多様な民衆宗教各派も所属しており、国家の意向に沿った教理と一定数の信者を持つ団体は独立を承認された。翌七六年には黒住《くろずみ》派《は》（後の黒住教）と神道修成派が独立している。これら明治期に独立した教派神道を、神道十三派と呼ぶ（井上 一九九一）。神道修成派は、新田邦光が一八七三（明治六）年に設立した修成講社が母体である。講社設立に際して新田は、一八七二（明治五）年頃、積極的に信濃・武蔵の布教に従事しており、恐らくこの時経弥との接触があったと思われる（田中 一九八七）。

修成派加入後の経弥は、買い求めた農地での耕作と、神札の配布に生業を転換させていく。しかし同時に、神理教、實行教、惟神教といった他の教派神道とも接触した形跡があり、自らの所属先を模索していたことがうかがえる。経弥の死後は息子が業務を継ぐが、大正、昭和と時代を経るうちに、宗教的活動は次第に行わなくなっていった。

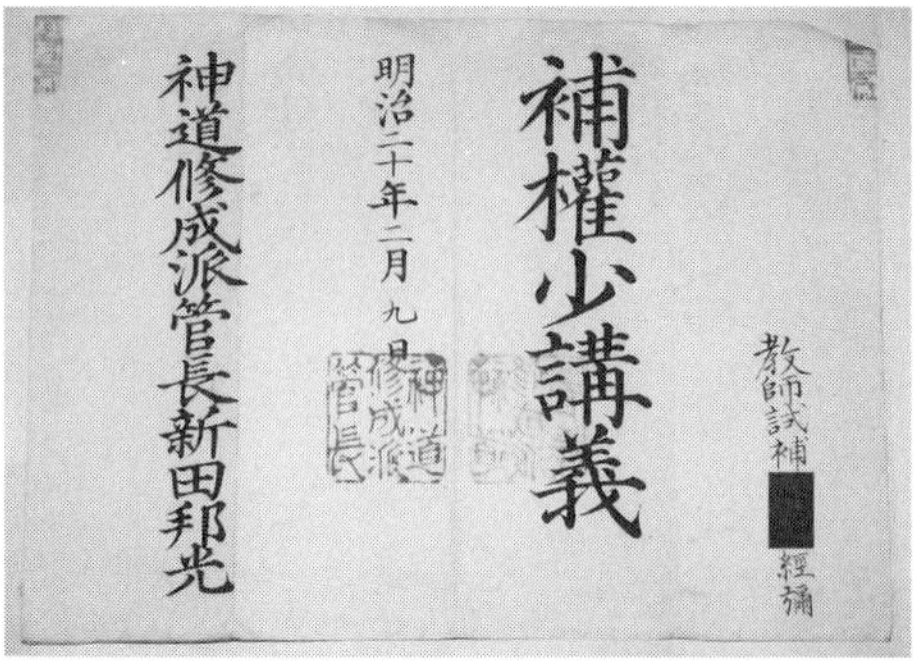

図７－５　神道修成派権少講義補任状
（個人蔵。個人情報に配慮し一部画像を修正した）

江戸期からの系譜を引く民間宗教者の明治期における動向を見ると、経弥と同じように教派神道に所属することによって身分と職を保った例は多い。たとえば高知県香美郡物部村（現、高知県香美市）のいざなぎ流太夫たちも、明治期に神道修成派へ属し、独自に発展していった（小松 二〇一一）。岩手県陸中沿岸の神子たちは出雲大社教に（神田 二〇〇一）、愛知県の三河万歳たちは自ら教導職となり万歳協会を設立している（安城市歴史博物館 一九九八）。土御門家や習合家のような江戸期の宗教組織にかわって、明治期では教派神道各派が、多様な民間宗教者たちの受け皿となったのである。さらに江戸期では宗教組織の家職によって配下の職掌が制限されたように、教派神道においても、配下の職掌はこれまでと同様ではなく、神道色の強いものに改められていった。それに対応することが、近代に生きる民間宗教者たちの戦略だったのである。

おわりに

民俗学にとって、長く民間宗教者は、私たちの固有信仰を解く鍵であり、さまざまな宗教や芸能の知識を得るための素材であった。だから彼らに宗教性が求められたし、その始原が考察された。そして彼らは、私たちには無い何かを有した特別な（普通ではない）存在なのだと異化された。そのような眼差しにそぐわない職業的で政治的な者たち

――たとえば僧侶や神主など――は、たとえ地域社会に暮らし、私たちにとって欠かせない存在だったとしても、「民間宗教者ではない」と排除されたのである。

しかしそのような民間宗教者は自明的な存在ではない。天然自然に派生し、政治支配や社会規範とは無縁な者たちなど少数である。彼らの多くは、生活のために祈祷し、札を配り、口寄せを行い、踊りそして舞った。それは、農業や商業と並んで、人が日々の糧を得るための生業だったのである。そうした者が、民間宗教者となるのであった。したがって私たちが問題とすべきは、人がどのように民間宗教者として生きているのかを問うことであろう。

江戸時代においては、僧侶・神主・山伏・陰陽師・神子など多様な民間宗教者が地域に存在していた。彼らは生活の場における地域社会、職業の場におけるクライアント、そして宗教組織や幕藩権力と関係し合いながら、自らの存在を保持していた。特に江戸時代は宗教組織の家職支配が、彼らの存在形態を強く規定していた点が特徴的だといえる。その規定は権力側からの一方的なものではなく、安定した生業のために、民間宗教者自身も欲したのだった。

明治期になると、それまでの民間宗教者としての在り方が大きく変化する。宗教組織の身分保障が否定されたことがまず大きい。しかし、すぐに教派神道という代わりの保証機関が登場したことによって、民間宗教者の一部は姿を変えて存続した。また信濃巫女がそうであったように、一部の民間宗教者は「モグリ」で生業を続けた。これも、幕藩体制下とは異なり移動の自由が可能となった近代だからこそ取りえた存在形態であろう。加えて非公式な存在だからこそ、前代にはない新たな賤視を受けることもあったと考えられる。

そして近代は、彼らにもう一つの選択肢を提供した。それは「移住と職業の自由」が可能にした、民間宗教者であることをやめてしまう道である。祢津村から多くの信濃巫女たちが去ったように、江戸期からの民間宗教者たちの多くはこの道を選択した。代わって近代、現代と、次々にそれまでとは異なる民間宗教者が登場してくるのである。彼らについては今後の課題としたい。

注

＊1　民間宗教者に関連する文献は、西海賢二によって「『浮浪』と『宿縁』文献目録」にまとめられており参考になる（西海　一九九九）。

＊2　身分的周縁研究については、塚田他（一九九四）、高埜（二〇〇〇）、吉田（二〇〇三）などを参照のこと。なお当該研究への批判も出ており、村上（二〇一一）にくわしいので参照されたい。

＊3　多くの成果があげられているが、代表的なものに林（二〇〇五）、梅田（二〇〇九）など陰陽師や万歳に関する論考があげられる。また、これまで研究対象は被差別民や芸能民に偏りがちであったが、近年、神職の分析も進展している（井上　二〇〇七）。

＊4　江戸時代における民間宗教者の政治的編成と地域社会への展開について、もっともわかりやすく解説したものに林（二〇一〇）がある。

＊5　たとえば土佐国香美郡の神職に吉田家支配が浸透し始めたのは一九世紀に入ってからである。土佐藩の「博士」など、藩独自の身分編成が存在する場合もあった（小松　二〇一一）。

＊6　長野県立歴史館蔵（二―岩―村、二―三）。

＊7　一七六〇（宝暦一〇）年「領内村々人別帳」（長野県史刊行会　一九七八）、一七〇六（宝永三）年「上田藩村明細帳」（東京大学史料編纂所　一九五三）による。

＊8　夷社人は夷守と、神事舞太夫は梓守・大黒守と同種である。

＊9　信濃巫女については、中野（二〇〇七、二〇〇八）を参照のこと。

＊10　「祢津西町五人組御改帳」（『矢島家文書』所収、上田市立博物館蔵）。

＊11　反町（一九六四）所収。『懐旧歳記』は旧幕時代の長岡の年中行事を記したもの。

＊12　信濃巫女の近代化については、別稿にて詳述する予定である。

参考文献

安城市歴史博物館　一九九八『三河万歳』

網野善彦　一九七八『無縁・公界・楽――中世日本の自由と平和』平凡社

同　一九八四『日本中世の非農業民と天皇』岩波書店

池上良正　一九九九『民間巫者信仰の研究』未來社
井上順孝　一九九一『教派神道の形成』弘文堂
井上智勝　二〇〇七『近世の神社と朝廷権威』吉川弘文館
梅田千尋　二〇〇九『近世陰陽道組織の研究』吉川弘文館
折口信夫　一九二九「国文学の発生　第三稿」（『民俗』四―二）
神田より子　二〇〇一『神子と修験の宗教民俗学的研究』岩田書院
北佐久郡志資料集編纂委員会編　一九六七『北佐久郡志資料集』佐久教育会
喜田貞吉　一九八二『部落問題と社会史』（『喜田貞吉著作集』一〇）、平凡社
京都部落史研究所編　一九八六『中世の民衆と芸能』阿吽社
　同　一九八九『近世の民衆と芸能』阿吽社
黒田俊雄　一九七五『日本中世の国家と宗教』岩波書店
　同　一九八〇『寺社勢力――もう一つの中世社会』岩波書店
小松和彦　二〇一一『いざなぎ流の研究――歴史のなかのいざなぎ流太夫』角川学芸出版
五来　重　一九六五『高野聖』角川書店
桜井徳太郎　一九七四、七七『日本シャマニズムの研究』上下、吉川弘文館
佐々木宏幹　一九八四『シャーマニズムの人類学』弘文堂
塩見鮮一郎　二〇〇九『禁じられた江戸風俗』現代書館
菅　豊　二〇〇〇『修験がつくる民俗史――鮭をめぐる儀礼と信仰』吉川弘文館
世界人権問題研究センター　二〇〇四『散所・声聞師・舞々の研究』思文閣出版
反町茂雄校訂　一九六四『越後長岡年中行事懐旧歳記』弘文荘
高埜利彦　一九八九『近世日本の国家権力と宗教』東京大学出版会
高埜利彦編　二〇〇〇『民間に生きる宗教者』（シリーズ身分的周縁一）、吉川弘文館
田中義能　一九八七『神道十三派の研究』第一書房
谷川健一編　一九八二『庶民生活史料集成　第三〇巻　諸職風俗図会』三一書房

塚田孝他編　一九九四『身分的周縁』部落問題研究所出版部
東京大学史料編纂所　一九五三「上田藩村明細帳」上中下（『大日本近世史料』）、東京大学出版会
中川真澄編　一九九〇『江州御領郷鑑』中島印刷所
長野県史刊行会　一九七八『長野県史　近世史料編　第二巻（一）　東信地方』
中野洋平　二〇〇七「信濃における神事舞太夫・梓神子集団の歴史的展開」（『芸能史研究』一七九）
同　二〇〇八「信濃における神事舞太夫と梓神子――信濃巫女の実像」（小松和彦他『日本文化の人類学／異文化の民俗学』）、法藏館
中山太郎　一九三〇『日本巫女史』八木書店
同　一九三四『日本盲人史』昭和書房
西海賢二　一九八四『近世遊行聖の研究――木食観正を中心として』三一書房
同　一九九九「『浮浪』と『宿縁』文献目録」（『絵馬にみる民衆の祈りとかたち』）、批評社
同　二〇〇七『江戸の漂泊聖たち』吉川弘文館
林　淳　二〇〇五『近世陰陽道の研究』吉川弘文館
同　二〇一〇「幕府寺社奉行と勧進の宗教者――山伏・虚無僧・陰陽師」（末木文美士編『新アジア仏教史一三　民衆仏教の定着』）、佼成出版社
林淳・小池淳一編著　二〇〇二『陰陽道の講義』嵯峨野書院
林屋辰三郎　一九六〇『中世芸能史の研究』岩波書店
堀　一郎　一九五一「口寄巫女へのアプローチ」（『民間伝承』一五―一二）
同　一九五三『我国民間信仰史の研究二　宗教史編』創元社
同　一九七一『日本のシャーマニズム』講談社
真野俊和　一九九二『日本遊行宗教論』吉川弘文館
宮家　準　一九八五a『修験道儀礼の研究』春秋社
同　一九八五b『修験道思想の研究』春秋社
同　一九九九『修験道組織の研究』春秋社

村上紀夫　二〇一一『近世勧進の研究――京都の民間宗教者』法藏館
村山修一　一九八一『日本陰陽道史総説』塙書房
村山修一編　一九九二、九三『陰陽道叢書』一～四、名著出版
安丸良夫　一九七九『神々の明治維新――神仏分離と廃仏毀釈』岩波書店
柳田國男　一九一三～一四「巫女考」(『郷土研究』一―一～一―一二)
　同　一九一四～一五「毛坊主考」(『郷土研究』二―一～二―一二)
　同　一九二一「聖俗沿革史」(『定本柳田國男集』二七)
山路興造　二〇〇八『江戸の庶民信仰――年中参詣・行事暦・流行神』青幻舎
吉田栄治郎　二〇〇九「夙と土師部の由緒」(『説話文学会』四四)
吉田伸之　二〇〇三『身分的周縁と社会＝文化構造』部落問題研究所
吉田伸之編　二〇〇七『寺社をささえる人々』(身分的周縁と近世社会六)、吉川弘文館
和歌森太郎　一九四三『修験道史研究』河出書房
脇田晴子　二〇〇一『女性芸能の研究』角川書店
　同　二〇〇二『日本中世被差別民の研究』岩波書店

コラム【七】

近世の住吉大社巫女について

堀岡喜美子

神事での女性奉仕と巫女

大阪市西南部、大阪湾よりやや入り込んだ地に鎮座する住吉大社は、初詣に二〇〇万人を超える人々が参拝する大阪屈指の神社であり、その歴史は古墳時代以前に遡るとされている。境内には多くの末社、摂社が祀られ、本殿とこれらの社で催行される神事は年間百以上の数となり、その中においても御田植神事や夏越神事は、地域の人たちも多く参加し、盛大かつ華やかに行われている。御田植神事は五穀豊穣を願っての神事であり、現在でも全国各地で行われているが、住吉大社の御田植はきわめて古態を残しているとされ、神楽を舞う八乙女（写真1）、芸妓による植女（現在は財団法人上方文化芸能協会が担当している）、地元の女性による替植女など、多くの女性たちの奉仕する姿が見られる。現在の神事における女性の活躍が近世における巫女の姿と必ずしも一致するわけではないが、その他の神事においても、夏越神事には夏越女、升之市神事には市女が奉仕され、過去における巫女の活躍を彷彿とさせる多様な女性の姿がある。

現在「巫女」から想像されるのは、神社での神楽女であったり、売店で白い小袖と緋袴姿で活躍している若い女性の姿であろう。前述の神事で奉仕する女性たちも若い女性が多い。しかしながら、巫女の歴史を振り返ってみると、現在とは少し違った巫女の姿が現れてくる。

日本民俗学研究の祖である柳田國男は、「巫女考」の中で、「みこ」は神社で神楽を舞うことを主とする「神社みこ」と、巷の町や村で人々の求めに応じ死霊や生霊

写真１　住吉大社御田植神事の八乙女

を呼び出す「口寄みこ」に大別されると述べている。また、巫女は全国各地に多様な形態で存在し、その呼び名はイチコやアガタ、モリコ、イタコなどさまざまであり、巫女の表記も神子、御子、ミコなどがあることを明らかにしている。

近世の住吉巫女——『住吉松葉大記』より

ここでは、冒頭に紹介した住吉大社の巫女（以下、住吉巫女）について、住吉大社の社人梅園惟朝が元禄期（一六八八～一七〇四年）に編した『住吉松葉大記』（以下『松葉大記』）を参考にし、近世での姿を見ていきたい。『松葉大記』は、住吉大社の縁起・歴史、および神事や組織運営などについて詳細に述べた書であるが、巫女の神事での有様や巫女の組織や職務についてもくわしく記されており、近世における住吉巫女の様子がよくわかるものである。

まず、神事における巫女の役割であるが、その多くはやはり神楽を奏することであった。しかしその他にも、住吉大社でも重要な神事のひとつである「祈年・新嘗祭」では供物である土器を奉げる役、人々の罪や穢れを祓う「夏越神事」では神輿の先導を務める供奉を（図1）、また、秋に花を奉納する「花摘ノ御供」では御幣を奉げるなど、神事執行にも重要な役割を担っていたことが窺える。

また、神事の内容で注目されるのは、住吉大社には巫女が主役の神事が存在したことである。ひとつは一月一〇日に行われた「広田御狩」（西宮神社十日戎の源であるといわれている神事）である。鎌倉時代は若い巫女が大勢狩衣を着て男装し、狩（あるいは戦）の模倣を行い恵比寿神を祭る大神事であったが、元禄時代には男装ではなくなり規模も小さくなったようだ。しかし、神事執行の中心が巫女であることには変わりはなかった。

もうひとつは住吉大社本殿や摂・末社の神事ではな

図1　神輿の先導を務める供奉
（『住吉名勝図絵　巻之二』より）

く、巫女が属する神楽所での祭事であり「恵比寿祭」と呼ばれたものである。この祭事は、後で述べる巫女十家が所有する恵比寿神像を潮で洗い清め、神衣を新たにする神事であるが、ここでは巫女が神楽所の若い神方（神社における雑事を受け持つ下級の神官で、巫女とともに神楽所を組織していた）より酒宴の接待を受けるなど、まさに祭の中心、主役であった。

他の神社に巫女が主役の神事が存在したかについてはわからないが、男性優位の近世社会では神社も例外ではないと思われ、神事において女性の巫女が主役を果たすということは注目すべき事柄であろう。また、恵比寿神と巫女との関係については住吉巫女の特異性が考えられるが、これらについては今後の研究課題といえる。

神事以外での巫女の役割はどうであったのか。『松葉大記』には「年中巫女の役割は昔よりはなはだ多い」と書かれ、その詳細を記している。その主となる役割は、①正月に神事で使用する御幣の紙を調達し、その数は半紙にして一四四枚である。②毎月、お供え用の米を三俵奉納し、社における供米はほとんど巫女組織が調達する。③参詣者からの神楽奉納料の社への納入。④三月、六月に神楽所仲間に膳・酒を出す、などである。その他、こまごまとした役割があり、これらより巫女組織は神事での神楽などの奉仕だけではなく、住吉大社の運営にも貢献していたことがわかる。

巫女の組織は先の「恵比寿祭」で述べたように恵比寿神像を所有した十家、すなわち、一小路、大小路を筆頭とした松本・機板・坂ノ井・三位・北村・浜口・香頭・辰己の家々から成り、これらの長は「巫女十人の戎頭」と呼ばれていた。恵比寿神像は代々孫子に受け継がれ、十家はそれぞれ世襲によって存続したと思われる。十家の下には「末」の巫女や「御児（おちこ）」と呼ばれる若い巫女がおり、また、「検校」や「勾当」と称される階位が鎌倉時代より継承されていたことが『松葉大記』の記述より明らかになっている。

では、巫女組織は何人くらいの規模であったのだろうか。江戸時代の享保元（一七一六）年に刊行された地誌『住吉名所鑑』には「神楽所太夫七十人余」とある。当時の神楽所では巫女と神方により「大仲間」が組織されていたことが『松葉大記』に書かれており、ここでの神楽所太夫には巫女も含まれていると考えられる。前述の十家の組織状況から見ても「太夫」の半数、すなわち三〇人は下らなかったとするのが自然であろう。また、神楽所においては巫女の一小路、大小路がその運営の筆頭であった可能性を『松葉大記』の記述から読み取ることができる。

巫女研究の歴史と現状、そしてこれから

こうした近世における住吉巫女の姿を見てみると、その多様な職務と神楽所組織での役割の大きさに驚かされる。民俗学における巫女研究の先駆者はいうまでもなく柳田國男であるが、その後中山太郎や折口信夫、戦後では桜井徳太郎など多くの先学者たちによって巫女研究はなされてきたのだが、その多くは近・現代での東北や沖縄地方の巫女を対象とする研究が主であったといえる。現在、近世における地方での「口寄みこ」の姿は西田かほる氏や中野洋平氏などにより明らかにされつつあるが、神社巫女の姿はいまだ謎に包まれているといってよいだろう。

日本には女性の巫女が多く、神憑りによって神との交信を行うことが特徴とされたため、女性の特有性から巫女が誕生したとされる説が柳田國男をはじめとして根強くある。また、「神の嫁」「神の子」ゆえに不特定多数の男性と契るのが宿命であり、古代の文献描写などより遊女と巫女は同系である、あるいは反対に未婚で処女が条件であるという説も唱えられている。これらの説の影響なのかどうかわからないが、現在でも神社での巫女は若くて未婚、「清浄無垢」であることを条件とするところがあるようだ。[*1]

しかしながら、近世の住吉巫女の様相からは、神楽所という大所帯の組織を仕切り、世襲で「家」を守る既婚女性のたくましい姿が浮かんでくる。住吉巫女が他の神社巫女と同じであったとはいいきれないが、近世の神社巫女の多くは未婚や「清浄無垢」を条件としていなかったと思われる。住吉巫女の姿からは近世の女性たちの自立し力強く生きる一面を垣間見ることができるのである。

明治維新の宗教政策により、神社および町や村において巫女の姿は表立ってはほとんど見られなくなる。このことが近世の巫女の姿をわかりにくくしたひとつの理由であろう。今後の巫女研究の課題は、こうした時代背景をしっかりと見据え、伝承や残された痕跡を拠りどころに近世の幅広い史料を掘り起こし、巫女の実像を明らかにしていくことではないだろうか。

注

＊1　住吉大社ウェブサイト「用語集」の「巫女」の項には、「巫女になるためには清浄無垢の少女であることが前提となっています」と説明されている（二〇一二年四月現在）。

参考文献

大阪市史編纂所編　二〇〇〇～〇四『住吉松葉大記』上・中・下、大阪市史料調査会
川村邦光　一九九一『巫女の民俗学』青弓社
中野洋平　二〇〇八「信濃における神舞太夫と梓神子――信濃巫女の実像」（小松和彦還暦記念論集刊行会編『日本文化の人類学』）、法藏館
中山太郎　一九七四『日本巫女史』復刻版、八木書店
西田かほる　二〇〇〇「神子」（高埜利彦編『シリーズ近世の身分的周縁』一）、吉川弘文館
萩原龍夫　一九八三『巫女と仏教史――熊野比丘尼の使命と展開』吉川弘文館
堀岡喜美子　二〇一一「住吉大社の巫女をめぐる一考察」（『鷹陵史学』三七）
柳田國男　一九六九「巫女考」（『柳田國男集』九）、筑摩書房
山上伊豆母　一九九四『巫女の歴史』雄山閣
脇田晴子　二〇〇一『女性芸能の源流』角川書店

第八章 民俗信仰と祭祀
——日韓比較民俗論にむけて

崔　杉昌

はじめに

今年の夏休みに韓国のK国立大学を訪問した時のことである。大学本館前の芝生で覆われた広々とした校庭の一角に、ひときわ茂った一本のケヤキが目にとまった。背が高い上、周辺に遮るものがなかったので、自然と視野に入った。ちょうどその前を歩いていた時、どこからとなく女性一行が現れ、その木の前で両手を合わせ何度も拝礼をしたあと、急ぎ足で去って行った。一瞬目を疑うような光景であった。キャンパスに、まして国立大学の中に信仰の対象となるモノが存在するとは、とうてい考えられなかったからだ。しかし、こうした姿は、大学キャンパスという場所さえ意識しなければ、驚くことも不思議に思うことでもない。それは村社会でいつも見てきた日常の風景であり、われわれの記憶でもあるからだ。村社会では、こうしたケヤキのような大きな木を神木と崇めたり、石を積み上げた石塚などを神霊が宿っている場所と見なしたり、自然そのものが村人の信仰の対象になっている場合が少なくない。これはただ韓国だけではなく、日本の民俗社会においても同様のことが見受けられる。日本では氏神信仰以外にも山の神や地神、庚申、賽の神など、実にさまざまな神々が祀られている。

このような信仰形態をわれわれは民俗信仰もしくは民間信仰として理解している。本章では、主に村が中心となって祀る村祭りを取り上げる。村祭りには宗教儀礼という信仰的な側面と、もうひとつ村人を結束させる象徴的な機能も持っていることに注目しなければならない。

特に本章は韓国の民俗社会において培われてきた民間信仰の中で、「洞祭《トンジェ》」と呼ばれる村祭りを中心として、信仰を支える人々、都家《トガ》に代表される祭祀組織、村祭祀をめぐる近年の変化を考察するとともに、日本の村祭りとの比較を試みたいと思う。

一　韓国における民俗信仰の研究

韓国の民俗信仰に関する研究は、戦前日本の研究者によって多くなされてきた。特に一九三〇年代から一九四五年の解放までは、主として日本の学者による韓国民衆の生活慣行の調査が行われた。それは植民地政策樹立に資するためという目的を持っていた。朝鮮総督府より調査を委嘱された今村鞆・村山智順・赤松智城・秋葉隆らは民間信仰関係の資料集成に大きく貢献した。その中でも村山智順の『朝鮮の巫覡』（一九三二）は一九三〇年代における巫俗の全国的な調査資料として注目される。韓国民俗学は部落祭に代表される村祭祀の研究と、シャーマンの儀礼を中心とする巫俗の研究を大きな柱として展開してきた。そのため、韓国の学者は、右記の村山研究に対して一面においてはその価値を認めながらも、他方では多分に批判的であった。植民地時代の総督府による調査というアレルギー反応もあったが、本書の資料の大部分が中央から各地の官庁というルートを通じて集められた間接的資料であって、資料価値の信憑性に問題があるというのが批判の理由であった。これは村山の『部落祭』（一九三七）においても同じようなことがいえるであろう。しかしながら、戦後韓国の学者の間には植民地期の研究書を韓国民俗の基礎資料として扱う傾向も現れた。たとえば右記の『部落祭』に収められている資料の中には現在自由な調査が不可能な北朝鮮においての民俗資料も含まれており、当時の北朝鮮の民俗を知る手がかりにもなりうるからである。また京城帝国大学の赤松・秋葉は巫歌資料を収めた『朝鮮巫俗の研究』上巻（一九三七）、巫俗の分析的研究を試みた下巻（一九三八）を出版している。その後の秋葉による『朝鮮巫俗の現地研究』（一九五一）は、直接フィールドワークによる資料を用いている点で、価値ある貴重な研究書であるといえるだろう。

第二次世界大戦終了による植民地支配からの解放を契機として、韓国民俗学の様相も大きく変貌する。民族文化の樹立や宣揚をめざす国学研究熱が旺盛となり、その一環として民俗学研究に大きな期待が寄せられるようになった。解放後、多くの大学の誕生とともに民俗学が開講され、また民俗学に関わる学会も創設されるようになった。一九六八年以来、文化財管理局の援助の下に「韓国民俗総合調査」が実施されているが、ここには多数の「民俗学会」と「韓国文化人類学会」のメンバーが参加した。すでにその報告書として『全南編』（一九六九）、『全北編』（一九七一）、『慶南編』（一九七二）、『済州編』（一九七四）、『慶北編』（一九七四）、『忠南編』（一九七五）が刊行されている。こうした活動をふまえた学会や個別の研究成果も数多く公にされている。特に韓国巫俗の研究においては崔吉城の存在と業績が大きい。また一九八〇年代は日本の研究者による韓国でのフィールドワークが目立つようになった時期でもあった。しかし、八〇年代半ばからは農漁村の都市化や人口の都市流入などで、村社会が大きく変わる変革期でもあった。漸次、村の研究も減少していくようになる。さらに一九九〇年代から二〇〇〇年代になると、村社会は過疎と高齢化の時代を迎える。学会では散発的に民間信仰の報告があるものの、村の研究そのものは全般的に停滞しているといわざるをえない。こうした状況の中でも近年、村社会に関する研究をたびたび目にすることができ、同じ研究仲間として刺激を受けるところである。その一部を紹介すると、権三文の『東海岸漁村の民俗学的理解』（二〇〇一）が漁撈民俗社会の研究書として注目に値するものである。特に「老班会」という年齢を基盤とした祭祀組織の事例は従来の洞祭ではほとんど言及されてこなかった報告である。また『洛東江流域の人々と文化』（二〇〇七）をあげることができよう。この本は洛東江流域圏で実施された嶺南（慶尚南道・慶尚北道）文化に関する学際的な調査研究であるが、その中の「慶北地域の洞祭の現代的伝承と変容」の報告においては、伝承が中断された洞祭を復活する過程で現実的にどういう対応がなされたかを事例とともに報告している。また拙著（二〇一〇）では、本章で取り上げる盈徳《ヨンドク》地域の洞祭について紹介している。

二　盈徳郡の村祭りと祭祀組織

本章で紹介する村祭りは、慶尚北道盈徳郡の事例である。盈徳郡は韓国の東南部に位置し、盈徳邑を中心に東は海に面する海村地域と、西は内陸に連なる農村地域である。この地域では「洞祭」と呼ばれる村祭りが、毎年それぞれの村で行われている。また海に面した村では「別神《ビョルシン》グッ」というシャーマンの儀礼も見られるが、これは毎年行われるのではなく、五年または一〇年といった単位で行われる村祭りである。

図８－１　韓国の地図

ここでは、盈徳地域で村祭りとして広く見られる洞祭について述べよう。洞祭の名称は地域によって、堂祭、堂山祭、洞神祭、山神祭、城隍祭、コルメギ祭、長性祭など、さまざまである。このように多様な名称を総括して、村山智順はかつて「部落祭」と呼んだ。村山は「部落祭は生活の地域と条件とを同じくする部落の人々が、その生活を脅かす災害を免かれ、その生活を増進せしむる幸福を求むるが為め神明に祈願し、之に依って何等の不安もなく、寧ろ感謝に充てる平安な生活を楽しまんとする目的から、各自その心を一にして年一回又は数回祭祀を謹修する郷土的年中行事の一つである」（村山　一九三七：二）と規定した。

村山智順のこのような部落祭に関する概念規定は、その後も多くの学者に採用され、現在に及んでいる。たとえば、崔吉城も部落共同体が単位になって行う宗教的儀礼を部落祭と定義している。しかし、韓国では部落という漢字表記以前に、部落を意味する語として「ポル」「トゥル」「トム」「コル」などがあった。これらのいずれも自然形成の聚落を指す言葉で、部落という言葉より先に使用されるようになった語であることは明らかである。このような理由で、部落祭という語のかわりに洞祭、洞神祭の語を使う研究者も少なくない。

本章で取り上げている地域社会においても「洞祭」という名称が広く使われており、本章もそれにしたがい洞祭の語を用いて韓国の村祭りを紹介していきたい。

祭祀組織の構成

盈徳郡の洞祭は旧暦の一月一五日に行われる。旧暦の九月九日と合わせて行うところもあるが、年一回の場合は一月のみの方が断然に多い。農村では暦というのは農業暦であり、韓国の正月も陰暦の一月一日を指す。そのため、旧暦の一月一五日は小正月といわれ、満月を見上げながら所願を祈るというのが昔ながらの風習である。まさに洞祭は十五夜の真夜中に行われる村祭りである。しかし、洞祭には村人全員が参加するのではなく、一定の条件を満たした者だけが選ばれ、村を代表して祭祀を行うのである。洞祭に携わる司祭者を一般に祭官と呼ぶ。祭官の数は村によって一人もしくは数人で構成される。盈徳郡徳谷里の場合、祭官は四人であり、それぞれ役割を分担している。洞祭の全体を司る者を祭官《チエクァン》といい、祭儀において祝文を読み上げる祝《チユク》官《クァン》、主に供え物を担当する都家《トガ》、そして執事《チプサ》である。この四人は全員男性であるが、夫婦ともに健在な人でなければならない。洞祭には女

写真８−１　注連縄が張られた徳谷里の祭堂

性の参加は許されていないため、基本的に女性が直接的に関わることはない。しかし、祭儀に使う供え物を用意したり調理をしたりする都家の役割はもっとも重要視され、特に都家の主婦の協力は欠かせないものであるといえよう。四人の祭官は祭日の一週間前に選ばれる。そして各自の家にクムジュル（注連縄）が張られ、出入り口には赤土がまかれる。これには魔よけの意味があり、またむやみに他人が出入りすることを禁ずる意味もある。また、洞神を祀っている祭堂にもクムジュルを張り、神聖な場所であることを表すのである。祭官たちの行いも洞祭を遂行するにふさわしく慎むべきであることを自覚させるものである。祭官たちは、以前は祭りまで一日三回川で禊をしていたといわれるが、現在は自宅の風呂を利用しているのが現状である。

司祭者の要件と選定

洞祭を行うにあたって、それを遂行するためには祭祀組織を構成する必要がある。つまり司祭者選びはもっとも重要な行事である。司祭者とは洞神を迎えて所願成就を祈り、神の真意を探って人間に知らせる役を担当する。すなわち司祭者は神と人間の間に立ち霊媒の役をすると同時に、神の意思にしたがって人間の生活を統制することができる者である。そこで司祭者は日常の世俗から超越した神聖な者でなければならない。そのため、司祭者になるには決められた要件に適した者でなければならない。その要件は、それぞれの村の社会環境によって差異があるものの、大同小異である。その中で特に重要視されるのは次の通りである。

生気福徳にあたいする者

生気福徳とは生年月日と祭日の干支とを照合し、それが生気や福徳の日に合致することをいう。これは五行思想に基づくもので、多くの土地でこれにしたがい司祭者を選定している。しかしながら、このような選び方も漸次消滅しつつあるといわざるをえない。なぜかというと、そのような生気福徳に当たる司祭者を探し当てるのが、きわめて難しくなってきたからである。過疎・高齢化が進む土地では限られた住民の中から条件に適した司祭者を選ぶのは大変な苦労であり、もし適任者がいたとしてもそれを引き受けると社会活動に制約が生じるとの理由で対象となる本人が強く固辞してしまうこともある。こうした状況を解消するため、盈徳地域の村々では司祭者になることを里長（部落長）に義務づけたり、家の順に当番を定めたりしているところもある。

喪主でない人

一般に喪主は父母や兄弟が死亡して三年が経過しない人をいう。これに該当する人は司祭者として選定されないのはもちろん、祭場に近寄ることができないのが慣わしである。これは神聖とされる祭場が穢れることを恐れてのことであり、死亡という不浄を被った人が神聖な神と接触することになると、その神の怒りを招き、神の罰を免れることができないと信じられてきたからである。このように死の穢れを避けようとするのは韓国のみではなく、日本の神事にも広く見られることから、死を不浄視する観念は日韓における民間信仰の中で普遍的に見受けられるといえよう。

不祥事のない人

祭りまでの一年間、不祥事がいっさいなかった人が選定される。不祥事とは負傷、火災、水害、喧嘩など、すべての不幸なことをいう。このようなことがあったのは、その人が不徳であって、神の加護がなかったか不足であったことを意味すると信じられた。そこで、そういう人に神を迎える聖なる役割を任すことができないと考えられた。つまり日常生活で不浄のない人が神の加護を受けるのであり、そういう人だけが村民を代表して祭事を担当することができると信じられていた。

生活環境が清潔な人

神聖は清潔な場所であればこそ維持されると信じられた。したがって日常生活の環境が不潔な人が神聖な場所に近寄れば、神聖が冒涜されると考えられた。そのため、司祭者として選ばれるのは、日常の生活に清潔が保たれ、家族員が少なく、屋敷内に家畜を飼わないなどの要件があった。また、こうして司祭者として選ばれると、本人だけではなく妻や家族も清潔な生活に配慮し、不浄から遠ざからなければならない。司祭者に選定された家は、入り口に注連縄を飾り赤土をまくなどした。いたずらに人が出入りすることを禁じることも、不浄を遠ざけ、清潔を守る意味があったのである。

産婦や妊婦が家族にいない人

神聖を保つためのもっとも重要な条件のひとつが血の穢れを避けることである。出産はすなわち流血を意味する。日本の民間信仰においても出産は赤不浄といい、出産者の家族は神事に近寄ることさえできない。このように出産による流血は神聖を汚すこととされている。そのため家族の中に出産者がいれば、司祭者になれないのはもちろん、祭場に近寄ってもいけない。ところで、出産者とは一般に出産後三週間が経過していない人をいう。また、出産者だけではなく、妊婦がいる家も司祭者にはなれない。これは祭期中に出産の恐れがあるためである。神聖を守るためには流血を避けることが大事であり、祭期中には村内で出産者が現れることさえいけないのである。もし出産が予想される妊婦がいれば、他村や産幕に行き、そこで分娩し、祭祀が終わった後に帰宅するのが以前からの習俗である。

以上で、村祭りに際して司祭者たる者に符合する条件を列挙したが、再婚した者や、いわゆる水商売に従事する者などは司祭者には不適と見なす土地もあり、村によってその選定基準には若干の差異が認められる。

三　洞祭

村祭り、すなわち洞祭は十五夜の夜中に行われる。徳谷里では旧暦の一月一四日の朝、都家に祭官たちが集まり洞祭の準備に取りかかる。洞神に供える供え物を扱う都家は、特にこの時期になると、家の入り口に注連縄を張り、玄関先から庭まで赤土をまき、外部者の出入りを禁ずる。都家は、仕入れてきた魚やナムルなどを調理し、味付けをする。これは基本的に都家として選ばれた家の夫婦が行うが、他の祭官たちもそのつど手伝いをする。

一四日の晩になると、再び韓服姿の祭官たちが都家に集まり、祭祀の時間になるまで待機する。祭祀は日付が変わってから行うのが慣例である。午後一一時半になると、祭器や供え物などを祭堂に運び出す。瓦屋根の祭堂は約二坪ぐらいの広さで、内部は高さ一メートルぐらいの祭壇が設けてあり、あらかじめ蝋燭が灯してある。祭壇に供え物を決まった場所に並べるのを「陣設」という。陳設などのすべての準備が終わると、四人の祭官たちは祭壇の前に立ち並び、洞祭が始まる。

洞祭祀を簡略に紹介すると次の通りである。

①祭祀を管掌する祭官が祭壇の前に跪いてすわると、左右の盃を下ろして祭官に差し出す。祭酒を注ぎ、祭壇に返す。全員が立ち上がり、二拝礼をする。
②箸を他の供え物の上に置く。四人一同二拝礼をする。
③再び祭官がすわると、左右の盃に祭酒を注ぎ、祭壇に供える。全員二拝礼する。
④都家、執事、祝官の順で、①のように祭酒を供える。
⑤ご飯のふたを開け、匙をご飯にさす。祭官が盃に重ね注ぎをする。
⑥祝官が祝文を読み上げる。

写真８－２　洞祭祀を行う祭官たち

⑦祝文が終わると、全員伏せて二拝礼をする。
⑧匙で少量のご飯を取り、水に混ぜる。
⑨立ったまましばらく黙礼をする。
⑩匙と箸を片付ける。全員拝礼をする。
⑪焼紙を行う。
⑫盃を下ろし、祭酒を飲み交わす。

以上、最後に祭壇を片付けて祭祀は一段落する。洞祭の形式は、儒教のしきたりに則った形で行われるため、韓国の家庭で行われる家祭祀と形式の上では大きく変わらない。ただし、村祭りということもあって、経費の面では村人の協力が必要となる。そのため、村人から協賛を募り、その寄付者の名前または店の名を読み上げながら、韓紙でできた紙を蝋燭の火で燃やす。これを焼紙というが、焼紙は一年の万福を占う意味あいを持っている。祭官たちが焼紙を燃やす時に、まっすぐに高く燃え上がれば健康と家内の平穏が守られるといわれる。

祭堂での祭祀が終了すると、陳設した供え物を都家に持ち帰る。夜中ではあるが、都家では祭官たちの飲福、すなわち直会が行われる。また、祭祀に使われた供え物は、翌朝の村人を集めて行う報告会に振る舞う肴として出されるため、均等に分けて箱詰めにする。この時に、供え物すなわち祭物に触れられるのは男性のみであり、女性は都家の家族さえも触ってはいけないことになっている。

四　洞祭をめぐる近年の変化

盈徳の位置する東海岸一帯は海水浴場も多く、夏は避暑などの観光客で賑わうところである。またこの地域は「盈徳デゲ」と称されるほどズワイガニの名産地としても有名である。しかし、夏場の観光や小規模の水産業以外はこれといった地場産業を持たないため、若年層の地域離れと同時に年々過疎の問題が深刻化している。特に内陸の農村部に進むにつれてその状況はより深刻である。その影響もあって洞祭を行うことが困難になっている村もあれば、洞祭を実施している村でもその規模を縮小したり、祭官を引き受けた者に対しては何らかの報酬を与えたりして洞祭を維持しようと努力しているところもある。その変化の一環として次のような例が見受けられる。

まず、祭官として慎む期間の短縮である。徳谷里の場合、洞祭の祭官は四人であることはすでに言及したとおりであるが、その祭官の年齢層は平均七〇代である。以前は四〇代、五〇代の村民の中から生気福徳な人が選ばれることが多かったが、高齢化が進む近年は、そのような祭官の条件に適合する者が少なくなってきたという。しかしながら、そのような状況の中でも、特に都家の選定は大事な事柄であり、洞祭の成功は都家の選定に直結するものと認識されていることもあって、何より慎重に行われている。そのため、都家の選びは難航する場合が多々ある。幸いに該当者が見つかったとしても祭官を引き受けることによって蒙る社会活動の制約を理由に辞退する場合もある。都家になる者が甘受しなければならない社会活動における制約というのは、主に、一年間親戚や知人の不幸に立ち会えないこと、翌年の祭りまで日頃の行動を慎むことなどである。もし、都家の役を終えないうちに村で何かの不幸があった場合は、普段の都家の行いが問題視されることもある。何よりも、まだ社会活動が旺盛な者にとってはこうした制約に拘束されること自体が、すんなり都家を受け入れられない理由である。そのため、一年という都家の忌期間を三ヵ月に短縮した地域も現れるようになった。

また、祭官の数を一人にしている村では、里長（村長）にその役（祭官および都家）を一任するところもある。これは毎回祭官に適した者を選ぶのが困難な状況であるという現実から現れた苦肉の策ではあるが、生気福徳で不浄のない者を選び、村の所願成就を託すという洞祭本来の宗教的趣旨は時代の流れとともに変容してしまったといわざるをえない。

次にあげられるのは、経済的援助である。以前は祭官に選ばれるのは誇り高い名誉であったために、対価を伴うことはなかった。しかし、今は、祭官に選ばれた者に対して村社会が何らかの形で経済的な援助を行う例が、多く見られるようになった。徳谷里では洞祭の費用として一〇〇万ウォンが策定された。そのうちの五〇万ウォンは実際に祭物を用意するために費やされ、残り半分は都家をはじめとする祭官たちへの手当てとして分配された。以前は村に共有の山林や農地を持っていたが、そのほとんどは処分され、今の村祭りの費用は、毎年祭りごとに村内を練り歩いて募った寄付金でまかなうという。こうした寄付をした人が祭祀において焼紙を上げてもらうことは、前述のとおりである。また、江口地域の沿岸部の村では、村共有の養殖場の運営権を祭官に与えて経済的に援助する場合もある。

そのほかに、祭祀で読み上げる祝文の国語化もひとつの変化である。祝文は、もともと漢文を用いて当年の祭祀の趣旨を述べるものであるが、ハングルが日常化された今では漢文を自由に操る人がほとんどいなくなった。ハングルの祝文を使用したり、難しい漢文にハングルでルビをつけて読み上げることが実際に行われており、今の世相の反映といわざるをえないだろう。

五　日本の祭祀組織と当屋

韓国における村祭りの多くは、これまで紹介してきた洞祭のように、毎年選ばれる、一定の条件を満たした祭官によって執り行われる儀式である。そして儒教のしきたりにしたがって厳かに行う場合が多く、日本の村祭りのような賑やかさや華やかさはあまり見られない。韓国に比べて、日本の村祭りは地域ごとに実にバラエティに富んでいる。ここでは、紙幅の都合でくわしく論ずることはできないが、比較民俗学の観点から、日本の祭祀組織の事例に若干触れておきたい。

たとえば、中国山地の岡山県新見地域では、古くから「宮座」と呼ばれる祭祀組織が存在する。この地域は中世、新見荘と呼ばれていた地域であったため、祭祀組織には荘園時代の名残と見なされる「名《みょう》」の名前が登場し、その構成員たる者は「名」の名称を継承した家の者だけに限られている。同地域の氷室神社は六名、亀尾神社は一〇名から構成されている。このような祭祀形態を「名主座」とも呼び、名を継承した名主のみで順番に当屋（神事に必要な供物を用意する家またはその当人）を担い、直接神事に参加する仕組みになっている。これは村祭祀において他の村人に優先する権利であり、特権ともいえる。そのため名を継承した名主は、何らかの理由で名を手放さない限り、神事に直接に関わる権利を世襲的かつ半永久的に保持するのである。名をめぐる座の権利が村人に平等に開放されない点においては、一見、前近代的かつ封建的な祭祀組織ではあるが、村祭りというものに地域性と歴史性をあらわす要素が内在していることを考えれば、この祭祀組織の仕組みは新見という地域社会の成り立ちを理解する上で、貴重な民俗資料になることは間違いないだろう。

写真８−３　氷室神社の宮座

次に、もうひとつあげるのは、滋賀県東近江市菅原神社の祭祀組織の事例である。同神社の祭祀を担っている者を「宮衆」という。

宮衆は、基本的に四人で構成され、段階を経て上がり、役を終えると宮衆から抜けていくシステムである。すなわち見習い→小使→本神主→古神主の順であるが、古神主は前年度の神主、すなわち前年に当屋の役を済ませた者であり、古神主を最後に宮衆から抜けることになる。当年度の当屋を務めるのは本神主である。本神主の役を終えた者は次年度には古神主になる。もし、本神主に不幸が生じた場合は、古神主が代行を務めることになっている。小使は次年度の当屋になる者である。見習いは、宮衆になったばかりの者であり、文字通りに見習いから古神主になって、宮衆を出るまでに四段階を経なければならない。

右記の二事例に見られるように、日本では祭祀組織を構成する要素は、地域によって、祭りの内容によって異なる。新見の事例では、祭祀組織が限られた家によって固定化されているため、それ以外の村人が神事に参加することは許されない。一方、東近江市の事例では、四年というサイクルの中で、順に祭祀組織に参加することができ、また当屋になるまで事前に見聞きする期間が設けられているのが、大きな特徴であるといえよう。

おわりに

今まで、都家を中心とする韓国の村祭りの祭祀構造と、日本の祭祀組織について事例の紹介とともに若干の考察を行ってきた。

日韓の祭祀組織は、国の成り立ちや地域の歴史によってその仕組みが異なる。日本のバラエティに富む村祭りに比べると、韓国の村祭祀は、その形式的な面からすると、ある意味で定型化されたシンプルな構造をなしているといえるかもしれない。しかし、両国の村祭りの多くが、地域の神を祀り、村社会の安寧と豊穣や豊漁を願うところにその意味があることは、疑う余地がない。その聖なる祭祀を前にして精進潔斎を行い、不浄から遠ざかる戒めの期間を守るなど、日韓の祭祀には共通するものがある。また、神聖な供え物を管掌する都家、または当屋のありようは、日韓の村祭りを理解する上で重要なキーポイントとして注目に値するものである。

今、民俗社会を取り巻く環境は芳しいものではない。過疎と高齢化に代表される民俗社会の行詰まりの中で、多くの民俗事象が忘れ去られようとしている。村の神など民俗信仰に託してきた村人の心性は、もはや過去のものになってしまったのだろうか。しかし、時代の波に晒されながらも、時代に相応して伝統を維持しようとする地域社会もまだ多くある。今こそ、改めてフィールドに出かけ、ダイナミックに変貌しつつある村社会を見つめなおす好機にしたい。

参考文献

赤松智城・秋葉隆　一九三七『朝鮮巫俗の研究』上巻、大阪屋号書店
　同　一九三八『朝鮮巫俗の研究』下巻、大阪屋号書店
秋葉　隆　一九五一『朝鮮巫俗の現地研究』養徳社
李　承洙　二〇〇九「韓国における現在の民俗学状況」(『日本民俗学』二五九)
賈鐘壽編　二〇〇八『韓国伝統文化論』大学教育出版
金　宅圭　二〇〇〇『日韓民俗文化比較論』九州大学出版会
権　三文　二〇〇一『東海岸漁村の民俗学的理解』民俗苑
慶北大学校嶺南文化研究所　二〇〇七『洛東江流域の人々と文化』亦楽出版社
杉山晃一・櫻井哲男編　一九九〇『韓国社会の文化人類学』弘文堂
竹田　旦　二〇〇〇『日韓祖先祭祀の比較研究』第一書房
崔　吉城　一九八〇『韓国の祭りと巫俗』第一書房
　同　一九九六『韓国民俗への招待』風響社
崔　杉昌　二〇一〇『地域祭祀の日韓比較民俗論』人文書院
南　根祐　二〇〇九「韓国民俗学の現在──『民俗』の文化財化と観光資源化を中心に」(『日本民俗学』二五九)
日韓漁村社会・経済共同研究会　一九八四『日韓合同学術調査報告』第二輯
朴　桂弘　一九八二『韓国の村祭り』国書刊行会

文化公報部文化財管理局　一九六九『韓国民俗総合調査報告書　全南編』
同　一九七一『韓国民俗総合調査報告書　全北編』
同　一九七二『韓国民俗総合調査報告書　慶南編』
同　一九七四『韓国民俗総合調査報告書　済州編』
同　一九七四『韓国民俗総合調査報告書　慶北編』
同　一九七五『韓国民俗総合調査報告書　忠南編』
村山智順　一九三二『朝鮮の巫覡』朝鮮総督府
同　一九三七『部落祭』朝鮮総督府
八木　透　一九九四「家と祖先祭祀をめぐる日韓比較民俗試論」（『佛教大学総合研究所紀要』創刊号）、佛教大学総合研究所

コラム【八】剣鉾からみる京都の祭礼

今中崇文

地域によって供される鉾

京都市内には数多くの神社が存在し、年間を通してさまざまな祭礼が行われている。これらの祭礼の多くは、神社ごとに組織された氏子会などと呼ばれる集団によって運営され、神輿や鳳輦などの渡御が行われている。たとえば、京都の夏を彩る祇園祭では、宮本組と清々講社という二つの氏子組織が神輿渡御を執り行っているのである。

一方で京都市内の祭礼には、氏子とはまた別に、ある特定の地域の人々によって継承され、祭礼行列に供されるものが存在する。現在、祇園祭の山鉾巡行では三二基の山鉾を見ることができるが、これらはいずれも鉾町という地域の人々によって継承され、供されてきたものである。京都市内には、祇園祭の山鉾のように、ある特定の地域の人々によって継承され祭礼行列に供されるものとして、剣鉾《ケンボコ》という祭具がある。この剣鉾は、京都市内の各所で見られるにもかかわらず、これまであまり注目されてこなかった。本コラムでは、この剣鉾に焦点を当てて、京都の祭礼がどのようにして継承され、祭礼行列が供されているかについて、具体的な事例をあげて紹介したい。

さまざまな剣鉾

現在、京都市内には三〇〇基以上の剣鉾が現存しており、市内各地で行われる五二の祭礼でその姿を見ることができる[*1]（表1）。ただ、ひとくちに剣鉾といっても、その形状や祭礼における形態にはさまざまなバリエーションが見られるが、巡行行列に加わる場合には神輿の前を巡行することが共通している。

その形状について、一般的には、①薄い真鍮製の剣先、②さまざまな意匠が施された額、③神社名・祭神名が記された額と受金、④五メートルに及ぶ長い棹、⑤棹から吊り下げられた鈴、⑥長く垂れ下がった吹散《フキチリ》という六つの要素によって構成されているものとされる（出雲路一九八六）。

祭礼における形態もさまざまで、祭礼期間中に神社や地域の特定の家に飾られるだけのものから、枠や台車に載せられて巡行行列に参加するものなども見られるが、特に特徴的なものとして「差し鉾」と呼ばれる形態がある。差し鉾とは、剣鉾を腰に巻いた「差革」に差し込み、腰の力でもって剣先と飾を前後にしならせながら巡行することであり、剣先と飾の反動により鈴が8の字を描いて棹に当たり、独特の音を出す。その音から差し鉾を「ケンチコリン」と呼ぶ地域もあるという（出雲路 一九七一）。京都市は一九九〇年、一乗寺八大神社・西院春日神社・嵯峨祭り・梅ヶ畑平岡八幡宮の剣鉾差しを京都市無形民俗文化財に登録している。

では、このような剣鉾は、いったいどのような人々によって継承されているのであろうか。以下では、西院春日神社の春日祭に出る剣鉾を事例として、より具体的に見ていきたい。

表1　京都市内で剣鉾が出る祭りの行われる神社

春（4～5月）		秋（9～11月）	
1	熊野神社	1	三嶋神社
2	神泉苑	2	晴明神社
3	清和天皇社	3	住吉神社
4	大豊神社	4	瀧尾神社
5	（紫野）今宮神社	5	北野天満宮
6	鷺森神社	6	吉田神社今宮社
7	地主神社	7	山国神社
8	崇道神社	8	西院春日神社
9	八大神社	9	平岡八幡宮
10	藤森神社	10	北白川天神宮
11	天満宮社	11	粟田神社
12	須賀神社	12	五条天神社
13	菅大臣神社	13	木嶋座天照御魂神社
14	新日吉神宮	14	岡崎神社
15	市比賣神社	15	三栖神社
16	恵美須神社	16	山之内山王社
17	椰神社	17	住吉大伴神社
18	吉田神社	18	上中八幡宮社
19	山王神社	19	八幡社
20	御霊神社	20	熊野神社（京北）
21	下御霊神社	21	福王子神社
22	愛宕・野宮神社（嵯峨祭）	22	花園今宮神社
		23	城南宮
		24	由岐神社
		25	石座神社
		26	幡枝八幡宮社
		27	八神社
		28	新宮神社
		29	天道神社

（2012年4月現在）

表2　西院春日神社の鉾仲間

名称	飾の意匠	鉾仲間
一番鉾	鷹の羽	寺之内町
二番鉾	矢車	立倉町
三番鉾	扇	車之路町
四番鉾	紅葉	新在家町
五番鉾	下り藤	今在家町

（2011年の調査より）

剣鉾にまつわる人々――鉾仲間と鉾差

四条通から佐井通を少し北上したところに位置する西院春日神社は、平安時代に淳和院の鎮守社として奈良の春日神社を勧請してきたことが起こりとされる。その後、西院村の産土神として栄えていたが、一九三一（昭和六）年に西院村は京都市へ編入され、現在にいたっている。秋の祭礼である春日祭は、江戸時代には八月二八日に行われていたようだが、[*2] 現在では一〇月の第二日曜日に営まれている。御旅所である野々宮神社へと渡御する巡行行列には、五基の剣鉾が加わっており、二基の神輿の前を差し鉾として巡行している。

写真１　拝殿廻りをする剣鉾

これら五基の剣鉾は、それぞれに一番鉾・二番鉾・三番鉾・四番鉾・五番鉾と呼ばれており、古い剣先や付属品に残された銘などから、いずれも江戸時代の中頃には成立していたと考えられる。[*3] これらの剣鉾は、西院村の田地を持っていた家々で、かつての町内ごとに構成される鉾仲間という人々によって継承され、行列に供されている。五基の剣鉾がそろって差される、巡行中の西大路四条交差点での「巴廻り」や、神社に帰り着いてからすぐに行われる「拝殿廻り」は、祭礼の大きな目玉として知られている。

各鉾仲間は複数の家で構成されているが、毎年、一軒が「トウヤ（当家）」を務める。トウヤとなった家では、巡行前日、剣鉾を組み立てて自宅前に飾り、居間に掛け軸などの飾り物をする。当日には、トウヤの当主が巻い

写真２　トウヤに飾られた剣鉾

た状態の吹散を持って、剣鉾とともに巡行行列に参加する。[*4] 祭礼が終わると、翌日には剣鉾も解体され、剣鉾をはじめいっさいの道具が次のトウヤへと引き渡される。次のトウヤは、それらの道具類を翌年まで責任を持って保管するのである。

このように、西院春日神社の春日祭に出ている五基の剣鉾は、かつての西院村で田地を持っていた家々によって構成される鉾仲間という人々によって継承され、祭礼に供されている。鉾仲間は、年ごとのトウヤを中心として、剣鉾をはじめとする一切の道具を保管し、必要があればそれらの修理・新調なども行っているのである。

一方、巡行行列において剣鉾を差すのは、鉾仲間の人々ではなく、専門の技術を持った「鉾差」と呼ばれる人々である。鉾差は岡崎・鹿ヶ谷・吉田・修学院といった東山沿いに多いとされるが（出雲路 一九七二）、西院春日神社の鉾仲間には「一乗寺や鹿ヶ谷から来はる」人々であるといったぐらいしか認識されておらず、日常的に交流があるわけではない。

鉾差は、三名一組で、祭礼当日にその年のトウヤを訪れる。巡行行列では、この三名が一基の鉾を担当する。そのため巡行行列には、全部で一五名の鉾差が参加する。トウヤを訪れた鉾差は剣鉾の状態を確認し、試し差しの上、飾に掛けた紐などを締め直してから、トウヤの準備した衣装に着替えて神社へと向かう。

巡行が終わると、鉾差は剣鉾を担いで神社からトウヤまで戻り、トウヤの前で最後の一差しを行う。差し終わると、剣鉾は棹を外されて居間に飾られる。これらの作業を終えると、鉾差は衣装を着替えてトウヤを後にするのである。

鉾仲間と鉾差を取り巻く現状

毎年の祭礼で実際に使用される剣鉾は、破損した場合の修理費用がかかることなどから、所有するすべての剣鉾がそろって巡行に供される地域は、それほど多くない。その中で西院春日神社の春日祭では、これまで、五基の剣鉾がすべてそろって巡行に供されてきた。

しかし、これまで剣鉾の継承に中心的な役割を果たしてきた鉾仲間も減少の一途をたどっており、剣鉾の継承はたいへん厳しい状況に直面している。その理由としては、現代的な住居への建て替えにともなって道具類の保管場所や剣鉾を飾る場所を確保できない家が増えてきたこと、農業以外の産業に従事する人が増えて転勤などで他地域へ転出する家が出てきていることなどがあげられる。ある鉾仲間は、大正期には三五軒を数えながら、現在は一一軒まで減少してしまっている。また別の鉾仲間は、この一〇年で一〇軒もの家が脱退し、八軒だけになってしまった。当然のことながら、鉾仲間を構成する家の減少は、一軒あたりが負担する費用の増加を招いており、剣鉾の継承はますます厳しい状況に置かれているといえる。

そのため近年では、トウヤの負担を軽減するべく、巡行行列への参加を毎年一組の鉾仲間だけにするなど、役割の簡素化が始まっている。巡行終了後に、それぞれのトウヤで行われていた直会も、神社の社務所で行われるようになった。さらに、鉾差への連絡や費用の支払といった鉾差に関わる事務的作業もまた、神社によって担われるようになっている。

一方、地域の人々に雇われて剣鉾を差す鉾差もまた、かつてはその収入だけで生活ができた時代があったと伝えられるものの、一九七〇年代には、メンバーの高齢化により絶対数が不足し、祭礼に必要な人数を確保するのが困難になっているといわれていた（出雲路 一九七二）。

剣鉾をめぐる新たな動き

このような状況の中、一九九六年に粟田神社の氏子の有志が熟練の鉾差を顧問として招いて粟田神社剣鉾奉賛会を結成するなど、いくつかの地域では鉾差の技術を継承し、後世へと伝えるための有志集団による取り組みが行われている。[*5] これにより鉾差の人数は増加に転じており、春日祭においても必要な人数を確保することが可能となっているのである。

このように西院春日神社の剣鉾は、鉾仲間と鉾差という二つの集団によって継承され、祭礼行列に供されている。鉾仲間と鉾差は、それぞれ問題に直面しながらも、それぞれに手段を講じて剣鉾を継承し、祭礼に供しているのである。特に鉾差には、それまでの血縁や師弟関係による技術の継承に加えて、有志集団による継承の発生という大きな変化が生じている。

また京都市内の他の地域においては、神社の宮司と鉾差の個人的つながりから、差し鉾が復興されるという現象が見られる。[*6] 西院春日神社の春日祭においても、神社の役割は年々増加している。このような、京都の祭礼における神社の果たす役割の変化もまた、今後注目していく必要があると考える。

付記
本コラムで活用したデータは京都の民俗文化総合活性化プロジェクトによる調査の一環として得られたものである。

注

＊1　剣鉾の分布は、京都市内を中心としながらも、丹波・丹後・近江にも広がっている。また関東や九州などでも、剣鉾の特徴を備えた祭具を見ることができる。

＊2　『山州名跡誌』（一七一一）や『都名所図会』（一七八〇）の記述による。

＊3　一番鉾には、「宝永七年八月日」（一七一〇）の銘が入った太刀が付属し、寛政五（一七九三）年に吹散を新調したという文書が伝わり、三番鉾には「寛延四辛未九月吉日」（一七五一）、四番鉾には「宝暦四戌都市九月吉日」（一七五四）の銘が入った剣先が、五番鉾には「天保一五年九月」（一八四四）という年号の入った吹散が伝わっている（京都市　一九九一）。

＊4　巡行には次のトウヤの当主も参加する。かつて一番鉾には、その先頭を歩く太刀を持った子どもが出ていたが、近年ではトウヤの当主が持つようになっている。

＊5　同様の組織として、一乗寺八大神社剣鉾保存会と吉田神社剣鉾保存会がある。

＊6　神社の宮司と鉾差の個人的つながりから差し鉾が復興された例として、三嶋神社や瀧尾神社、新日吉神社、金札宮の祭礼などがあげられる。

参考文献

出雲路敬直　一九七一「剣鉾考」（『京都精華学園研究紀要』九）

同　一九七二「剣鉾覚書（一）」（『京都精華学園研究紀要』一〇）

同　一九七三「剣鉾覚書（二）」（『京都精華学園研究紀要』一一）

同　一九八六「剣鉾と祇園祭の鉾」（『山町鉾町』一八）

植木行宣　二〇〇一『山・鉾・屋台の祭り——風流の開花』白水社

内田忠賢　一九九九「都市の新しい祭りと民俗学——高知『よさこい祭り』を手がかりに」（『日本民俗学』二二〇）

京都市文化観光局文化部文化財保護課編　一九九一『京都市の文化財　第八集』京都市文化観光局文化部文化財保護課

中野紀和　二〇〇七『小倉祇園太鼓の都市人類学——記憶・場所・身体』古今書院

山路興造　一九八七「もう一つの鉾祭り」（『京都市史編さん通信』二一四）（のち山路興造　二〇〇九『京都の芸能と民俗の文化史』思文閣出版に再録）

同　一九八八「祇園囃子の源流と変遷」（『講座祇園囃子』）、祇園祭山鉾連合会

米山俊直　一九七四『祇園祭』中央公論社

同　一九八六『都市と祭りの人類学』河出書房新社

和崎春日　一九九六『大文字の都市人類学的研究——左大文字を中心として』刀水書房

第九章

なりわいと環境——川と人の民俗誌

伊藤廣之

はじめに

なりわい（生業）とは「生計を維持するために行われる仕事」であり、職業や産業とは異なり、「収入に直接結びつかなくとも日常生活を支える上で欠くことのできない仕事をも含め」たものを指す（湯川 一九九九）。これまでの民俗学は、農業・漁業・林業・狩猟・諸職など、自然に対して直接的に働きかける伝統的な生業の研究に力を注いできた。そうした伝統的な生業の研究において、働きかけの対象である自然や、生業活動の場である山野河海といった環境は、生業のあり方を規定する条件として位置づけられてきた。

本章では、川と人の関わりについて考える入口として、河川漁撈という生業を取り上げてみたい。ただし、その取り上げ方は、従来の漁撈研究とは異なる視座からのものである。すなわち、あるひとりの川漁師の具体的な漁撈活動に焦点を当て、その川漁師の目をとおして河川漁撈を描き、分析していくという手法である。したがって、ここでは自然や環境は所与の条件として扱われるのではなく、生業の主体である「川漁師との関係性」の中に位置づけられ、分析の対象とされるのである。

以下では、一九一六年生まれの川漁師Aさんの漁撈活動を見ていくことにしたい。フィールドとなるのは淀川である。淀川はかつて、京都と大阪の二都市を結ぶ重要な交通路・輸送路であり、コイ・フナ・ウナギなどを対象とする河川漁撈のさかんなところであった。これまで筆者が行ってきた河川漁撈の調査（伊藤 二〇〇九）に基づき、淀川での個人漁によって生計を立ててきた川漁師Aさんのライフヒストリーとその漁撈活動のあり方を環境民俗学の視点から描くとともに、川と人の関わりについても考えてみたい。

一 生業研究と環境民俗学

民俗学と生業研究

日本の民俗学において、いち早く研究対象として「生業」の語を用いたのは、渋沢敬三のアチック・ミューゼアムであった。岩倉市郎が喜界島生活誌の調査のために作成した『喜界島生活調査要目』（岩倉 一九三五）の中に「其他の生業」の語が登場する。また民具の収集調査のために作成された『民具蒐集調査要目』（アチック 一九三六）に「生業に関するもの」が立項されている。柳田國男は生業研究に対して無関心ではなかったが、民俗学における生業研究は、渋沢敬三を中心とした生活誌研究や物質文化研究の中で始まったといえる。

その後、民俗学では、農業・漁業・狩猟・林業・諸職など、個別の生業ごとの研究が進められ、技術論や系統論を中心にした研究成果が蓄積された。民俗学初の体系本である『日本民俗学大系　第五巻　生業と民俗』（一九五九年）では、最上孝敬が民俗学における生業研究を総括的に論じている。最上は生業を「前代産業の姿」と位置づけ、歴史的遡及に重点をおいたため、近年の生業論においてはあまり注目されることがないが、彼が提示した「技術」「労力」「土地」「信仰」の四つの側面は、民俗学が生業を論じる上での基本的な視点といえるものであった。

民俗学の生業研究が他の学問から注目を集めるようになったのは、一九九〇年代前半からといってよい。そのきっかけとなったのは、安室知による複合生業論の提唱であった。安室は従来の単一生業研究からの脱却をめざし、新しい生業論を唱えた（安室 一九九二）。安室の複合生業論は生業の複合的なあり方に注目したものであったが、生業複合については、従来から、河岡武春による低湿地での稲作と漁撈と鳥猟の複合（河岡 一九七六）、辻井善弥による磯漁の村の漁業と畑作の複合（辻井 一九七七）、野本寛一による焼畑と狩猟の文化複合（野本 一九八四）など、さまざまな生業複合に関する指摘があった。そうした生業の複合的なあり方に着目し、それを生業研究のひとつの方法論として体系化を図ろうとしたのが、安室の複合生業論であった。

安室の複合生業論は、「聞き取りという手法を用いることにより統計や記録に残らない生業まで掘り起こした上で、トータルとして生計活動をみてゆこうとする」ところに特色がある（安室 二〇〇八：二四一）。そして「生計は各種生業の選択的複合により成り立つという前提」に基づき、「生業技術間の関係や社会との関係など、複合の様相がどうあるのかというところまで」その変遷を含めて明らかにしようとするもので、「その対象は伝統的生業だけでなく商業活動や賃労働なども含む」とした（安室 二〇〇八：二三五）。

安室の複合生業論をきっかけにして、民俗学だけではなく考古学や歴史学などでも生業論への関心が高まり、生業概念や生業論の再検討が試みられるようになった（国立歴史民俗博物館編 二〇〇八）。また生業論のひとつとして、マイナー・サブシステンス（副次的生業）の視点から、生業に内在する「楽しみ」の要素に注目し、生業の質的な側面を問い直そうとする研究も見られる（松井 一九九八）。

環境民俗学の視点

人文・社会科学において環境問題への関心が高まり、エコロジー論がさかんとなるなかで、民俗学においても自然や環境に関する研究が進められてきた。その代表的なものとして、野本寛一の生態民俗学、篠原徹の民俗自然誌、鳥越皓之の環境民俗学、菅豊の人と環境の民俗学をあげることができる。

野本寛一は『生態民俗学序説』において、「生態学的な視点に立った民俗学」または「生態学的な着眼・発想による民俗現象の研究」を「生態民俗学」と呼び、「民俗連鎖」の視点から「民俗事象相互の関係やその連続性のダイナミズム」を浮かび上がらせようとした。また「自然環境、人為的環境、環境への適応、環境変革などを包括した『環境民俗学』が将来において成立する可能性は充分にある」とし、自身が提唱する生態民俗学が環境民俗学の主翼に位置づけられるとし、早くから環境民俗学の可能性を示唆していた（野本 一九八七：一五―一七）。

篠原徹は『自然と民俗――心意のなかの動植物』において、「資源としての環境はそこに住む人々が環境に与えた意味の総体」であるとし、「そこに住む人々の自然に対する民俗的知識の束」を取り出し、そこから自然と人間の関係を「環境イメージ」として論じようとした（篠原 一九九〇：九）。こうした手法に基づき、それを自然誌と民俗誌が一体化したモノグラフとして提起したのが「民俗自然誌」であった。篠原の民俗自然誌の特徴は、「生業の中で自然と対峙して獲得され、伝承される知識の総体」である「自然知の体系」を、聞き書きによって得られたデータだけで記述するのではなく、観察によって得られたものを植物分類学や生態学的手法など客観的方法を併用して記述するところにあった（篠原 一九九五：二六七）。

こうした動向の中で、「環境民俗学」を初めて提起したのが鳥越皓之であった。鳥越皓之は『試みとしての環境民俗学――琵琶湖のフィールドから』において、環境を自然環境に限定した上で、「民俗学が対象とする『自然環境』はつねに、〝人間の手が加わった自然環境〟である」とし、「このような意味での『自然環境』（加工された自然環境）と人間とのかかわりのカラクリを民俗学的視点から研究する分野」を環境民俗学と規定した。そしてその研究分野（守備範囲）として、①自然の「利用」、②自然と人間の「共生」、③環境を媒介とした「人間相互の関係」の三つをあげている。なお③については、今後の方法論的展開が課題であるとする（鳥越 一九九四：iii―v）。

他方、コモンズ論との関連で、民俗学の立場から環境と人の関わりを論じたのは菅豊である。菅は『川は誰のものか――人と環境の民俗学』において、新潟県山北町の大川を事例とし、近世から現代までのコモンズの生成と変容を歴史的・民俗誌的に詳述するとともに、サケの資源利用をめぐって個人（イエ）・ムラ・地域（流域）・国家が絡み合う「コモンズの重層性」について指摘している（菅 二〇〇六）。

最近の動向としては、自然や環境をテーマに取り組む民俗学・人類学・社会学の研究者によって、鳥越皓之の提唱した環境民俗学をベースにしながら、新しい環境民俗学の姿を模索しようとする動きもある（山他 二〇〇八）。民俗学において生業研究と環境民俗学は、その距離を縮めつつあり、これまで以上に注目の研究分野といえる。

なお菅は、人と環境の民俗学を論じる中で、「人間―人間の関係性」と「人間―自然・資源の関係性」という二つの視点を用いた。これをヒントにして、鳥越が提示した環境民俗学の三つの研究分野を整理してみると、①と②は「自然と人の関係性」、③は環境を媒介とした「人と人の関係性」として括り直すことができる。以下では、このように括り直した二つの視点から川漁師の漁撈活動を分析していくことにしたい。

二　川漁師のライフヒストリー

川漁師の家に生まれる

ここで取り上げる川漁師のAさんは、専業川漁師の家に生まれ、淀川上流から河口までを漁場とし、コイ・フナ・ウナギなどを対象とした河川漁撈によって生計を立ててきた。まずAさんのライフヒストリーをたどってみよう。

Aさんは一九一六（大正五）年、淀川下流の右岸に位置する大阪府西成郡豊里村（現・大阪市東淀川区）に、男二人女三人の五人兄弟の末っ子として生まれた。父親は淀川での漁業によって生計を立てる川漁師であった。その当時、豊里近辺には川漁を営む人が四人ほどいたが、それを専業とするのはAさんと父親のみで、他の人たちは農業と川漁とを兼業で行っていた。

Aさんは、尋常小学校の頃から、父親とともに淀川での川漁に出かけていた。学校を卒業したあとも、父親の川漁を手伝っていた。しかし、その頃から徴用が頻繁となりはじめた。川漁師だけでは徴用に駆り出されるため、一九三四（昭和九）年から下新庄の参天製薬の工場で働くようになった。当時、月給は三〇円だったが、その収入だけでは生活が苦しかった。そのため出勤前の早朝の時間帯に毎日のように川漁に出かけていた。また魚がよくとれる夏の時期には、帰宅後、夕方から漁に出かけて収入を補っていた。このように、徴兵検査を受けるまでは、会社勤めのかたわら、父親といっしょに川漁を行うという日々であった。

一九三八年、二三歳の時Aさんは結婚したが、その後も親の家に同居していた。当時は結婚後も生まれた家に残って同居することが多かったという。その後、Aさんの兄や姉は、結婚を契機に家を離れ、結局、末っ子のAさんが家に残って、跡を継ぐことになった。

一九四四年、二八歳の時に召集がかかり、Aさんは出兵することとなった。戦争が終わって、Aさんがシベリアから帰ってきたのは一九四八年で、三三歳になっていた。その当時は、物資が不足し、漁船を動かす燃料も不足していた。そのため、動力船を使った海での漁業はさかんではなく、多くの家庭では、もっぱら川魚が主役の座を占めていた。漁を終えて家に帰ってくると、毎日のように魚を買い求める人たちの列ができていた。コイ・フナ・ウナギ・ハス・ナマズなど、とれた魚はどんな種類の魚でも買い手がつき、すぐに売れた。

専業の川漁師として生きる

Aさんが専業の川漁師になったのは、シベリアから帰還して四～五年がたった一九五二～三年頃だった。Aさんはそれまで勤めていた参天製薬を退職して、川漁一本で生計を立てる決意をした。最初は、淀川上流から下流をまわって淡水域で川漁を続けていたが、しだいに淀川の流域に工場が建設されるようになった。それにともない淀川の水質の悪化が進み、時には川に油が流出するという事態も発生した。こうした淀川の環境悪化がもたらした河川漁撈へのダメージは大きなものがあった。すなわち、漁獲量が減少するだけでなく、「川の魚が臭い」との評判が立つようになったのである。またこの頃になると、海の魚が市場に出回るようになり、しだいに川魚が売れなくなっていった。このように、淀川の汚染という河川環境の悪化によって、川漁師の生活も維持が難しくなっていったのである。

こうした中で、一九六〇年頃、長柄の可動堰下流で川漁を行う知り合いの川漁師から誘いを受け、Aさんは漁場を十三（大阪市淀川区）の地先に移すことになった。移転当初は今まで通りの網モンドリでコイやフナなどをとっていた。しかし、そうした川漁だけでは生計を立てることができなかった。そこでAさんは、十三で他の川漁師が行っているシバヅケ漁のほか、河口近くで行われていたツツ漁を取り入れ、商品価値の高いウナギに特化した川漁に切り替えて生計を立ててきた。

その後、仲間の川漁師が他界したり、また漁師をやめるなど、しだいに漁師仲間が少なくなり、十三の地で昔からの川漁師といえるのはAさんが最後の人となったのである。なお筆者がAさんと初めて出会ったのは一九八九年で、その時Aさんはすでに七三歳を迎え、日々の楽しみとして小遣い稼ぎ程度に川漁をして過ごす生活を送っていた。

三　可動堰上流域での漁撈活動

Aさんは一九六〇年頃まで、淀川漁業協同組合（第二次大戦前は淀川漁業組合）に籍を置きながら、淀川上流から長柄の可動堰までの約二六キロメートルの淡水域を上り下りして川漁を行っていた。淀川漁業協同組合が設立された一九四九年一〇月、漁協の正組合員は一二一人であったが、豊里の近辺で川漁を専業にしていたのはAさんだけで、枚方に少数の専業の川漁師がいたという。なお大阪市漁業協同組合に属する福町の専業漁師の一部が、長柄運河を経由して可動堰の上流域に入り、八幡から枚方にかけて出漁していた。

Aさんは川漁師として、どのようにして生計を立てていたのであろうか。表9-1はAさんが可動堰上流で行っていた川漁の一覧である。この表に基づき、Aさんの川漁のようすを見てみよう。

表9－1　可動堰上流域での漁撈

漁具・漁法	おもな漁獲対象	漁　期	漁　場
ナゲアミ	コイ・フナ	夏の夜間、冬の日中	淀川一帯
ウナギカマ	ウナギ	冬	神崎川
網モンドリ	コイ・フナ	産卵期、川の増水時	淀川一帯、長柄運河
竹モンドリ	ウナギ・テナガエビ	春～秋	淀川一帯、特に枚方～鳥飼
瓶モンドリ	モロコ	春～秋	淀川一帯
カスミ網	ヒガイ・ホンモロコ・カワギス	魚の産卵期	淀川一帯、長柄運河
曳き網	コイ・フナ・ハス・アユ	夏の夜間	淀川のワンド

ナゲアミ漁とウナギカマ漁

まず主要な川漁として、ナゲアミ漁があった。ナゲアミ漁とはコイやフナを対象とした投網漁のことで、淀川上流の八幡の御幸橋から可動堰のある長柄までの広い範囲を漁場としていた。おもな漁期は夏であるが、冬も行っていた。夏は日中、気温が高く、魚はほとんどとれない。そのため、夏のナゲアミ漁はもっぱら夜間に行われた。朝から櫓を漕いで御幸橋あたりまで上っていき、夕方になるまで休憩をとる。手漕ぎで淀川を上るため、御幸橋までは半日以上を要した。

魚は夜になって周囲が静かになると、餌を食べに岸に寄ってくる。その習性を利用して、あらかじめ岸近くに餌を沈めておき、魚が餌を食べに来たところをねらって網を打つのである。餌は赤土にサナギや糠を混ぜ、ボールくらいの大きさに固めたものである。淀川筋には漁のポイントとなる場所がたくさんあったが、全部のポイントをまわっていると、朝までに漁を終えることができない。そのため、ナゲアミ漁では、上流から下流へと川の流れにそって、魚のとれそうな場所を点々と順番にまわっていく。

夏のナゲアミ漁の時期は一年の中で一番の稼ぎ時であった。明け方まで川漁を行い、家に帰宅するのは、夜が明けてからとなる。子どもが大きくなるまでは、夏の時期は毎日がそうした状況で、家で寝ることはほとんどなかった。それくらい一生懸命に働かないと、川漁によって生活を立てることはできなかったのである。

　ナゲアミ漁で魚がとれない時期、それを補う目的で行われていたのがウナギカマ漁である。ウナギカマは、木製の柄の先に鎌の形に似た鈎状の金具を取り付けたもので、川底に潜り込んでいるウナギを船上から掻き取るための漁撈具である。ウナギカマ漁は冬に行う川漁で、漁場は上新庄の近くの神崎川で、おもに第二次大戦前まで父親といっしょに行っていた。

写真9－1　網モンドリをつくるAさん

モンドリ漁

　モンドリはコイ・フナ・ウナギ・テナガエビなどを対象とする定置漁具で、いったん入った獲物が逃げ出さないよう漏斗状のノドと呼ばれる仕掛けが付いている。材料により竹モンドリ・網モンドリ・瓶モンドリなどがあった。

　竹モンドリは、細く割ったマダケを棕櫚縄で簀の子状に編み、それを紡錘形にしたものである。おもにウナギやテナガエビを対象とし、エサを入れてもちいる。ウナギは夜になるとエサを探して川の浅いところに移動してくる習性がある。竹モンドリは、そうしたウナギをねらって浅瀬に仕掛ける。枚方や鳥飼など、淀川の上流から中流においては、イッパイヅケといい、とれそうな場所に杭を立てひとつの杭にひとつのモンドリを仕掛ける。

　網モンドリは、木綿糸で編んだ網製のモンドリで、アンモンドリとも呼ばれていた。網モンドリには、コイ用とフナ用があった。網モンドリによる漁は、一年の中でも魚が群がって行動する特定の時期に限られていた。ひとつはコイやフナの産卵期である。特に四月末から五月初旬頃が最盛期であった。産卵期を迎えたコイやフナは、川の浅瀬の藻に群がって産卵・放精する習性があり、それをねらって、藻の周辺に網モンドリを仕掛けるのである。藻がよく生えていたのは、川の流れが緩やかなところだった。また淀川本流以外では、長柄運河にも藻がよく生えているところがあった。

もうひとつは川の増水時である。京都方面で雨が降り、水位が上昇すると、コイやフナなどが下流から岸沿いに上ってくる。その魚の習性を利用して、あらかじめ遡上の経路沿いに口を下流に向けて、まだ水に浸かっていない岸の土手に一〇〇個から一五〇個ほどの網モンドリを仕掛けるのである。網モンドリ漁は、予測が的中すると、まとまってたくさんの魚がとれるが、予測が外れると、まったく魚が入らないこともあった。川漁師は、ふだんから京都方面の天候に注意を払っていたという。

カスミ網漁と曳き網漁

Aさんが行っていた網漁には、カスミ網漁と曳き網漁があった。カスミ網漁は、藻に寄ってくる魚をとる漁法である。夕方頃に藻と藻の間を網が流れるようにして仕掛け、翌朝に引き上げる。おもにヒガイ・ホンモロコ・カマツカ（カワギス）をとっていた。カスミ網漁の最盛期は魚の産卵期であった。淀川本流のほか、長柄運河でもカスミ網でヒガイをとっていた。なお淀川の上流から中流で、カスミ網漁を行う川漁師は、Aさん以外はほとんどいなかったという。

Aさんが父親と川漁をしていた頃、夏の夜にナゲアミ漁のほかに曳き網漁も行っていた。曳き網は地曳網とも呼ばれ、長さが約五〇間ほどあり、親子二人で出漁していた。魚は夜になるとエサを求めて岸に寄ってくる習性があり、曳き網漁はその機会を捉えて行う。ワンド（川の中の入り江）の入口付近が曳き網漁のおもな漁場であり、川底に障害物のないところで行われた。曳き網にはコイ・フナ・ハス・アユをはじめ、ワンドに集まるさまざまな魚が入った。

川魚仲買商の盛衰

とった魚は川魚の仲買商に売り渡し、現金収入を得ていた。川魚の仲買商は長柄橋南側の長柄運河の近くに何軒かあった。その中でも「魚喜」と「鮒音」は大きな仲買商であった。「魚喜」は長柄橋を南に渡った西側の運河のそばに店を構えていた。「鮒音」は長柄橋を南に渡った東側にあった。そのほかにアユを専門に扱う「鮎の茶屋」があり、また長柄橋の南側には小さな仲買商が四軒ほどあった。それら大小の川魚専門の仲買商は、川漁師から買い取った魚を運河に設けた生簀に入れて保管していた。

川魚の仲買商は、川漁師の船まで直接、魚を買い取りに来た。船上でとれた魚の重さを計り、その場で現金払いであった。コイやフナは夏になると刺身としての需要があり、高い値段で売れた。市場に魚を持ち込む場合と比べると、値段の点では多少安くなるが、手間がかからず、川漁師にとって楽な方法であった。

Aさんの家では、父親の時代から「魚喜」と取引をし、他の仲買商との取引はなかった。しかし、一九四八年にシベリアから帰ってきた時、「魚喜」はすでに廃業していた。そのため、Aさんは長柄橋の南側にある「伍長森」に魚を卸すようになった。魚がたくさんとれた時は、船で店まで運び、少ない時は、自転車に積んで運び込んだ。「伍長森」は長柄運河の埋め立て（一九六七年）で生簀の場を失い、廃業に追い込まれたため、その後は、直接、市場をまわって、魚を売り捌いたという。

四　汽水域への漁場移転

新たな漁場を求めて

一九六〇年頃、淀川の水質悪化によって、Aさんは長柄の可動堰の下流、十三の地先に漁場を移転した。そこは大阪市漁業協同組合長柄支部の漁場であった。また可動堰の下流は汽水域となっており、淡水であった可動堰上流とはまったく異なる環境であった。長柄支部の組合員は、最盛期には五七名を数えたが、実際に漁を行っていたのはその三分の一程度であったという。

十三の地先への漁場移転は、淡水から汽水へと水域の環境が変わり、漁具・漁法など新たな漁撈技術の対応が求められるものであった。また十三の地先を中心とした長柄支部の漁業権の範囲は、可動堰下流から十三大橋までとなっており、比較的狭い範囲の空間に多くの川漁師がアクセスする漁場となっていた。Aさんにとって、漁場の移転は水域の自然環境も人的環境も一変するため、大きな決断を必要とするものであった。

漁場移転にともない、Aさんはどのようにして新しい漁場で漁撈活動を展開してきたのか、漁場の確保と開拓、汽水域でのウナギ漁のあり方について、環境を媒介とした「人と人の関係性」および「自然と人の関係性」に注目しながら、新しい漁撈環境の中でのAさんの川漁について見てみよう。

漁場移転と新たな生き方

Aさんが漁場を十三の地先に移転した一九六〇年頃、淀川右岸の水辺にはヨシ原が広がっていた。一帯は海水と淡水が混じる汽水域となっており、沈床（石積みの水制工）周辺の水深の浅い場所が漁場となっていた。その当時、可動堰の下流から淀川河口にかけては、シバヅケ漁・竹モンドリ漁・ツツ漁・ウナギカマ漁といった、いずれもウナギを対象とする漁が行われていた。その中でも、十三の地先では、シバヅケ漁と竹モンドリ漁に限られており、ツツ漁やウナギカマ漁は河口に近い此花区伝法や西淀川区福町の漁師が行っていた。

Aさんが十三の地先に移ってきて一番困ったのは、漁具を仕掛ける場所であった。シバヅケ漁や竹モンドリ漁を行うには、漁具を固定するために杭を立てる必要があった。しかし、移転当時、十三の地先にはシバヅケ漁や竹モンドリ漁の杭が点在し、他の川漁師のナワバリとなっていた。Aさんは杭が立っていないところを見つけ、自分の漁場としなければならなかったのである。

移転当初Ａさんは、他の川漁師と同じように、竹モンドリ漁とシバヅケ漁を行った。新しい漁場での漁は以前の上流での漁と比べ、自然環境が異なる上、漁具・漁法もまったく異なるものであったが、Ａさんが汽水域でのウナギ漁に慣れるにはそんなに時間はかからなかった。仮に他の川漁師がウナギを一〇匹とったとしたら、Ａさんは五匹か六匹くらいはとっていたという。

写真９－２　十三の船着き場

ただし竹モンドリ漁はすぐに止めることになった。竹モンドリは、竹や棕櫚縄などの材料費が高く、製作にもかなりの時間を要するが、その割に漁獲が少なく、採算がとれなかったからである。竹モンドリを止めて、新たに始めたのがツツ漁であった。ツツ漁は河口近くで行われていたもので、十三の地先では誰も行っていなかった。

Ａさんは、竹モンドリ漁からツツ漁に切り替えることによって、他の川漁師との間での漁法や漁場の重なりを避けることができたのである。これは新しい漁具・漁法を取り入れることにより、他の川漁師との漁場をめぐる摩擦の回避と漁獲の向上を意図したものであり、新しい漁場に入り込んだＡさんが生計維持のためにとった「戦略」または「生き方」ともいうべきものであった。このような「戦略」または「生き方」により、漁場の中で新たな「人と人の関係性」が築かれていったといえる。

シバヅケ漁とツツ漁

次に、Ａさんが行っていたシバヅケ漁とツツ漁を取り上げ、新たな漁

写真９－３　十三の地先でのツツ漁

場での「自然と人の関係性」について見てみよう。ツバヅケ漁は束ねた樒の枝を水中に吊り下げておき、そこに潜り込んだウナギをタモ網ですくいとる漁法である。樒の枝を束ねたものをシバと呼び、そのシバにウナギが潜り込むことを「ウナギがつく」と呼んでいる。シバの材料となる樒は、大阪市内の寺院に出入りする葬儀会社などから使用後の樒を無償で譲り受けていた。なお樒のシバは時間が経つと朽ちていくため、一年に三回から四回ほどは新しいものと交換しなければならなかった。

Ａさんが十三の地先で川漁を始めた頃、堤防に近い水深の浅いところで、シバヅケなどのウナギ漁が行われていた。十三の地先には、河川工事に際して造られた沈床があり、その沈床の石を積んだところがシバヅケ漁の漁場となっていたのである。

沈床でシバヅケ漁をする場合は、石積みの上に直接、竹を立てることができなかった。ちょうど石積みの上にシバがくるように竹を斜めに立て、その竹にシバを吊り下げていた。シバヅケ漁は五月から一一月が漁期であるが、最盛期は九月である。よくとれる時には、一度シバを引き上げたあと、一巡してもう一度引き上げにいっても、またウナギがついているということもあった。

ツツ漁は節を抜いたマダケのツツ（タンポともいう）二〜三本を一縛りにしたものに枝綱を付け、それを親綱に一尋の間隔で五〇個から六〇個ほど吊り下げ、それを川の流れの方向に合わせて沈めておく。早朝、船上から親綱をたぐり寄せ、ひとつずつツツを引き上げ、その中に潜り込んでいるウナギをタモ網の中に落としてすくいとる漁である。もとはマダケの竹筒を使っていたが、のちに塩化ビニールのパイプを使うようになった。

シバヅケ漁が汽水域の塩分濃度によって漁具の高さを変えていくのに対して、ツツ漁は川底に漁具を仕掛けたままの漁である。ツツ漁の漁期はシバヅケ漁と同様、五月から一一月までの七ヵ月間であるが、最盛期は九月である。シバヅケは沈床の石組みの上に仕掛けるが、ツツ漁はウナギが寄りつきやすい沈床のきわに仕掛けることが多い。しかし、季節によってウナギの居場所が変わるため、ツツを仕掛ける場所も変わる。特に盆の頃になると沈床よりもカワムコウ（対岸の中津の地先）の泥のあるところでウナギがよくとれるようになる。川底に泥が多くウナギが隠れるところが少ないためだと考えられている。

汽水域の漁撈と民俗知識

十三の地先でウナギ漁をする川漁師たちは、塩分濃度の高低を「シオがカライ」「シオがアマイ」ということばで表現する。「シオがカライ」とは汽水の塩分濃度が高い状態であり、「シオがアマイ」とは汽水の塩分濃度が低い状態を指している。Aさんによれば、シバヅケ漁では、「シオがカライ」時にウナギがよくとれる。ウナギは普段、川底にいるが、シオがカラくなると、塩分濃度が低い上の方に浮いてくるとされ、その時、水中に吊り下げたシバに潜り込むと考えられている。

漁を左右する汽水域の塩分濃度の変化には、さまざまな要因が関わっていると考えられている。Aさんが漁撈活動の中で蓄えてきた塩分濃度に関する民俗知識を見てみよう。まず塩分濃度は、川底の方から先に高くなってくるという。そして、シオがカラくなるのは、海が満潮になる時、東風や北風が吹く時、堰の水門が閉じられている時だという。逆にシオがアマくなるのは、海が干潮となる時、西風が吹く時、堰の水門が開いている時だと考えられている。

そうした塩分濃度の変化に関するAさんの民俗知識を要因別に整理したのが表9-2である。この表からわかるように、可動堰下流の汽水域では、自然的要因と人工的要因とが絡み合い、その塩分濃度が日々変化し続けるとの民俗知

表９－２　塩分濃度とその規定要因

《人工的要因》

《自然的要因》

		可動堰			
			閉		開
潮	満潮	＋	＋	＋	－
	干潮	－	＋	－	－
風	東風	＋	＋	＋	－
	北風	＋	＋	＋	－
	西風	－	＋	－	－

（＋と－は塩分濃度の高低を表す）

識が形成されていたのである。

　Aさんはこのような民俗知識に基づき、シバを引き上げる早朝の時間帯の塩分濃度をあらかじめ想定し、もっともウナギがつきやすい高さにシバの位置を調整してシバヅケ漁を行っていたのである。こうした塩分濃度に関する民俗知識は、汽水という新たな環境下での漁撈において形成されたものといえ、そこには移転前とは質の異なる「自然と人の関係性」が築かれていたといえる。

おわりに

　一九六〇年頃、河川環境の悪化により、漁場の移転を余儀なくされた川漁師のAさんは、可動堰下流の汽水域に移転した。そこは潮の干満や風向によって塩分濃度が変化するとともに、可動堰の開閉からも影響を受ける水域で、いわば「自然の力」と「人の力」が入り交じる「半自然」ともいうべき環境にあった。そうした環境の中で、川漁師はどのようにして生きてきたのか、「自然と人の関係性」、漁場という接点でつながる「人と人の関係性」という二つの視点から、新たな環境下での漁撈活動のあり方を見てきた。

　その中で浮かび上がってきたのは、次の二点である。ひとつは、他の川漁師との競合や摩擦をなくすため、新たな漁具・漁法を導入し、おなじ漁撈空間の中での「すみ分け」を行ってきた点である。これは漁撈空間での新たな「人と人の関係性」の再構築といえるものである。もうひとつは、可動堰下流の汽水域でのシバヅケ漁のために、それまでとは異なる民俗知識が築かれていた点である。これは新たな漁撈環境のもとでの「自然と人の関係性」を反映したものである。このように、川漁師は移転した新たな環境の中で、「人と人の関係性」および「自然と人の関係性」を立て直しながら生きてきたのである。

以上、河川漁撈を事例としながら、環境民俗学の視点に基づいて、環境変化にともなう生業のあり方を見てきた。従来の生業研究は、技術・労力・土地・信仰といった視点からアプローチするのが通例であった。しかし、ここで見てきたように、生業研究に環境民俗学の視点を取り入れることで、川漁師の「生き方」といった側面を浮かび上がらせることができた。これは従来の生業研究では、あまり語られなかった側面といえるであろう。

なお川と人の関わりに関していえば、川は人の身近なところに存在するものであるが、日常生活において、川と人の関係は疎遠になっているのが現実であろう。人から遠のいた川の存在を、もう一度、人の生活に近づいたものにしていかなければならない。そのためには、まず川と人の関わりについて、行政・漁業関係者・河川敷利用者・流域の住民・学識経験者など、さまざまな立場の人たちが集まって議論をしていくことが必要であろう。

川と人をどのように結んでいくべきかを議論するにあたって、民俗学はその場に加わっていくことができるはずである。その際に大切なことは、川と関わってきた人々の視点に学ぶということである。彼らが川に対してどのような意味性を見出していたのか、またどのような関係性を築いてきたのか、そうした点をフィールドワークをとおして学んでいくことで、未来に向けた有効な議論の土台を築くことができるであろう。

参考文献

アチック・ミューゼアム編　一九三六『民具蒐集調査要目』アチック・ミューゼアム（日本常民文化研究所編『日本常民生活資料叢書　一　民具篇』）、三一書房（一九七二年所収）

伊藤廣之　二〇〇九「淀川における川漁師の漁撈活動」（『近畿民俗』一七七）

岩倉市郎　一九三五『喜界島生活調査要目』アチック・ミューゼアム（日本常民文化研究所編『日本常民生活資料叢書　二四　九州・南島篇』）、三一書房（一九七三年所収）

河岡武春　一九七六「低湿地文化と民具（一）（二）」（『民具マンスリー』九－三、四）

国立歴史民俗博物館編　二〇〇八『歴博フォーラム　生業から見る日本史――新しい歴史学の射程』吉川弘文館

小林　茂　二〇〇七『内水面漁撈の民具学』言叢社
篠原　徹　一九九〇『自然と民俗——心意のなかの動植物』日本エディタースクール出版部
　同　　一九九五『海と山の民俗自然誌』吉川弘文館
菅　豊　二〇〇一「自然をめぐる民俗研究の三つの潮流」（『日本民俗学』二二七）
　同　　二〇〇六『川は誰のものか——人と環境の民俗学』吉川弘文館
辻井善弥　一九七七『磯漁の話——一つの漁撈文化史』北斗書房
出口晶子　一九九六『川辺の環境民俗学——鮭遡上河川・越後荒川の人と自然』名古屋大学出版会
鳥越皓之編　一九九四『試みとしての環境民俗学——琵琶湖のフィールドから』雄山閣出版
野本寛一　一九八四『焼畑民俗文化論』雄山閣出版
　同　　一九八七『生態民俗学序説』白水社
松井　健　一九九八「マイナー・サブシステンスの世界——民俗世界における労働・自然・身体」（篠原徹編『現代民俗学の視点
　——民俗の技術』）、朝倉書店
最上孝敬　一九五九「はじめに——生業と民俗」（『日本民俗学大系　五　生業と民俗』）、平凡社
　同　　一九六七『原始漁法の民俗』岩崎美術社
　同　　一九八三『生業と民俗』岩崎美術社
安室　知　一九九二「存在感なき生業研究のこれから——方法としての複合生業論」（『日本民俗学』一九〇）
　同　　二〇〇五『水田漁撈の研究——稲作と漁撈の複合生業論』慶友社
　同　　二〇〇八「生業の民俗学——複合生業論の試み」（国立歴史民俗博物館編『歴博フォーラム　生業から見る日本史——新
　しい歴史学の射程』）、吉川弘文館
山泰幸・川田牧人・古川彰編　二〇〇八『環境民俗学——新しいフィールド学へ』昭和堂
湯川洋司　一九九九「生業」（『日本民俗大辞典』上）、吉川弘文館
湯川洋司・福澤昭司・菅豊　二〇〇八『日本の民俗二　山と川』吉川弘文館

コラム【九】戦後の生活変化の受容と生活改善

山中健太

生活の変化と受容

昨今、昭和の暮らしブームで注目される一九五五年代からの数十年。戦後の高度経済成長によりテレビや車や冷蔵庫などの商品が次々と開発され、戦前戦中に比べて生活がより便利に、近代的、合理的になり、生活スタイルそのものが大きく変わった。

民俗学ではこうした生活の変化を新しい物の流入や技術の進歩として描き、その要因として社会や生活環境の変化を語ることが多い。たとえば、カマドからガスコンロへという炊事場の変化を語る時、ガスの普及や社会経済の変動が原因であるとして説明しようとする。つまり、生活の変化をある一定の物質や社会の変動に合わせ全国均一に扱おうとしている。だが、生活は、そういった物質や社会の変動だけで変わるものであろうか。実際の生活は、地域個々の環境や各家庭の事情など多様な価値観のもとに成り立っている。変化は、そのような価値観を通じて取捨選択され受容されるのであって、物質や社会の変動だけで説明できるものではない。物質の変化は重要であり、技術があってこその変容であることは確かだが、受容する側の内面的な価値観の変化も読み解く必要があるのではないだろうか。従来の民俗学ではこうした受容する住民の意識や価値観への関心があまりなく、無機質でその変化自体に生活者の息遣いが見えてこない。

そこで、本コラムでは、変化を受容する生活者の視点に立って生活の価値観の変化を見ることとしたい。また、価値観の変化を見るために、より積極的かつ計画的に人々の生活基盤に影響を与えた活動、生活改善に焦点を当てて、そこから生活の変化を考えてみたい。この活動は、それまでの旧習に基づいた人々の価値観を新しいものに改め、生活の向上を目指していた。農村女性の地位や、保健衛生などといった生活の基盤となる意識の変革に関与している。この活動によって生活は飛躍的に変わっていった。生活改善を取り上げることにより、どのように価値観が転じ、生活に影響したのかを示してみたい。

生活改善とは

生活改善とは、「物心両面における国民生活の改善を意図推進しようとする政府および政府関係機関の施策と、それに啓発された自治体および地域や家々、さらには諸団体が、自らの生活の改善向上をめざす創意と努力」であり、「『官』側の企画・働きかけとともに、その対象となる『民』側の意思・工夫・実行」からなる生活の近代化、合理化を目指した活動のことである（田中二〇一一：一一）。生活改善諸活動、生活改善運動とも称される。この活動は、戦前からも行われており、始まりは明治・大正時代にさかのぼる。当時は西欧列強に肩を並べるべく近代的な生活スタイルの普及を目指し、生活様式の西洋化を進める節があった。だが、これは経済的に裕福な家庭でしか行われなかった。昭和初期になると、農山漁村の疲弊に伴い、食糧増産のため農地の改良に合わせて、村の生活環境の是正を掲げ、虚礼廃止や勤倹貯蓄、衛生改善を進めるようになった。ただ、これらの活動は国や啓蒙諸団体によって一方的に行われたため、実生活にあまり馴染まず、多くの地域においては旧来の生活のままであった。ところが、戦後に入って、GHQの指導によりさまざまな改革が進められる中で、農山漁村の不合理で煩多な生活を見直すことが食糧事情の改善や衛生環境の是正につながるとして各地で改善活動が展開した。そこでは実生活上で何が不合理で、何が不健康であるのかを地域住民に問い、地域住民の自発的な改善を促そうとした。つまり、戦後のそれは戦前までの上からの改善ではなく、住民の視点に立ち、より具体的に生活の価値観から改めようとしたことに特徴がある。各地域で生活改善を行う住民組織を立ち上げ、地域に根差した食生活改善、かまど改善、台所改善、衛生改善などを行い、生活の向上化を図ったのである。本コラムでは、具体事例として兵庫県宍粟市千種町で行われた生活改善をあげてみたい。

千種町の生活改善

兵庫県宍粟市千種町は鳥取県と岡山県との県境に位置し、周囲を山林に囲まれた町で、千種川を挟むようにして集落が点在している。生業は農業と林業がさかんである。この地域で生活改善が起こったのは一九五七年、小学生児童の成長不良の発覚からである。欠食児童や栄養不良児が多く、その原因は地域の食生活環境にあるのではないかとされた。そのため、地域住民は給食を実施しその是正にあたった。この給食の実施を契機に、町内の各地区で料理講習会や勉強会などといった自主的なグループ活動が行われ、食生活の向上にむけた取り組みがなされた。当時の食生活環境の問題は、単に食の内容そのものだけでなく、生活全体の歪が起こしたものとして考えられ、その原因としては次のようなことがいわれた。父親の出稼ぎのために母親へ農業の労働力が傾き、過労状態から食事の世話が満足にできないことから、米飯で「腹が膨れればいい」とする「ばっかり食」が横行し、栄養の偏った食生活になっていたこと。さらに、衛生環境が整っておらず回虫などの健康被害が著しかったことがあげられる。これらは一刻も早く解消すべき問題であったが、解決するための知識や技術が不足していたことや、これらの問題が人々の中にまだ周知されていなかったことが原因で、この時点では解決できなかった。

そのような中、一九六〇年、町保健婦としてA氏が赴任することになった。彼女は、保健婦となるや千種町の地域問題に触れ、家庭訪問などを通じて、食生活に関わる栄養指導、衛生知識の教育普及に尽力した。これにより、徐々に地域住民の中に問題が周知され、その危機的状況を打開すべく、A保健婦の声に耳を傾け、健康知識を積極的に取り入れようとする気運が高まった。これに乗じて、A保健婦は、地域住民が自発的に問題に取り組んでこそ解決につながると考え、婦人会などを中心に、一九六八年、「家族の幸せは自分たちの手で」「健康で明るい社会を」とのスローガンのもと、千種町いずみ会（写真1）という組織を作り上げた。主な活動は料理講習会をきっかけとした食生活改善や栄養改善活動、正しい健康知識の教育普及を含めた衛生改善などであった。これにより、これまでの米飯一辺倒の食事を見直し、おかずの種類を増やして栄養バランスのとれた献立に変え、ハエや蚊などの温床となっていた厩や便所、炊事場

写真1　千種町いずみ会の会議風景

といった施設を改良し、回虫を取り除くためにマクリという薬を飲ませ、田畑への糞尿肥料の散布を控えるなど、生活の隅々に大きな変化をもたらした。

生活改善がもたらした価値観の変容

千種町の生活改善の流れを整理すると、まず、子どもの成長不良発覚により、健康意識が芽生え、生活を改良しようとする気運が高まった。そして、A保健婦による健康指導と住民組織である千種町いずみ会の実践を引き金に、住民が従来の食生活を見直し、「健康で明るい」生活を望み、自らが動いて知識や技術を手に入れ生活を変えていったのである。つまり、生活改善によってもたらされた健康に対する関心や意識が従来の価値観を変え、生活自体に大きな変革を生んだ。それまでは、健康に対して関心を寄せることはなく、なんら疑問も持たず、食生活では腹が満たされればいいなど、ただそれだけであったが、生活改善が進められていくと、従来の生活環境を省みるようになり、その危機意識からより健康な生活を目指す必要があるとし、バランスのとれた栄養食のあり方、清潔感あふれる生活空間を積極的に取り入れた。このような変化は、知識の流入があったことも重要ではあるが、それを受けた住民側が問題をいかに自らの問題として認識し、知識を使い工夫しながら解決しようとしたのかということも重要であることを物語っている。つまり、生活は単に物や技術の流入だけではなく、それを受け入れる人々の価値観の動向が変化として現れるのである。生活改善はそのような生活の変化の過程で、人々に従来の生活を省みて問題点を認識させ、どうあるべきなのかを問い、その上で知識を用いて変化を促した。それを地域住民が受け取り、改善を実行し、変化を受容したのである。

物事の変化は価値観の変化があってこそ受容されるのであり、物質がいくら生まれ出たとしても、それを使う人々の価値が変わらなければ、それは変化には結びつかない。従来の民俗学では物質や社会経済との関係のもとで生活の変化を説いてきたが、それでは変化を受容する生活者としての住民の顔は見えず、ある種、無機質な生活の見方となっていなかっただろうか。特に生活の変化が著しい一九五五年以降の変化の波は、一面をとれば物質や社会の急成長があったからこそといえるが、そうした多様化される生活の中で地域住民がそれをどう考えどう受容したのかという部分も重要であり、民俗学はそうした生活者の動向を知ることで立体的に生活を映し出すことができるのではないか。

参考文献

天野寛子　二〇〇一『戦後日本の女性農業者の地位――男女平等の生活文化の創造へ』ドメス出版
市田知子　一九九五「生活改善普及事業の理念と展開」（農業総合研究所編『季刊農業総合研究』四九-二）
田中宣一　一九九〇「生活改善諸活動と民俗の変化」（成城大学民俗学研究所編『昭和期山村の民俗変化』）、名著出版
同　二〇〇四「生活改善諸活動と民俗――『官』の論理と『民』の論理」（『民俗学論叢』九）
田中宣一編　二〇一一『暮らしの革命――戦後農村の生活改善事業と新生活運動』農山漁村文化協会
佛教大学民俗学研究会編　二〇〇九『民俗志林七　兵庫県宍粟郡千種町西河内総合民俗調査報告書』
宮内貴久　二〇一〇「衣食住――生活感なき衣食住研究」（『日本民俗学』二六二）
矢野敬一　二〇〇七『超越する近代二「家庭の味」の戦後民俗誌――主婦と団欒の時代』青弓社
山中健太　二〇一二「ある保健婦の足跡から見る地域保健活動の展開と住民の受容」（『佛教大学大学院研究紀要文学研究科篇』四〇）

第一〇章　仏教と民俗行事
――伝播と浸透の過程を探る

橋本　章

一　仏教民俗学の展開

民俗学の領域において、仏教の存在は当初、排除の対象として位置づけられてきた。それは、今日ある民俗学の創設に大きな影響を及ぼした柳田國男の志向によるところが大きかったと考えられている。柳田はたとえば、『先祖の話』の中で祖霊という概念について述べる際に、「我々の先祖の霊が、極楽などには往つてしまはずに、子孫が年々の祭祀を絶やさぬ限り、永くこの国土のもっとも閑寂なる処に静遊し、時を定めて故郷の家に往来せられる」（柳田 一九九八：五八）との見解を示して、先祖の霊は本来、仏教などの説く来世観で説明されるような極楽往生を遂げるのではなく、自身が身命を捧げた土地を守護する存在となり、その子孫を常に見守り、必要に応じて来訪する神となるとの解釈を行なっているが、ここに端的に見られるごとく、柳田は仏教などの外来の宗教的要素を排除した上で、残るであろう日本固有の信仰文化をこそ、民俗学の主題として位置づけようとした。

柳田は、このような分析視角において「固有信仰」[*1]という言葉を用いているが、民俗学が柳田のもとでその体系を整えてゆく中で、民俗の中の仏教的な要素は、この固有信仰を隠ぺいし、あるいは歪曲するものとして、まったく重要視されなかったのである。柳田のこうした姿勢は、後に柳田の仏教嫌いとまで揶揄されることとなり、山折哲雄は「柳田は、日本人の「固有信仰」を明らかにするためには仏教の知識や思想は邪魔なのだといいつづけてやまなかったからである。日本人の信仰の本質を知るためには、仏教や仏教学のような添加物をできるかぎり排除することが必要であると説いたのである」（山折 一九九三：六）と、その姿勢の極端さを指摘している。

こうした柳田に端を発する日本民俗学の仏教的要素排除の流れに対して、異を唱えたのが五来重をはじめとする研究者たちであった。五来は、柳田の唱導する民俗学に触発されながらも、民俗としての仏教行事の様相に着目し「日本の仏教各宗がそれぞれ自分の教理・教学・信仰をうち立てているが、一皮むきますと民衆のなかにはまったく異質な仏教、すなわち庶民宗教的な仏教、あるいは民俗宗教的な仏教というものがある」（五来 一九九五ａ：二六五）と述べて、日本の民俗事象にも、いったん仏教を濾過して後に民俗化したものが多いことを指摘した。

そして五来は、仏教民俗学を提唱し、その研究対象として①仏教年中行事、②法会（祈祷と供養）、③葬送習俗（葬式・年回供養・墓地）、④仏教講（同族講・地域講・葬式講・普遍講）、⑤仏教芸能（顕教系芸能・密教系芸能・浄土教系芸能・芸能僧）、⑥仏教伝承（縁起・奇蹟・霊物・唱導者）、⑦仏教俗信（願かけ・呪禁・禁忌・予兆）といった七つの項目を設定するなどしている（五来 二〇〇七：一一〇―一一三）。

五来の研究は、日本人が外来の仏教をそのまま受け入れたのではなく、仏教伝来以前からの宗教的感覚に合致するように仏教を解釈し、その既存の宗教観に乗せる形で仏教を受容していったのではないか、との想定のもとに展開された。五来の論は柳田の唱える民俗学のように、仏教を日本固有の信仰を追求する障害と見るのではなく、日本の民俗や固有信仰が、仏教の枠組みが導入されることで表現の可能性を増し、日本人は仏教の導入によって論理的な思考の体系を整えたのであると、仏教の民俗に対する意義を主体的に捉えた点が最大の特徴であった。

五来は仏教民俗の研究を通じて、「民俗学は民衆の精神生活なり社会生活なり物質生活なり、古い生活がこういう民俗になったと考えられていたものが、今では一度仏教なり修験集団なりの行事に入り、それから民俗化してゆくという構造をとったものがすくなくないことがわかった。したがって仏教民俗学の構想と柳田民俗学の解釈を変えなければいけないということになってきた」（五来　一九九五ａ：二六七）と述べ、仏教民俗学の可能性の広がりに期待を寄せている。

五来とともに仏教民俗学を唱えた藤井正雄は、さらに論を進めて「仏教の民俗化」とともに「民俗の仏教化」という問題にも言及している。藤井は「仏教の土着化の過程において、具体的には地域社会とのかかわりにおける仏教寺院の展開となるが、寺院は宗祖の教えを受け、仏教教義をかりて、すなわち偽経をも駆使して、民間信仰・習俗に意味づけを与えて、仏教語を借りていえば会通を行なって積極的に地方寺院独自の仏教体系のなかに組み入れていったプロセスと、また逆に根強く民間に沈殿する常民意識によって変容され、ないしは規制されていったプロセスの考察となろう」（藤井　一九九二：三六二）との見通しを立てて、仏教と民俗の両面からのアプローチの必要性を説いている。

この点に関して伊藤唯真は、同様の問題意識を共有しながらも仏教民俗研究の側における留意点を次のように喚起している。

「仏教民俗の研究者にも反省すべき点がある。宗教民俗事象を経典の説や仏教教理で終始理解して怪しまない態度がないこともない。そこには民俗を仏教学にもちこんでしまう独断がある。一解釈ではあっても、民俗事象をありのまま観照したり、基層文化を荷担している常民の心意を理解することなどできないのではなかろうかという心配がある」（伊藤　二〇〇二：iii）。

このように伊藤は、民俗化した仏教を通して日本固有の宗教の原形を探り、仏教と固有信仰とがどのように連関しているのかを考察する必要性に言及しているが、こうした指摘は、仏教民俗学の議論の深化とともに、この分野の研究に勤しむ研究者が共有すべき課題となっている。

こうして柳田民俗学への反駁から創始された仏教民俗学は、仏教と民俗の関係性を主題化させながら、その研究がすすめられてきた。和田光生は「地域に根づいた文化としての仏教をとらえるには、現在の寺院の機能だけを視野に収めた研究では不十分であり、その意味で五来の研究は広範な仏教史を視野に収めながら民俗学的視点を生かす研究であった」と総括するが、その一方で「(五来重の)業績を超える見解は、いまのところ民俗学からは生まれていない」(和田 二〇〇〇:二二〇)とも述べている。五来重の研究を受けて、地域に展開する仏教的諸事象を民俗学的な視点を生かしていかに読み解くのかが、民俗学における今後の課題なのであろう。

二　修正会・修二会とオコナイ

では次に、仏教と民俗の関連性や融合の様相を考察する上で重要な資料となる、修正会や修二会の事例について見てゆくこととする。

修正会とは、主に寺院で行われる年頭の行事で、旧年の罪過を悔い新たな年の安寧を祈願するという趣旨の法会で、正月に行を修めることから修正会と呼ばれる。同様の法会で二月に執り行われるものは修二会と呼称される。たとえば東大寺二月堂で執り行われるお水取りなどは、練行衆と呼ばれる一一名の僧侶たちが、二週間堂内に籠って十一面観音像の前で常日頃の罪を懺悔し、国家安寧や五穀豊穣など人びとの幸福を一心に祈願する。これは十一面観音悔過として現在も営まれ、広く知られている修二会の行事である。

こうした修正会や修二会の日本における記録の初出は古く、『続日本紀』の神護景雲元(七六七)年春正月の条には「勅。畿内七道諸國。一七日間。各於國分金光明寺。行吉祥天悔過之法。因此功徳。天下太平。風雨順時。五穀成熟。兆民快樂。十方有情。同霑此福」との一文が見え、諸国の国分寺において吉祥天悔過法を修することが勅令として伝えられていたことがわかる。これは当時の鎮護国家施策のもとで、悔過法が天下泰平や五穀豊穣などを祈るべく実施されたことを物語っており、現状の二月堂お水取りに連なる仏教行事の端緒を垣間見ることができよう。

また、修正会や修二会は、村落祭祀などの民俗事例の中にもその形跡が色濃く見られるということが特徴的で、こうした行事はオコナイなどと称され、在地の寺院のほか、神社や村堂などより民俗的な範疇でも執り行われている。五来重はこの修正会などの事例について「修正会・修二会は結論的にいえば、日本の正月行事を仏教的な法会として寺院でおこなったもので、神社でおこなうのは「おこない」（共同祈願）といった（中略）昔の宗教意識では凶作というものは、共同体のメンバーが犯した罪や穢による神の怒りの報いである。したがって共同体を代表して練行衆が、悔過の参籠苦行をすることで罪穢を滅罪すれば、凶作をまぬがれ、豊作を期待することができる。これを村の「おこない」では、村の青年や当屋が村民全体に代って精進潔斎と水垢離をおこなう」（五来 一九九五ｂ：一四―一五）と述べており、仏教が日本に伝来して広く民間にまで浸透してゆく過程において、往古日本の国土で信仰されてきた固有の民俗宗教を、仏教の側が修正会などとして、その行事の中に取り込む形で包摂していったのではないかとの見解を示している。

五来はまた、別稿において日本の各寺院や民俗行事などとして見られる修正会や修二会が、中国やインドなど仏教文化発祥の地にはない、我が国独自の法会であることも指摘している（五来 一九九五ａ：二五三）。

こうした修正会に対する分析視角は五来によるものだけではない。たとえば和歌森太郎は、「正月に災いをはらいながら幸福を招こうとする行事は日本人始まって以来、仏教を知る以前においても行ってきた民俗行事である。そうした民俗行事が、寺で行う修正会の場合にも結びついた形をとっていたわけである。その方が寺院の側としても信者を寺院に引きつけておくのに都合がよかった」（和歌森 二〇〇七：二三二）との見解を示して、古代の社会において、仏教が大陸からの伝来の後に民間に広く浸透してゆく中で、民間の側により受け入れられやすいように、既存の宗教的感覚を積極的に修正会の行事の中に取り入れた可能性を指摘している。

つまり、修正会や修二会といった現在も寺院で執り行われている行事は、日本に仏教が伝来し、これが日本の人びとに受け止められてゆく中で構築されたものであり、その背景には、外来の宗教であった仏教に日本の土俗的な信仰文化を取り入れて、日本の人びとにより親しみやすく再構成することが仏教側によって企図されていたのであって、それはまた、仏教が民間に広く流布してゆく過程で、日本古来の宗教文化に近しい修正会や修二会を、オコナイというかたちでより民俗的な行事として定着させることにもつながったというのである。

こうした修正会・修二会に対する理解の方途は、現在ではほぼ通説化しつつあるのだが、これに対して和田光生は、一方でその見解を論証してゆくのは困難であることを指摘し、むしろ現行の修正会などの民俗を定着させた歴史的経緯を読み取ることに力を注ぐべきで、そこから地域社会に展開した寺院や仏堂や宗教者たちの動きを解析してゆくことがむしろ肝要なのではないかとの疑義を提示する（和田 二〇〇〇：二二〇）。

歴史的な経緯をふまえて、修正会や修二会の展開に見るこのような仏教文化の伝播と浸透の過程を検証した論考としては、山路興造が、時代背景の変遷なども加味しながらこれを分析していることがあげられる。山路は、律令制を背景とした国家による仏教奨励の時代から、律令体制崩壊後の荘園制の時代への転換とともに、各地の荘園を経営する権門寺社が、一年の平穏と五穀豊穣を目的とした修正会をよりさかんに営むようになったと説く。そして、その結果として修正会などの法会の作法が荘園経営を通じて諸国へと広まったとして、次のような見解を述べている。

「外来系の仏教文化とは別に、一年のサイクルの始めに歳徳神を迎え、その神に作物の豊穣と人々の幸福を願う民俗行事が、基層文化のなかに連綿と伝承されていた。本来、国家による仏教行事として始められた修正会も、国分寺や、地方に建立された大寺院の法会で行われるようになるが、さらにそれが仏教の庶民化とともに、彼らの信仰する村堂の行事にともなって、基層文化が伝えた民俗行事と結びついていった」（山路 二〇〇九：三二四）。

山路の見解は、我が国の諸寺院で催される修正会が、大陸から伝来した仏教の教義以上に、この国で培われてきた民俗を組み込んで成立した法会であることを念頭に置く。そして国家仏教における中央の大寺院の法会としての修正会が、やがて権門寺社体制によって諸国の荘園が経営される時代へと移り変わるとともに、荘園の民への勧農の目的などをもって、中央の修正会の様式などが地方の有力寺院へと移植され、さらに在地で直接生産に携わる庶民の側が、自らの生産活動の体験に基づいた思想を背景として、中央で整理された修正会などの様式を自己のものとして受け入れていったとする。山路の見解は、寺院の修正会から村々のオコナイへという伝播の流れを解析してみせた点において重要な指摘である。

オコナイ行事の展開から村落社会を見つめてきた浦西勉は、こうした見解を受けて「村落に残るオコナイをたどってみると、寺院の修正会が源流にあると示されており、また、修正会と民俗的要素の習合したものという指摘はすぐれて示唆にとんだ解釈として評価すべきであると考えている」と述べるとともに、「オコナイ行事は、日本民俗文化の特色として神仏習合という現象により在地の民衆が生み出した文化様式であると認識して、考察しないといけないのではないかと考えている」として、民俗として伝存する各地のオコナイ行事を、単に中央の大寺院による修正会などの法会の様式の残滓と捉えるのではなく、民間によって洗練されて生み出された、仏教民俗の文化様式と主体的に捉えることを唱導している（浦西 二〇一〇：三六六、三七〇）。

日本の仏教における修正会・修二会という法会の成立と、その地方伝播からオコナイという民俗事象への展開の過程は、仏教民俗学の可能性を推し量る上においても重要な課題である。ここにあげた修正会や修二会への各研究者の言及は、仏教の展開を民俗学の見地を応用しながら読み解こうとする研究姿勢のあらわれともいえるだろう。仏教民俗学は、各研究者たちの努力によって、五来重らによる想定の段階を超えて、個別事象の分析と研究の段階へとそのステップを着実に進めつつある。

三　修正会・修二会の伝播と展開

京の修正会

続いて本節では、京都における修正会や修二会の事例をいくつか紹介して、その様相や各事例に共通する特徴などについて検証する。修正会は中央の大寺院における年頭行事としてその来歴が創始されたことはすでに述べたが、平安京がおかれていた時代からの法灯を受け継ぐ京都の寺院では、現在も修正会が盛大に執り行われているところが少なくない。

たとえば天台宗総本山の比叡山延暦寺では、毎年一月一日から三日にかけて、根本中堂において修正会が営まれる。そしてその前の大晦日の晩には、まず根本中堂の門前で鬼追いの儀礼が執り行われ、その後で参拝者に対して牛王印が施される。牛王印は、僧侶が祈祷の効験を込めた朱印で、参拝者は阿弥陀如来を意味する梵字の印版を御札や額などに捺してもらう。

同様の儀礼は、同じく密教系の寺院である京都市南区の真言宗東寺（教王護国寺）でも執り行われている。東寺では毎年一月三日に修正会が催され、御影堂において御宝印が授けられる。また東寺では、同月の八日から一四日までの七日間、灌頂院において後七日御修法が行われる。江馬務は『日本歳事史』の中で同法会について「東寺の灌頂院に於て今日から十四日まで行はれつつある行事である。抑もこの御修法の起源は延暦二十四年圓澄に詔して紫宸殿で行はせられたのを嚆矢とし、後弘法大師は仁明天皇承和元年に唐の内道場に倣ひ眞言院を宮中に建て毎年正月一七日を限り修法を行ふべきを奏請し、承和二年から之を眞言院で行つた。御修法は金光明王経、最勝王経を講説して国家の平安、玉體の萬歳、五穀成就を祈る行事で元日から七日までは本房、八日から十四日迄は眞言院で修したので、後七日御修法とも称へる。眞言院は平安末安元の大火で焼亡した為め、爾後は東寺で行うこととなつた」と述べており、後七日御修法が国家の法会としての前身をもっていたことを示唆している（江馬　一九二二：九三）。

この東寺後七日御修法については、江戸時代前期の儒者黒川道佑が『日次紀事』の正月初八日の記事の中で次のように記している。

「自今夜東寺長者於紫宸殿被行後七日御修法。職事奉行。殿上掲金胎両部曼陀羅并五大尊十二天画像。凡金胎両部両壇中其年之本尊前置御撫物。長者壇上修護摩。又構息災増益之両壇被修護摩。各有導師。又別設聖天壇、供団子并蘿蔔根及御酒。衆僧坐壁代之外読経、以牛玉杖敲床」。

ここには、「金胎両部曼陀羅」を掲げるなどの壇上のしつらえのほか、「団子」「蘿蔔根」「御酒」などの供物が供えられることや、僧侶が読経の際に「牛玉杖」で床を叩くことなどが記されている。

なお、黒川道佑の『日次紀事』には、東寺のほかにも修正会についての記述が散見され、先述の比叡山の修正会は一月一日にその記載があるほか、鞍馬寺や仁和寺、愛宕寺、山崎天皇社、栂尾寺、祇園社、貴布祢社、天王寺、三井寺、北野社などで正月（一月）に修正会や「牛玉加持」の行事が行われることが記されている。

修正会には、延暦寺や東寺のように大寺院の中で僧侶たちによってのみ営まれる法会もあるが、在地の人びとが寺院の修正会に関わる場合も多く見られる。そのひとつに、日野薬師と呼ばれる京都市伏見区日野の真言宗寺院法界寺で執り行われる修正会がある。この行事では、地元の男たちが褌一丁の姿になって水垢離をし、「頂来、頂来」

写真10−1　法界寺修正会の裸踊

と掛け声をかけながら体を寄せ合って乱舞する裸踊が執り行われることが特徴となっている。法界寺では、元旦より二週間、寺僧が薬師堂に参籠して五穀豊穣や天下静謐を祈願するが、その結願となる最終日の一月一四日の夜に、阿弥陀堂の広縁で行われるのが裸踊である。この行事が終わる頃には、薬師堂から祈祷を終えた寺僧が出てきて牛玉杖で参拝者の頭をなで、その後で牛玉宝印が撒かれ、参拝者はこれを頂いて帰る。

また、京都市左京区大原来迎院町の天台宗寺院来迎院の修正会では、その結願を迎える一月二日の夕刻に、地元の宮座の若者たちによって「魔おどし」と呼ばれる儀礼が執り行われる。これは、堂内に集った僧侶が供養文から散華、唱礼悔過と法会を進めてゆき、仏名祈願の場面において「三十三度」の声がかかると、列座した着物に袴姿の若者たちが、突如柳の木の棒と竹とをこすりあわせるササラを持って堂内の床を激しく叩きながらその周囲を回るというもので、一連の行事が終わった後には、参拝者に対して牛玉宝印が授けられる。同様の行事は、近隣の大原勝林寺町の天台宗寺院勝林寺でも執り行われ、修正会の展開と周辺地域との関わりの深さをうかがわせる。

さて、これまで見てきたように、仏教行事における修正会には類似する形式がいくつか認められる。僧侶が一定期間、堂内などに参籠して国家の安寧や五穀の豊穣を祈願するといった法会の趣旨は等しいものであるとして、それ以外にも参拝者に対して下賜される牛玉宝印の存在や、法会の途中で大声を上げて騒いだり床などを叩いて大音声を立てたりする行為は類似しており、殊にそうした儀礼の役割を僧侶以外の一般の者たちが担っているという点も特筆されよう。

このように、修正会などに見られるさまざまな儀礼については、諸国に同様の事例を見ることができる。五来重はそうした儀礼についての分類を行い、その解釈を試みている。たとえば日野法界寺で行われる裸踊などは「裸祭型」として、集団で皆が水を被って押し合うことで心身を清める行為であるとし、東寺や大原来迎院などで見られる床などを杖で叩くといった所作は「乱声型」とし、魔を払う呪術的な効果を期待した儀礼であると位置づけている。ほかに五来は床や地面を踏んだり跳ねたりして退魔を促す「だだ押型」といった儀礼についても言及しているが、それらはすべて僧侶の祈祷を助け、またその祈祷によって効験が込められた牛玉宝印を頂くための作法が民俗行事化したものであると解釈している。[*2]

五来は、各寺院で修正会に催される悔過法をさして、同行法がいっさいの罪穢を懺悔する性格を持つことから、僧侶が堂に籠って悔過法を修する様相について「共同体を代表して練行衆が、悔過の参籠苦行をすることで罪穢を滅罪すれば、凶作をまぬがれ、豊作を期待することができる」として、そこに寺院の僧侶と在地の人びととの祈願対象を媒介とした一体感醸成の現場を見出している(五来 一九九五b:一五)。

このように、仏教と民俗の関係性は、修正会の儀礼内容などを通して明瞭に推察されるが、その展開は、僧侶が主体的に法会を催行する大きな寺院でのそれから、在地の人びとが行法の趣旨や種々の儀礼を受け止め、自身の文化として洗練させてゆくことへとつながってゆくのである。

京の修正会とオコナイ行事

このように、修正会には民間の人びととその祈願の方向性を同じくする内容が含まれており、そこに、裸踊や魔おどしなどのように、寺院や僧侶が主催する行法に民衆が介在する余地も生まれたのであるが、在野の寺院や村落にある村堂などでは、必ずしも僧侶らが導師として行法を催さずとも、人びとの間で修正会や修二会などの法会の趣旨や、そこで展開される儀礼などが受け止められ執行されている事例が数多く見られる。それらは修正会などの呼称とは別に、「オコナイ」などと呼称され、民俗として在地に深く根づき、各地に広まっている。

京都市下京区の旧梅小路村にある西山浄土宗寺院梅林寺の大日堂では、例年一月八日に「じじばい講」と呼ばれる行事が行われていた。当日の正午前に地元の檀家数軒の人びとが大日堂に集まり、堂の後ろに置かれている丸太の前に並んで座る。そして、僧侶が読経を始めしばらくすると、まず榊の枝が列座する人びとに回され、参列者はこの葉を一枚ずつちぎって頂く。そして般若心経の唱導が始まると、座の一番端に座っていた男性が「ジジバイヤー」と大

写真10－2　梅林寺じじばい講

声を出し、それを合図に、参列者がそれぞれの傍らに置かれていた長さ三〇センチほどの青竹三本を荒縄で束ねたものを取り出して、目の前の丸太に「ヤー」などの掛け声とともに叩きつけるのである。青竹が割れるほど激しく丸太を打ちつけ、しかしそれが終わると再び静かな読経の時間となる。そして、法要終了後は、大日堂の祭壇に供えられていた「天道大日如来」と書かれた紙を青竹の枝に挟んだ牛玉宝印が僧侶より授けられ、人びとはこれを持ち帰って自宅のかまどなどに供える。[*3]

梅林寺のじじばい講について地元では、その昔、付近に棲んでいたという大蛇に見立てて丸太を叩き、五穀豊穣などを祈願する行事なのだと伝えられてきた。また、井上頼寿が著した『京都古習志』には、このじじばい講について「地蔵尊の前で人々竹棒を持ち縁を叩き額へ印を捺して貰ふ。朱印は頭痛に効があると云ふ」との一文が見える（井上　一九八八：三五九）。じじばい講は、行事の内容などから修正会の要素が民間に受容されたものと考えられ、大蛇の伝承などは、修正会における乱声や足踏の行法を、人びとにわかりやすく説明するための解釈とも推察されよう。

また、京都府の南西、長岡京市久貝の西山浄土宗西光寺では、例年一月八日に「オコナイ」という行事が執り行われる。行事はオコナイに用いられる「牛王（ゴー）さん」と呼ばれる呪具作りから始まる。牛王さんは、牛玉宝印の転訛した呼称と思われるが、「牛玉宝印　清薬寺」と彫られた版木で摺った紙に朱の宝珠印を捺したものを、長さ三〇センチほどの柳の枝に巻いて、これを麻紐で括り付けたもので、久貝の各家では、これを頂いて神棚に祀ったり苗代田の水口に挿したりする。久貝のオコナイ行事を取り仕切るのは、「年寄」と呼ばれる七名の長老衆で、牛王さん作りも年寄たちが勤める。

牛王さんを作り終わるといったん休憩となり、その日の夕刻には年寄と西光寺の住職と昨年まで年寄を勤め引退した先輩、そして、この一年の間に生まれた子どもがある場合はその子を招いて「薬師さん」と呼ばれる行事が執り行われる。仏壇の前に製作した牛王さんと供物が供えられ、住職の読経が始まる。住職は『全国神社神名帳』と呼ばれる巻物を読み上げるが、その途中で住職が「乱声」の掛け声をかけると、年寄のひとりが置いてある拍子木を叩き、僧侶はその一節を大きめの声で読み上げる。乱声の掛け声は神名帳の読み上げ中に伊勢国など決められた箇所で三度あり、そのつど拍子木が叩かれる。半時ほどかけて神名の読み上げが終わると、その後で般若心経と念仏が唱和される。読経の終了後、出席した人びとには牛王さんが配られ、仏壇から供物を下げてそれを肴に皆でお酒をいただく。そして最後に年寄らの間で盃が交わされる。牛王さんは、年寄たちが手分けして他の久貝の家にも配り歩く。

久貝のオコナイ行事は、以前には、本堂の裏手に薬師堂と呼ばれた別棟があり、そこで行われていたそうで、無住であった薬師堂は、昔は村人の集会所になっていたという。かつてのオコナイ行事では、「乱声」の儀礼の際には、合図があると薬師堂の周囲の壁を叩いて大きな音を出すのが習わしであったという。[*4]

梅林寺のじじばい講や久貝のオコナイの事例は、いずれも在地の人びとが自らで管理する堂などに僧侶を招いて修正会と同様の行事を執り行うものであり、行事自体の主体性は民間の側に移行していることがうかがえる。その背景には中世から近世にかけての混乱期を経て寺院勢力の変転が在地の宗教的環境を変化させたということも考えられるだろう。たとえば地元からの寺院の撤退といった事態に直面した人びとが、修正会など自身の祈願対象にも合致する行事を自らのものとして受け止め、その経営を自発的に執り行うようになったということも推察される。

四　近江のオコナイをめぐって

オコナイなどと呼称される民俗事例は、京都以外にも各地で執り行われている。それらは修正会や修二会の趣旨や要素を受け継ぎながらも、それぞれの在地での事例解釈を盛り込むかたちで人びとに受け止められ、民俗事例として伝承されている。では続いて、京都の隣県である滋賀のオコナイの事例をいくつか見てみよう。滋賀では、その全域にわたってオコナイの民俗が広く分布していることが知られており、民俗学においてはこれまでに相当数の事例研究が行われその報告が為されている。

滋賀県下のオコナイ事例に関しては、柳田國男の指導を受けた三田村耕治が「オコナイといふ語が佛教のものであるにしても、かく呼ばれる行事の内容は本来存在したのを、僧侶が自分の方に取り込み、明治維新後、神仏分離の行はれた時以来、祈年祭と言ふ呼び方が専ら行はれる様になったものと考へられる」（三田村 一九四七：一〇四）と述べ、仏教でも現状の神道でもない、もっと古い時代からの、より素朴な信仰の中に、その原初の姿があったのではないかという指摘を早くに行なっている。柳田は、日本に仏教が伝来し浸透する以前の神々を祀る民俗を、伝承文化の中に見定めようとしていたといわれているが、オコナイについても同様の視点からその分析を加えていたことが、三田村のこの一文からもうかがい知れる。

こうした見解は、長くオコナイ分析の指標となったが、その後の事例研究の進展から、伝承されてきたオコナイ行事の諸要素に光を当て、詳細な報告からその分析を試みる研究も次第にあらわれるようになった。たとえば中澤成晃は、従来の柳田民俗学によるオコナイ研究の方向性に留意しながらも、五来重の仏教民俗学的な視点も取り入れた上で滋賀県のオコナイ行事に対する見解を述べている。中澤は「修正会・修二会は純粋に仏教的な外来の行事ではなく、その内容を検討してみると、むしろ常民社会の年頭における祖霊祭祀と農耕儀礼が仏教化して修正会・修二会となり、「おこない」となったものと考えられる」とし、また「中央の旧仏教寺院における修正会よりも、民間における修正会に、より本質的なものを見出すことができる」と述べて、柳田の示した本質論的なオコナイ行事の解釈を踏襲しつつも、民俗の仏教化という観点を重視している（中澤 一九九五：四八）。中澤はまた、次のように述べて民間の側による仏教の受容と現状の事例の様相との整合性についての見通しを立てている。

写真10−3　杉野中村のオコナイ・シュウシ

「同一の民俗行事でも、その内容名称は地域によって著しく相違するものであって、仏教を受け入れた民衆側の固有の伝統と、受け入れられた仏教の内容、およびこれを布教した僧侶によって、修正会・修二会がオコナイとのみよばれたわけではなく、お禱・乱声・会陽・堂押・お水取り・荘厳・射礼・「しうし」など、現在もなお各地にみられる種々の名称となり、内容的にも若干の地域的相異を生じたのである」（中澤 一九九五：四八）。

滋賀県のオコナイ行事の事例には、仏教儀礼的な側面が顕著である一方で、特に滋賀県北部の湖北地域を中心に、神社の行事としてこれが執り行われる場合が多いことから、柳田民俗学による事例解釈がなされる土壌が保持されてきた。しかし、実際のオコナイ行事の事例をつぶさに検討すると、そこには柳田民俗学的な解釈に対する疑義が持ち上がってくる。

一例を示すと、滋賀県長浜市木之本町杉野中村で毎年二月初旬に執り行われるオコナイ行事は、滋賀県のオコナイを語る上でよく取り上げられる事例なのだが、その内容は、トウヤによる餅および花の製作と村堂への献饌、そして男性戸主が村堂に一座して行われるシュウシと呼ばれる厳粛な儀式からなる。特に村堂で展開される本尊の薬師如来への餅と花による荘厳の様相や、献饌の際に人びとが松明を持ったまま村堂内を激しくまわる裸押しさながらの儀礼などには、修正会や修二会との関連性を強く感じさせるものがある。

そのほかにも、牛玉宝印の加持という修正会特有の儀礼について、滋賀県下のオコナイの中には数多く同様の事例を見出すことができる。湖南市東寺の天台宗長寿寺では、例年一月中旬に修正会が行われるが、堂内で僧侶による読経が行われる最中に、地元の男の子たちが剛杖と呼ばれる木の杖を持ってその内陣をまわり、さらに乱声の掛け声とともに鬼の仮面を被った一五歳前後の少年が現れて乱舞するという儀礼が見られる。そして法会終了後は、壇上に供えてあった牛玉宝印が参列者に配られる。なお、東寺の修正会で鬼の役を勤めることは、地元では成人儀礼として認識されており、民俗と仏教儀礼の融合の諸側面をうかがわせる。

また長浜市高月町馬上のオコナイでは、五年に一度執り行われる大きな献餅を収める巨大な背負い縄のつくりものがよく知られているが、走落神社境内の摂社や村堂に供えられるその餅には、輪切りにした大根の面に宝珠を彫り、そこに土器をすりつぶした粉と淡い赤色とを混ぜたものをつけて、丸い餅の中央に印版のように捺す。餅は行事の後で下げられ、宝珠の印の部分を中心に放射状に切り分けられて馬上の集落の各戸に配られる。こうした儀礼などは、牛玉宝印を授かる際の民俗の諸類型のひとつと見ることができる。

このように、都を離れた滋賀のオコナイ事例などを散見すると、中央の大寺院で催されてきた修正会の儀礼が、さまざまな解釈を付与されて民間にも伝承されていることをうかがい知ることができる。それは、元来民俗の側が所与のものとして保持していた豊穣などへの祈願の信仰心を、仏教の側が巧みに吸収して仏教儀礼化したものとも受け止められるが、民俗として伝承されてきたオコナイ行事の諸儀礼を見れば、仏教による儀礼の整理と形式化の過程が、民間伝承の成立に影響を与えてきたことは容易に推察されるであろう。

和田光生は、「民俗行事オコナイは、民衆だけによって育まれたものではない。歴史的には、かつて存在した寺院やそれにかかわる宗教者の存在を検討することなしに、行事の定着と継承を想定できないのである。ただ、そうした存在がなくなっても、行事は伝承されてきた。民俗学的には、このこともまた重要である」（和田 二〇〇〇：二一八―二一九）と述べて、仏教と民俗の融合の道程を歴史的に検証する必要性を説いている。これは修正会の研究に限らず、今後仏教と民俗との関わりを研究する上において、留意すべき指摘であろう。

以上本章では、仏教と民俗行事との関係性について、修正会の成立と展開の様相を事例に検討を試みた。仏教儀礼は日本の民俗を隠ぺいするとした柳田らの指摘は必ずしも正鵠を射たものではなく、また仏教民俗学は、必ずしも傍流として等閑視されるべきものではない。むしろ仏教民俗学は、民俗学の可能性を広げる要素を持ちうる課題であることを指摘して、本章の締め括りとしたい。

注

＊1　柳田は、たとえば「氏神と氏子」の中で「いはゆる固有信仰は、何れの民族に於ても常に言説の外に於て発育して居る、胸から胸への伝承といふものは、是を筆舌に表示しようとすると、必ず脱漏があり又偏頗を免れない。ましてや我邦では、狭い既定の目的を持った人が初期の記述者であり、その方針は後永く受け継がれて居た。事実の観察は殆ど試みられなかった」と述べて、「学問の立て直しは、この方面に於いては特に急務」とその重要性を指摘している（柳田 一九九九：二四三）。

＊2　五来は修正会・修二会の諸類型について「参籠型」「鏡餅型」「造花型」「香水型」「除夜型」「悔過型」「魂祭型」「神名帳型」「牛玉型」「乱声型」「だだ押型」「鬼踊型」「火祭型」「裸祭型」「田楽型」「大般若型」の一六の項目を立ててその分類を試みている（五来 二〇〇七：六二―六三）。

＊3　梅林寺のじじばい講は、参列者の高齢化などを理由に二〇〇九（平成二一）年を最後に行事が停止されている。

＊4　昭和時代までの久貝のオコナイについては、井上頼寿の『京都古習志』のほか、『長岡京市史　民俗編』（長岡京市役所 一九九二）にくわしい。

参考文献

伊藤唯真編　二〇〇二『宗教民俗論の展開と課題』法藏館
井上頼寿　一九八八『京都古習志　復刻版』臨川書店
浦西　勉　二〇一〇『仏教と宮座の研究――仏教伝承文化論考』自照社出版
江馬　務　一九二二『日本歳事史・京都之部』内外出版
大阪女子大学近世文学研究会編　一九八二『日次紀事』前田書店
五来　重　一九九五a『五来重宗教民俗集成七　宗教民俗講義』角川書店
　同　　　一九九五b『五来重宗教民俗集成四　庶民信仰の諸相』角川書店
　同　　　二〇〇七『五来重著作集一　日本仏教民俗学の構築』法藏館
長岡京市役所　一九九二『長岡京市史　民俗編』
中澤成晃　一九九五『近江の宮座とオコナイ』岩田書院
藤井正雄　一九九三『祖先祭祀の儀礼構造と民俗』弘文堂
三田村耕治　一九四七「近江湖北地方のおこなひに就いて」(『日本民俗学のために』第四輯)、民間伝承の会
柳田國男　一九九八『柳田國男全集』一五、筑摩書房
　同　　　一九九九『柳田國男全集』一六、筑摩書房
山折哲雄　一九九三『仏教民俗学』講談社
山路興造　二〇〇九『京都――芸能と民俗の文化史』思文閣出版
和歌森太郎　二〇〇七『神と仏の間』講談社
和田光生　二〇〇〇「初春のまつり・近江湖北のオコナイ」(八木透編『フィールドから学ぶ民俗学――関西の地域と伝承』)、昭和堂

や行

ら行

わ行

た行

な行

は行

ま行

索　引

あ行

か行

さ行

■執筆者一覧

八木　透	（やぎ とおる）	佛教大学歴史学部教授	第1章
政岡伸洋	（まさおか のぶひろ）	東北学院大学文学部教授	第2章
村上忠喜	（むらかみ ただよし）	京都市文化財保護課	第3章
林　英一	（はやし えいいち）	獨協大学講師	第4章
板橋春夫	（いたばし はるお）	国学院大学講師	第5章
大野　啓	（おおの はじめ）	佛教大学講師	第6章
中野洋平	（なかの ようへい）	国際日本文化研究センター機関研究員	第7章
崔　杉昌	（ちぇ さむちゃん）	京都府立大学講師	第8章
伊藤廣之	（いとう ひろゆき）	大阪歴史博物館学芸員	第9章
橋本　章	（はしもと あきら）	京都文化博物館学芸員	第10章
柿本雅美	（かきもと まさみ）	佛教大学宗教文化ミュージアム	コラム1
村田典生	（むらた のりお）	佛教大学研究員	コラム2
中嶋奈津子	（なかしま なつこ）	佛教大学研究員	コラム3
福永憲子	（ふくなが のりこ）	大阪府立大学大学院	コラム4
久保田恵友	（くぼた けいすけ）	桑名市教育委員会	コラム5
平原園子	（ひらはら そのこ）	佛教大学研究員	コラム6
堀岡喜美子	（ほりおか きみこ）	佛教大学大学院	コラム7
今中崇文	（いまなか たかふみ）	総合研究大学院大学大学院	コラム8
山中健太	（やまなか けんた）	保健婦資料館付属研究所研究員	コラム9

※所属・職名は執筆時

■編著者紹介（執筆時）

八木　透（やぎ とおる）

1955年京都市生。

同志社大学文学部卒業、佛教大学大学院博士後期課程満期退学。

専攻：民俗学。博士（文学）。

佛教大学歴史学部教授、日本民俗学会理事、比較家族史学会副会長。

主要著書および論文

『婚姻と家族の民俗的構造』（2001年、吉川弘文館）

『日本の通過儀礼』（編著、2001年、思文閣出版）

『図解雑学こんなに面白い民俗学』（共編著、2004年、ナツメ社）

『男と女の民俗誌』（共著、2008年、吉川弘文館）　　他、多数

新・民俗学を学ぶ――現代を知るために　（原本は佛教大学の教材として発行された）

2013年3月25日　初版第1刷発行

2017年10月2日　初版第2刷発行

編著者　八木　透

発行者　杉田啓三

〒606-8224　京都市左京区北白川京大農学部前

発行所　株式会社昭和堂

振替口座　01060-5-9347

TEL(075)706-8818／FAX(075)706-8878

ホームページ　http://www.showado-kyoto.jp

印刷　亜細亜印刷

ISBN 978-4-8122-1256-1

＊落丁本・乱丁本はお取り替え致します。

Printed in japan